U0952904

本著作系：
1. 重庆工商大学长江上游经济研究中心资助出版
2. 服务国家特殊需求博士人才培养项目——三峡库区百万移民安稳致富国家战略人才培养项目

Sanxia Kuqu Jiben Gonggong Fuwu Gongjice Jiegouxing Gaige Yanjiu

三峡库区基本公共服务供给侧结构性改革研究

熊兴 著

西南财经大学出版社
Southwestern University of Finance & Economics Press
中国·成都

图书在版编目(CIP)数据

三峡库区基本公共服务供给侧结构性改革研究/熊兴著．—成都：西南财经大学出版社，2021.11
ISBN 978-7-5504-4487-4

Ⅰ.①三…　Ⅱ.①熊…　Ⅲ.①三峡水利工程—社会服务—改革—研究
Ⅳ.①D625.63

中国版本图书馆 CIP 数据核字(2020)第 148100 号

三峡库区基本公共服务供给侧结构性改革研究
熊兴　著

责任编辑:石晓东
责任校对:赵静繁
封面设计:张姗姗
责任印制:朱曼丽

出版发行	西南财经大学出版社(四川省成都市光华村街 55 号)
网　　址	http://cbs.swufe.edu.cn
电子邮件	bookcj@swufe.edu.cn
邮政编码	610074
电　　话	028-87353785
照　　排	四川胜翔数码印务设计有限公司
印　　刷	郫县犀浦印刷厂
成品尺寸	170mm×240mm
印　　张	14.75
字　　数	275 千字
版　　次	2021 年 11 月第 1 版
印　　次	2021 年 11 月第 1 次印刷
书　　号	ISBN 978-7-5504-4487-4
定　　价	78.00 元

1. 版权所有,翻印必究。
2. 如有印刷、装订等差错,可向本社营销部调换。

前言

三峡库区作为特殊的地理单元，集水电站库区、贫困地区、民族地区、生态脆弱地区于一体，基本公共服务体系建设欠账多，发展滞后。随着公共财政投入的增加，特别是中央财政转移支付投入和对口帮扶力度加大，三峡库区基本公共服务体系建设取得了长足进步，但近年来受经济下行压力的影响，三峡库区民生短板问题依然突出，在基本公共服务供给方面仍然存在不平衡不充分等诸多问题。因此，从供给管理角度推进三峡库区基本公共服务供给侧结构性改革，以调整基本公共服务供给结构和供给方式，增加供给数量，提高供给质量，最终实现财政资源优化配置，可以补齐基本公共服务民生短板，提升居民基本公共服务获得感。

本书针对三峡库区基本公共服务供给侧结构性改革展开研究，主要研究内容包括：基本公共服务供给侧结构性改革的理论分析；三峡库区基本公共服务供给现状分析；三峡库区基本公共服务供给总量、供给结构、供给效率和供给质量等实证分析；三峡库区基本公共服务供给侧结构性改革的对策建议。

第一，问题提出。基于政策背景、理论背景和现实背景，本书提出研究问题——三峡库区基本公共服务供给不平衡不充分，具体表现为基本公共服务供给对需求层次性、多样性、差异性变化的回应性和适应性不足，所形成的基本公共服务供给总量不足、结构失衡、效率低下和质量不高等供给问题。

第二，理论分析。在梳理基本公共服务供给侧结构性改革的相关理论和文献综述的基础上，本书界定了基本公共服务供给侧结构性改革的概念及特征，提出了推进基本公共服务供给侧结构性改革的目标——更高水平、更高质量的基本公共服务均等化，明确了基本公共服务供给侧结构性改革的内容——供给总量、供给结构、供给效率和供给质量，构建了基本公共服务供给侧结构性改革的理论分析框架。

第三，现状分析。本书从横向和纵向两个维度比较分析了三峡库区在人口与经济发展状况、基础设施、基础教育、医疗卫生、社会保障和公共文化等方面的现状，及其与重庆市、全国平均水平的差距。研究发现，虽然近年来三峡库区基本公共服务水平显著提高，但与重庆市、全国平均水平相比仍然存在较大差距。本书运用VAR模型实证检验了三峡库区基本公共服务与经济发展的关系，进一步验证了当前三峡库区基本公共服务与经济发展不匹配、基本公共服务民生短板突出的现状。

第四，实证分析。本书从总量、结构、效率和质量四个维度对三峡库区基本公共服务供给不平衡不充分问题的表现形式和内在原因进行分析。在供给总量方面，本书通过构建三峡库区基本公共服务水平评价指标体系，运用熵权TOPSIS法客观评价了三峡库区基本公共服务综合水平。研究发现，三峡库区基本公共服务供给水平和均等化水平呈不断上升趋势。在供给结构方面，本书分别运用了比较分析法和探索性空间数据分析方法（ESDA）从时序维度和空间维度分析其内容结构和空间结构。研究发现，三峡库区基本公共服务供给短板在医疗卫生和社会保障方面，在空间上表现出库尾高、库腹低的差序格局，基本公共服务供给不平衡问题突出。在供给效率方面，本书基于投入产出视角并运用三阶段DEA方法客观评价了三峡库区基本公共服务供给效率。研究发现，三峡库区基本公共服务供给效率整体偏低，供给不充分问题严重。在供给质量方面，本书基于满意度视角对三峡库区基本公共服务供给质量进行分析，并运用结构方程模型分析了其满意度影响因素。研究发现，三峡库区基本公共服务满意度整体偏低，人民获得感有待提升。

第五，对策分析。在理论分析、现状分析、实证分析的基础上，本书从经济发展与民生保障、政府与市场、供给管理与需求管理、公平与效率四个方面提出了三峡库区基本公共服务供给侧结构性改革的对策建议。

回顾整个研究过程，本书围绕当前基本公共服务领域存在的不平衡不充分问题，充分借鉴已有理论成果和研究方法的有益思想，试图从以下两个方面进行创新。一是将供给侧结构性改革的政策和理论运用于三峡库区基本公共服务供给侧结构性改革分析。针对三峡库区基本公共服务供给存在的问题，充分运用经济学理论与方法，结合公共管理学、政治学、社会学等多学科理论，分析了基本公共服务供给侧结构性改革的依据、目标与内容，从供给管理与需求管理相结合的视角，提出了三峡库区基本公共服务领域供给侧结构性改革的对策建议。二是针对三峡库区基本公共服务供给侧结构方面存在的总量不足、结构失衡、效率不高、质量不佳等问题，分别构建了基本公共服务供给水平、供给效率和供给质量评价指标体系，运用熵权 TOPSIS、ESDA、三阶段 DEA 等方法进行了实证分析。基于满意度视角，本书构建了三峡库区基本公共服务满意度测评量表并进行了信度和效度检验，为三峡库区基本公共服务供给侧结构性改革提供了实证依据。

熊兴

2021 年 5 月

目录

1 绪论 / 1
1.1 研究背景 / 1
1.2 问题的提出 / 4
1.3 研究意义 / 5
1.4 概念界定 / 6
1.5 技术路线、章节安排与研究方法 / 9
1.6 创新点与不足之处 / 13
2 理论基础与文献综述 / 15
2.1 理论基础 / 15
2.2 文献综述 / 35
3 基本公共服务供给侧结构性改革的理论分析 / 46
3.1 基本公共服务供给侧结构性改革的概念 / 46
3.2 基本公共服务供给侧结构性改革的缘由 / 49
3.3 基本公共服务供给侧结构性改革的目标 / 54
3.4 基本公共服务供给侧结构性改革的内容 / 57
3.5 本章小结 / 70
4 三峡库区基本公共服务供给现状分析 / 72
4.1 三峡库区经济社会发展基本现状 / 72
4.2 三峡库区基本公共服务供给现状 / 82

4.3　三峡库区基本公共服务与经济发展关系分析／　111
4.4　本章小结／　121
5　三峡库区基本公共服务供给结构分析／　123
5.1　基于演化博弈的基本公共服务供给主体结构／　123
5.2　三峡库区基本公共服务供给内容结构／　136
5.3　三峡库区基本公共服务供给结构的空间分析／　148
5.4　本章小结／　157
6　三峡库区基本公共服务供给效率分析／　160
6.1　研究方法／　160
6.2　变量选择与数据来源／　162
6.3　实证分析／　164
6.4　本章小结／　171
7　三峡库区基本公共服务供给满意度分析／　172
7.1　三峡库区基本公共服务满意度评价／　173
7.2　三峡库区基本公共服务满意度影响因素分析／　185
7.3　本章小结／　196
8　三峡库区基本公共服务供给侧结构性改革的对策建议／　197
8.1　改革政府配置方式，实现公共资源均衡配置／　197
8.2　创新供给方式，完善多元主体合作供给／　200
8.3　推进需求管理改革，优化基本公共服务供给结构／　202
8.4　加强监督评价，完善绩效评价与监督机制／　206
9　结论及展望／　208
9.1　研究结论／　208
9.2　研究展望／　212
参考文献／　214
附录：三峡库区基本公共服务满意度调查问卷／　230

1 绪论

1.1 研究背景

1. 政策背景

党的十九大报告指出，我国经济已由高速增长阶段转向高质量发展阶段，深化供给侧结构性改革是建设现代化经济体系的重要手段。社会政策作为供给侧结构性改革的重要支撑，是守住民生保障的底线，能够保障好人民群众的基本生活和基本公共服务，为供给侧结构性改革创造稳定的社会环境基础。《"十三五"推进基本公共服务均等化规划》强调要充分发挥基本公共服务兜底作用，加大基本公共服务投入力度，向薄弱环节、重点人群倾斜，实现基本公共服务人人共享。三峡库区作为特殊的地理单元，集水电站库区、贫困地区、民族地区、生态脆弱地区于一体，既是基本公共服务的薄弱地区，又有基本公共服务的重点人群——三峡库区百万移民。提高三峡库区基本公共服务供给水平和质量是保障和改善三峡库区移民生活水平的重要着力点。《三峡后续工作规划》指出，到2020年，移民生活水平和质量达到湖北省、重庆市同期平均水平，覆盖城乡居民的社会保障体系建立，移民安置区社会公共服务均等化基本实现。2014年，《全国对口支援三峡库区合作规划（2014—2020年）》强调要努力实现三峡库区公共服务和城乡居民生活水平达到或接近全国平均水平，与全国同步建成小康社会。但当前三峡库区在基本公共服务供给方面仍然存在不平衡、不充分的问题，因此，推进三峡库区基本公共服务供给侧结构性改革，通过调整基本公共服务供给结构、完善供给体系、提高供给质量，增强基本公共服务的供给结构对需求变化的适应性和灵活性，对提高三峡库区基本公共服务供给水平和质量、提升三峡库区人民基本公共服务获得感至关重要。

2. 理论背景

与基本公共服务供给侧结构性改革相关的理论最早可以追溯到20世纪20年代。以庇古、阿罗、萨缪尔森、阿马蒂亚·森等为代表的福利经济学家以寻求最大化的社会经济福利为目标，研究政府资源配置、收入分配和集体选择等问题，强调政府提供基本公共服务来增加社会福利的重要性和必要性。20世纪80年代，新公共管理理论兴起，针对基本公共服务供给质量和效率问题，强调政府的职能是“服务”，而不是“掌舵”。埃莉诺·奥斯特罗姆、奥克森等提出了政府可以引进市场机制和竞争机制，通过政府、非营利机构、私人的合作治理为公民提供更好的基本公共服务，通过探索更具有弹性和效率的基本公共服务民间化机制，以实现基本公共服务提供方式的转变。

近年来，国内理论界从政府责任、财权与事权划分、公共财政体制改革、转移支付制度完善等角度对基本公共服务展开了研究，但对新时代基本公共服务供给侧结构性改革的研究还比较少。因为在不同的社会经济发展时期，政府的基本公共服务提供方式有着不同的形式与特点。随着我国城乡居民收入水平的提高，人们对基本公共服务的需求从数量型向质量型转变，从需求管理向供需联动转变，而当前公共服务理论不能有效地解释现实情况，因此本书需要从供给侧结构性改革视角，基于当前中国国情和区域差异，对基本公共服务的供求状况、结构效率、供给方式、体制机制进行新的研究，从而形成新的理论。

与其他地区相比，三峡库区具有一定的特殊性，而国内外对于这一特殊区域和特殊对象的研究相对缺乏。一方面，三峡工程建设在一定程度上加深了三峡库区的贫困化程度；另一方面，环境保护、经济发展、民生改革三重压力与矛盾相互交织，使得三峡库区呈现出特殊性与复杂性。当前关于基本公共服务供给的研究，一般都是强调“大水漫灌”式的加大基本公共服务的财政投入，较少考虑“精准滴灌”式的供给精准性和有效性问题。因此，针对三峡库区特殊的资源禀赋与历史条件，结合当前三峡库区经济社会发展水平现状以及基本公共服务供给过程中存在的问题，本书试图从供给侧结构性改革的视角，探讨基本公共服务精准供给模式，形成新的观点、方法，力求丰富公共产品供给理论。

3. 现实背景

三峡库区的概念源自国家战略工程——长江三峡水利枢纽工程（以下简称“三峡工程”）的建设，其覆盖范围与国家秦巴山区连片扶贫开发区和武陵山连片扶贫开发区的部分区域重合。三峡库区既是陆上丝绸之路经济带与长江经济带的重要节点地区，又是全国首批生态文明先行示范区和长江中上游重要的生态屏障区。由于特殊的地理区位，三峡库区移民工作、精准扶贫、环境保护、社会发展等现实问题相互交织。其中，基本公共服务供给的突出问题主要表现在以下四个方面。

一是基本公共服务供给总量不足。三峡库区公共财政投入整体偏低。例如，2016 年，占重庆市总人口 43.66%的三峡工程重庆库区的公共财政支出仅占重庆市公共财政总支出的 27.85%。同时，基本公共服务支出占财政支出的比重依然偏低。例如，2016 年，三峡库区教育支出仅占地区生产总值的 3.02%，低于重庆市平均水平的 3.24%和全国平均水平的 3.78%。基层公共服务的财政投入严重不足，许多村镇无集体收益，其社会保障压力较大，农村公共产品或服务的供给仍然是依靠农民而不是依靠公共财政。

二是基本公共服务供给结构失衡。这表现为区域间、城乡间以及供求间的结构失衡。在区域结构方面，受经济发展水平的影响，三峡库区基本公共服务供给水平在空间格局上呈现出围绕重庆主城周边的基本公共服务水平明显较高，渝东北库腹地区的基本公共服务水平相对较低的特征。在城乡结构方面，基本公共服务的资源配置向城镇倾斜，农村的公共服务资源相对不足。例如，2016 年在全社会固定资产投资中，库区农村的固定资产投资仅占 12.63%。在供求结构方面，供给体系有待丰富和完善，新的基本公共服务需求没有得到有效满足，没有做到精准供给，如公共信息服务、公共金融服务等方面。

三是基本公共服务供给效率低下。受自然地理条件、经济发展、财政自主权、人口密度、居民受教育程度及地方政府供给偏好、供给方式等多种因素的影响，三峡库区基本公共服务供给效率低下。受库区地形地势影响，基本公共服务供给成本较高，投入产出效率相对较低。例如，郑渝高速铁路万州段的桥隧比高达 90%，城开高速公路的桥隧比更是高达 95%。

四是基本公共服务供给质量不高。三峡库区基本公共服务供给水平层次较低，优质基本公共服务资源不足。例如，重庆市首批 38 所重点中学中，三峡库区仅有 9 所。据重庆市卫生健康委员会网站的公开数据显示，截至 2018 年，重庆市共有 11 家三级甲等医院（不包括军队医院、中医院），三峡库区仅占 2 家（重庆市三峡中心医院、重庆市涪陵中心医院）。三峡库区的教育、医疗等优质基本公共服务供给短板明显。

上述分析的基本公共服务供给中的总量、结构、效率、质量问题，其核心是结构问题，需要从供给侧入手进行结构性改革，构建起与经济发展水平相适应的供给总量、与人民群众需求相匹配的供给结构和供给质量，以此提高居民满意度。

1.2 问题的提出

在政策背景、理论背景和现实背景分析的基础上，本书提出研究问题——三峡库区基本公共服务供给的不平衡不充分，这具体表现为基本公共服务供给端对需求端层次性、多样性、差异性变化的适应性不足，所形成的基本公共服务供给总量不足、结构失衡、效率低下和质量不高等供给问题。

具体来看，随着经济社会的发展，基本公共服务的需求结构发生了变化，这就要求供给结构进行相应的调整，以提高人民群众基本公共服务满意度。基本公共服务的需求结构变化主要体现在两个方面：一是由收入水平的层次性变化引起需求结构的层次性和多样性变化，二是由区域间、城乡间经济发展水平与资源禀赋的差异性引起需求结构的差异性变化。基本公共服务需求的层次性、多样性和差异性，要求政府在增加供给总量的同时，优化供给结构，提高供给效率和供给质量，通过对需求的适应性来提高人民群众基本公共服务满意度。但周黎安等学者基于政治锦标赛理论发现，在较为显性的经济绩效考核体系下，地方政府具有强烈的经济发展意愿，但在不具有可测性和显性程度较低的基本公共服务民生领域的发展意愿不强。这使得供给端对需求端的适应性不足，表现为供给的不充分不平衡。

为解决基本公共服务供给的不充分、不平衡问题，特别是供给对需求的适应性问题，本书拟在梳理国内外相关文献的基础上，以中国特色社会主义政治经济学的理论和方法为基础，充分借鉴公共服务理论、供求理论、公平效率理论，基于供给侧结构性改革的研究视角，着眼于三峡库区百万移民安稳致富和补齐基本公共服务领域民生短板的现实需要，试图提出新的理论分析框架，全面、系统地阐释基本公共服务供给侧结构性改革的概念、特征、目标、内容、路径选择等。同时，本书将构建起三峡库区基本公共服务供给总量、供给结构、供给效率和供给质量的评价指标体系，分别运用多种计量模型进行实证检验，并在此基础上提出推进三峡库区基本公共服务供给侧结构性改革的路径选择。本书旨在探讨和回答以下三个方面的问题。

（1）在理论分析方面，基本公共服务供给侧结构性改革的概念是什么？基本公共服务领域供给侧结构性改革与私人产品领域的供给侧结构性改革的区别是什么？特征是什么？基本公共服务供给侧结构性改革要实现什么目标？基本公共服务供给侧结构性改革包括哪些内容？

（2）在现状和实证分析方面，当前三峡库区的基本公共服务领域不充分、不平衡问题的具体表现是什么？三峡库区的基本公共服务供给总量是多少？如何评价其供给结构、供给效率、供给质量？

（3）在对策研究方面，要推进三峡库区的基本公共服务供给侧结构性改革，我们应从哪些方面着手？应该如何选择路径？如何平衡经济发展与民生保障的关系？如何实现需求端的精准识别和供给端的精准供给？如何处理好公平与效率的关系？如何发挥政府与市场的作用？

1.3 研究意义

1. 理论意义

本书力求探讨和回答基本公共服务供给中的一些重要理论问题，为基本公共服务供给侧结构性改革提供理论支持。当前，国家在推进供给侧结构性改革时，主要关注的是私人产品领域的问题，但如何推进基本公共服务领域供给侧结构性改革，学术界还缺乏有针对性的理论分析与政策建议。例如，基本公共服务供给侧结构性改革的内容与特征是什么？基本公共服务供给侧结构性改革的机制应该怎样构建？基本公共服务供给侧结构性改革的目标是什么？基本公共服务供给侧结构性改革的实现路径是什么？与其他地区相比，三峡库区的基本公共服务供给的特殊性如何体现？等等。本书将充分阐释基本公共服务供给侧结构性改革的概念和特征，重点剖析三峡库区新时代基本公共服务供给侧结构性改革的重点与难点，提出推进三峡库区基本公共服务供给侧结构性改革的目标、内容和政策措施，从而为提高三峡库区基本公共服务供给质量，保障和改善三峡库区的基本公共服务提供理论支撑。

2. 现实意义

本书致力于探讨三峡库区的基本公共服务供给不平衡不充分问题产生的原因，从而为政策制定提供依据。本书在构建三峡库区的基本公共服务水平评价指标体系的基础上，运用熵权 TOPSIS 法客观评价了三峡库区的基本公共服务供给总量；运用比较分析法和探索性空间数据分析方法（ESDA）分析供给内容结构和空间结构；基于投入产出视角并运用三阶段 DEA 方法客观评价三峡库区的基本公共服务供给效率；基于需求视角对三峡库区的基本公共服务供给满意度进行调研，并运用结构方程模型对满意度及影响因素进行分析。本书通过统计描述和计量分析，既对三峡库区的基本公共服务的供给总量、结构、效率和质量进行客观分析，又对当前存在的新问题、新特点进行提炼。针对三峡库区的基本公共服务供给侧方面存在的供给总量不足、结构失衡、效率低下和质量不高等问题，本书紧密联系三峡库区经济发展和基本公共服务的实际，从转变政府职能、完善财政制度、优化供给方式、调整供给结构、注重需求管理、加强监督评价等方面提出了三峡库区的基本公共服务供给侧结构性改革的推进思路、政策措施和对策建议。这不仅为新时代、新阶段基本公共服务供给侧结构性改革提供可行的方案，而且也可以为其他欠发达地区解决基本公共服务供给不平衡、不充分的问题提供参考。

1.4 概念界定

1.4.1 三峡库区范围界定

三峡库区的概念源自三峡工程建设，是指被三峡工程淹没的重庆、湖北部分地区。其中，三峡库区湖北段包括夷陵区、秭归县、兴山县和巴东县4个区县；三峡库区重庆段包括万州区、涪陵区、渝北区、巴南区、长寿区、江津区、丰都县、武隆区、忠县、开州区、云阳县、奉节县、巫山县、巫溪县、石柱县15个区县以及重庆主城的7个区（包括渝中区、江北区、南岸区、沙坪坝区、大渡口区、九龙坡区、北碚区）。从空间位置上来看，三峡库区既是长江经济带建设过程中长江上游与中、下游的重要结合点，又是长江经济带连接“一带一路”的重要支点。作为我国首批生态文明先行示范区，三峡库区的生态环境脆弱、生态安全压力较大，且其经济发展水平滞后，因此更高水平、更高质量的基本公共服务供给是推动三峡库区安稳致富的关键。

三峡移民工程作为三峡工程的重要组成部分，是三峡工程后续工作的重中之重，如何实现三峡移民的安稳致富是三峡工程成败的关键。自1993年三峡移民搬迁安置工作开始，到2008年年底搬迁安置工作完成，共搬迁安置三峡库区城乡移民129.64万人；其中，重庆库区移民有113.8万人。重庆主城的7个区的移民数量相对较少，因此三峡库区研究范围不包括该区域，仅包括除重庆主城的7个区外的15个区县（丁黄艳，2018）。同时在《全国对口支援三峡库区合作规划（2014—2020年）》报告中，重庆主城的7个区也不在对口支援之列，故本书的研究范围将不包括重庆主城的7个区。

三峡库区重庆段和湖北段分别归属于不同省份，其在基本公共服务的数据统计口径上有所差别，为使得研究更具科学性和可比性，本书选取同一行政单元内的三峡库区展开例证分析。为了确保研究样本的代表性，本书考虑到无论从地理范围还是移民数量上三峡库区重庆段均占绝对比重，故选择三峡库区重庆段作为研究范围。

本书参考借鉴丁黄艳（2018）、苏科（2019）等学者关于三峡库区重庆段的研究范围，在无特殊说明的情况下，本书所研究的三峡库区范围指三峡库区重庆段的万州区、涪陵区、渝北区、巴南区、长寿区、江津区、丰都县、武隆区、忠县、开州区、云阳县、奉节县、巫山县、巫溪县、石柱县 15 个区县。

1.4.2 基本公共服务的概念、内容与类型

1. 基本公共服务的概念

目前，学术界和政府文件并未对基本公共服务的概念给出一个统一的定义。对公共产品与服务的最大贡献者是萨缪尔森，1954 年他在《公共支出的纯粹理论》中将政府提供的公共服务按照职能划分为三个方面：一是政府的效率职能，主要提供各种狭义的公共产品和服务；二是政府的平等职能，主要解决公共产品分配的贫富均等问题；三是政府的稳定职能，能保持宏观经济的稳定运行。但在现实社会中，存在着大量介于公共产品和私人产品之间的一种产品，叫作准公共产品或混合产品。布坎南在 1965 年发表的《俱乐部经济理论》中首次提出了准公共物品理论。布坎南认为公共物品或者只具有非排他性，或者只具有非竞争性。美国哥伦比亚大学的萨瓦斯对公共服务的内涵进行了比较全面的界定。他认为“公共服务”一词不仅指一般意义上的服务活动，如路灯维护、邮政服务或营运电话系统，而且包括了更广泛的社会职能，如为退休者提供生活保障，抵御外来威胁、衣食供应、物品生产、保护濒危动物和环境。萨瓦斯对公共服务的解释既包括了狭义的公共服务，即满足国内居民一般公共需求的公共产品与服务；又包括了广义的公共服务，即满足国内居民社会保障、国防、环境保护等需求的公共服务。

从国外学者的分析可以看出，“公共服务”是一个含义广泛的概念，其概念和范围也随时代的发展而变化。对于基本公共服务的概念，国内学术界有不同的理解。基本公共服务概念界定的核心在于基本公共服务与公共服务的区别，最关键的就是对“基本”二字的理解和阐释。究竟应该以什么标准来衡量“基本”，究竟哪些公共服务才是最基本的？目前，学术界倾向于从公民需求、民生以及公民权利等方面来阐释基本公共服务的内涵，其大致可以分为三个角度。

第一个角度是从公民需求来理解基本公共服务的，对应的理论被称为

"需求论"。"需求论"认为，基本公共服务应该是满足人的基本需求的公共服务，而人的基本需求又可以从三个不同的角度来理解：一是从基本公共服务消费者出发，将基本需求定义为人的低层次消费需求和无差异消费需求（刘尚希，2007）；二是从基本公共服务供给者出发，将只能由政府提供而不能被其他机构提供的公共性需求定义为基本需求；三是以人道主义为基本出发点，认为基本公共服务必须以人道主义需求为满足对象，是依照人道和公平原则，公民所应享有的必需的基础性公共服务。

第二个角度是从民生来理解基本公共服务的，对应的理论被称为"民生论"。坚持"民生论"的学者认为，基本公共服务应该是与民生密切相关的公共服务，它意味着对公民的基本生存、基本尊严、基本能力和基本健康的保障（马慧强 等，2011）。

第三个角度是从公民权利理解基本公共服务的，对应的理论被称为"权利论"。坚持"权利论"的学者认为，基本公共服务必须是能够保障公民的基本权利的公共服务。他们进一步提出，基本公共服务是在特定社会经济条件下，保障公民基本生存权和基本发展权的公共服务（丁元竹，2008）。

本书认为，基本公共服务是指在一定经济社会条件下，为了保障全体社会成员基本生存权和发展权，政府必须提供与民生息息相关的，能够满足人的基本需求的最低层次的普遍化、一体化产品和服务的总称。

2. 基本公共服务的内容与类型

在基本公共服务供给过程中，不同类型的公共服务可以有灵活多样的供给方式，因此我们需要区别基本公共服务的内容与类型。

按照基本公共服务的特征，其可分为纯基本公共服务与准基本公共服务。其中，纯基本公共服务是面向全体社会成员提供且具有非竞争性和非排他性的产品与服务，由政府供给；准基本公共服务（不纯粹的公共产品与服务），是具有排他性但在一定限度内具有非竞争性的产品与服务，可以由政府或私人供给。

按照基本公共服务的消费属性，其可分为满足人们物质消费需求的基本公共服务和满足人们精神消费需求的基本公共服务。其中，满足人们物质消费需求的基本公共服务大都具有明显的外在物质表现形式，即人们消费的是物品自身的物质性使用价值，如基础设施、邮政通信、路灯、公园等；满足人们精神消费需求的基本公共服务一般不具有外在的物质形态，消费与物品的生产过程融合在一起，如行政管理、教育、科研、公安、国防等。

按照与社会经济的联系，其可分为消费性基本公共服务与生产性基本公共服务，一项基本公共服务对不同消费者来说可以同时是消费性基本公共服务与生产性基本公共服务。

按照受益范围，其可分为地方性基本公共服务、全国性基本公共服务、地区性基本公共服务、国际性基本公共服务等。

由于各地区不同发展阶段的经济发展水平、财政收入情况、居民收入与消费水平及政治制度存在差异，地方政府在不同时期所提供的基本公共服务的内容是不断变化的。世界银行在《1997 年世界发展报告：变革世界中的政府》这一文件中指出，建立法律基础、保持可持续性的政策环境、投资于基本社会服务与基础设施、保护承受力差的阶层和环境保护是政府的 5 项基本职能。《中共中央关于构建社会主义和谐社会若干重大问题的决定》和《国民经济与社会发展第十二个五年规划纲要》从公共教育、就业服务、社会保障、医疗卫生、人口计生、住房保障、公共文化、基础设施、环境保护 9 个方面提出了基本公共服务的范围和重点。《“十三五”推进基本公共服务均等化规划》明确建立国家基本公共服务清单利，并将基本公共服务确定为公共教育、劳动就业创业、社会保险、医疗卫生、社会服务、住房保障、公共文化体育、残疾人服务 8 个领域。

本书认为，基本公共服务的范围包括基础教育、医疗卫生、社会保障、就业服务、公共安全、公共文化、基础设施、环境保护等公共服务。

当前，三峡库区在基础设施、基础教育、医疗卫生、社会保障、公共文化等领域与重庆、湖北以及全国平均水平相比还存在较大差距，区域间、城乡间基本公共服务不均等程度较高，公共资源均衡配置问题突出。因此，我们认为上述 5 个领域应当是基本公共服务中的“基本”。三峡库区在就业服务、住房保障、环境保护等方面还存在区域、城乡差异，因此建立完善的公共服务体系也十分重要，但考虑到与民生的直接相关性，我们应首先满足居民对基础设施、基础教育、公共医疗卫生、社会保障和公共文化的基本需求。

1.5 技术路线、章节安排与研究方法

1.5.1 技术路线

本书基于“问题提出—理论分析—现状分析—实证分析—对策分析”的技术路线和逻辑思路展开分析。首先，本书在政策背景、理论背景和现实背景的基础上提出本书的研究问题；其次，本书在理论基础和文献梳理的基础上构

建全文的理论分析框架；然后，本书将理论分析框架分解为多个维度进行实证检验，在实证分析中运用 VAR 模型、熵权 TOPSIS、基尼系数、ESDA、三阶段 DEA 以及结构方程模型等多种计量方法从客观与主观两个维度对三峡库区的基本公共服务供给总量、供给结构、供给效率及供给质量展开实证分析；最后，本书在理论分析与实证分析的基础上，对问题进行归纳总结，并形成有针对性的对策建议。具体的技术路线如图 1-1 所示。

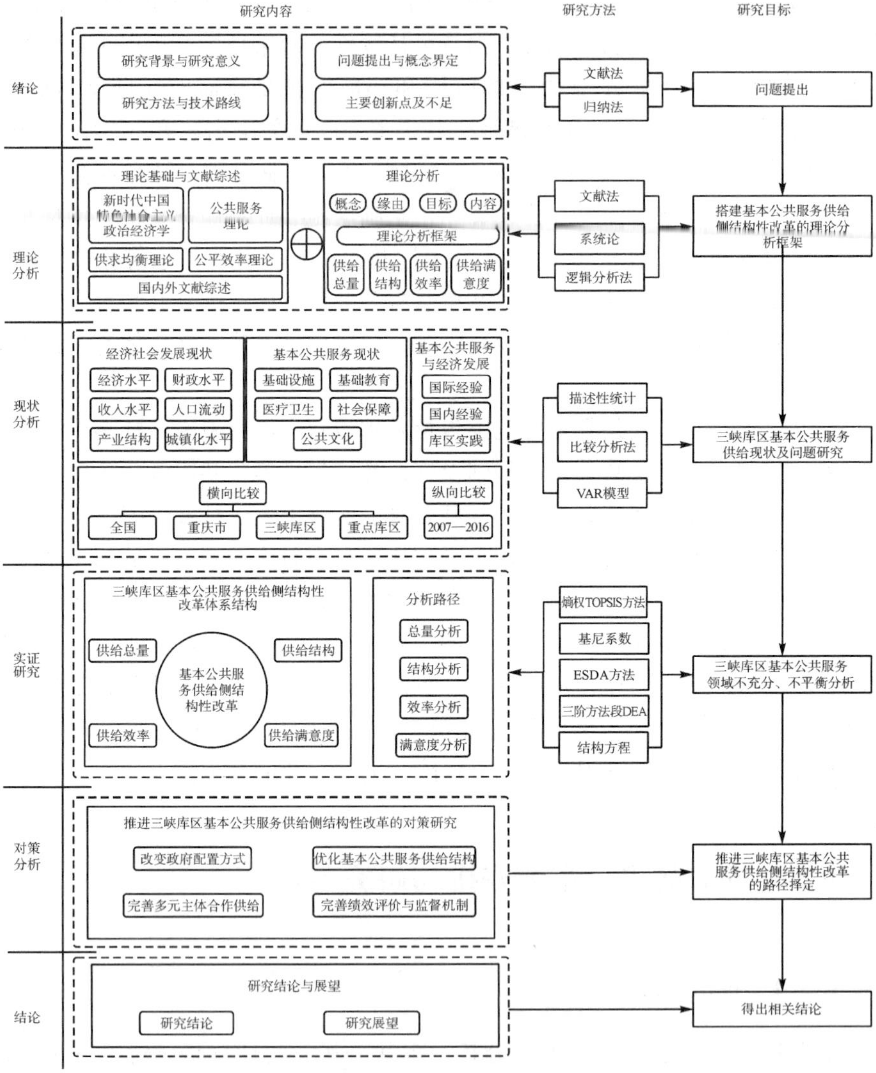

图 1-1　技术路线

1.5.2 章节安排

在上述技术路线的指导下，本书的章节安排如下。

第 1 章为绪论。本章在介绍研究背景的基础上提出了研究问题，并对研究涉及的重要概念进行了界定与诠释，通过技术路线图、章节安排以及研究方法的说明构建了全文的分析框架与思路，并对研究创新点与不足进行了阐述。

第 2 章为理论基础与文献综述。本章围绕基本公共服务供给侧结构性改革涉及的主要理论观点，对国内外相关研究文献进行了梳理，并从研究角度、研究方法、研究范围等方面加以评述。本章在理论基础方面，从基本公共服务与供给侧结构性改革的理论发展出发，以中国特色社会主义政治经济学的理论与方法为基础，充分借鉴公共服务理论、供求理论、公平效率理论，构建了基本公共服务供给侧结构性改革的理论依据。

第 3 章为基本公共服务供给侧结构性改革的理论分析。本章在理论基础与文献综述的基础上，对基本公共服务供给侧结构性改革的基本概念进行了界定，阐释了基本公共服务供给侧结构性改革的目标与内容，并在此基础上建立了基本公共服务供给侧结构性改革的理论分析框架。

第 4 章为三峡库区基本公共服务供给现状分析。本章从横向和纵向两个维度比较分析了三峡库区与重庆市、全国在人口与经济发展状况、基础设施、基础教育、医疗卫生、社会保障和公共文化等方面的差距。研究发现，虽然近年来三峡库区的基本公共服务水平显著提高，但与重庆市、全国平均水平相比仍然存在较大差距。本章在运用 VAR 模型实证检验三峡库区的基本公共服务与经济发展关系的基础上，进一步验证了当前三峡库区的基本公共服务与经济发展的关联度及基本公共服务存在的突出问题。

第 5 章为三峡库区基本公共服务供给结构分析。本章主要从以下四个方面展开分析：一是基于演化博弈对基本公共服务多元合作供给主体的可行性进行论证；二是构建三峡库区的基本公共服务水平评价指标体系，运用熵权 TOPSIS 法客观评价三峡库区 15 个区县的基本公共服务综合水平，这为后续的分析提供了证据支持；三是在基本公共服务供给水平评价的基础上，对当前三峡库区的基本公共服务供给内容结构及其供给短板进行揭示；四是运用探索性空间数据分析方法来探讨三峡库区域间基本公共服务水平的空间依赖性与空间异质性。

第 6 章为三峡库区基本公共服务供给效率分析。本章基于统计数据，从投入产出视角并运用三阶段 DEA 方法对三峡库区基本公共服务供给效率进行了分析。

第 7 章为三峡库区基本公共服务满意度分析。本章基于调研问卷数据，运用基本公共服务的满意度数据对三峡库区的基本公共服务供给质量进行评价分析，并运用结构方程模型分析了满意度的影响因素。

第 8 章为三峡库区基本公共服务供给侧结构性改革的对策建议。本章在理论分析、现状分析、实证分析的基础上从经济发展与民生保障、政府与市场、供给管理与需求管理、公平与效率四个方面提出了三峡库区基本公共服务供给侧结构性改革的对策建议。

第 9 章为结论与展望。本章对全书进行了总结，并探讨了未来有待进一步深入研究的问题和方向。

1.5.3 研究方法

1. 理论分析与实证分析相结合

本书分析了基本公共服务供给侧结构性改革的理论基础、理论机制及路径选择，试图回答基本公共服务供给侧结构性改革是什么、为什么、怎么改等问题。本书实证分析了三峡库区的基本公共服务供给总量、供给结构、供给效率和供给质量，试图阐释三峡库区的基本公共服务供给水平、供给结构、供给效率、供给质量及存在的问题等。

2. 逻辑分析和比较分析相结合

在逻辑分析方面，本书以目标为导向，从供给主体、供给结构、供给方式、供给评价等供给侧构成因素，构建了基本公共服务供给侧结构性改革的内容。在比较分析方面，本书从横向和纵向两个维度比较分析了三峡库区的基本公共服务供给情况，横向比较分析了三峡库区、重庆市和全国的基本公共服务供给水平以及三峡库区 15 个区县基本公共服务供给的空间格局；纵向比较分析了 2007—2016 年三峡库区基本公共服务的供给状况。

3. 总量分析与结构分析相结合

在总量分析方面，本书从横向和纵向分别分析了三峡库区经济社会发展与基本公共服务现状，以及三峡库区基本公共服务与经济发展水平的关系，并构建了三峡库区的基本公共服务水平评价指标体系，运用熵权 TOPSIS 法客观评价了三峡库区的基本公共服务供给水平；在结构分析方面，本书分析了三峡库区基本公共服务供给的内容结构和空间结构。

4. 文献分析法与社会调研相结合

在文献资料分析方面，本书基于三峡库区 2007—2016 年的统计数据，通过构建三峡库区的基本公共服务水平评价指标体系，运用熵权 TOPSIS 法客观评价三峡库区15个区县的基本公共服务供给水平。本书采用三阶段DEA方法对三峡库区的基本公共服务供给效率进行客观评价，旨在从投入产出视角分析三峡库区基本公共服务供给效率。在社会调研方面，本书通过问卷调查，选择万州区、云阳县、开州区、巫溪县、忠县5个区县，就基本公共服务满意度进行实地调研，运用满意度评价对三峡库区的基本公共服务供给质量进行主观分析，并运用结构方程模型分析影响满意度的因素。

1.6 创新点与不足之处

1.6.1 创新点

本书的创新点主要包括以下两个方面。

（1）本书将供给侧结构性改革的政策和理论运用于三峡库区的基本公共服务供给侧结构性改革分析。针对三峡库区的基本公共服务供给存在的问题，本书充分运用经济学理论与方法，结合公共管理学、政治学、社会学等多学科理论，分析了基本公共服务供给侧结构性改革的依据、目标与内容，从供给管理与需求管理相结合的视角，提出了三峡库区基本公共服务供给侧结构性改革的对策建议。

（2）本书针对三峡库区基本公共服务供给侧结构方面存在的总量不足、结构失衡、效率不高、质量不佳等问题，分别构建了基本公共服务供给水平、供给效率和供给质量评价指标体系，运用熵权TOPSIS法、ESDA方法、三阶段DEA方法进行了实证分析。从满意度视角，本书构建了三峡库区的基本公共服务满意度测评量表，并进行了信度和效度检验，为三峡库区基本公共服务供给侧结构性改革提供了实证依据。

1.6.2 不足之处

本书的不足之处主要包括以下两个方面。

（1）指标体系有待完善。首先，在研究范围和样本选取上，本书局限于三峡库区，但三峡库区县级层面的统计资料相对不足，缺乏环境保护、公共安全等相关数据，指标体系构建有待完善；其次，在供给结构的分析过程中，无法获取三峡库区县级层面的城乡基本公共服务数据，因此本书未对基本公共服务城乡结构进行分析。

（2）对策建议还有待完善。推进三峡库区基本公共服务供给侧结构性改革是一个系统工程，这不仅要考虑基本公共服务本身的供给侧结构性改革，而且应将其融入整个经济社会的供给侧结构性改革中。本书的对策建议缺少对宏观经济供给侧结构性改革的建议，特别是对三峡库区县域经济发展的对策分析。同时，本书的对策建议部分提出的构建三峡库区基本公共服务供给清单，应根据不同区县的实际情况进行丰富和完善。

2 理论基础与文献综述

2.1 理论基础

本书以中国特色社会主义政治经济学的理论与方法为基础，充分借鉴公共服务理论、供求理论、公平效率理论的有益思想，试图提出符合三峡库区基本情况的基本公共服务供给侧结构性改革的理论分析框架。

2.1.1 新时代中国特色社会主义政治经济学

习近平新时代中国特色社会主义思想是马克思主义中国化最新成果。习近平总书记关于中国特色社会主义政治经济学的重要论述和在实践中形成的以新发展理念为主要内容的习近平新时代中国特色社会主义经济思想，是习近平新时代中国特色社会主义思想的重要组成部分，是构建新时代中国特色社会主义政治经济学理论体系的基本遵循。总体上看，新时代中国特色社会主义政治经济学理论力求解决社会主义与市场经济相结合的问题。从内容上看，新时代中国特色社会主义政治经济学理论以新发展理念为主要内容，以供给侧结构性改革为主线，以三大战略为支撑，同时还包括对社会主要矛盾、发展理念、发展目标等具有时代价值的新判识。

1. 新的社会主要矛盾

党的十九大报告指出，中国特色社会主义进入了新时代，我国社会主要矛盾已从“人民日益增长的物质文化需要同落后的社会生产之间的矛盾”转化为“人民日益增长的美好生活需要和不平衡不充分的发展之间的矛盾”。这一社会主要矛盾的新表述至少包含以下三层意思。其一，相对于党的十一届三中全会关于社会主要矛盾的论述，新表述不是简单否定，而是继承、发展了之前关于社会主要矛盾的研判。日益增长的物质文化需要仍是“人民日益增长的美好生活需要”的主要内容之一，发展的不平衡不充分在一定程度上仍意味着社会生产的相对落后。其二，从主要矛盾的需求侧来看，人民日益增长的美好生活需要不仅包括物质产品与服务的需要，而且包括精神、文化、生态等产品与服务的需要。其三，从主要矛盾的供给侧来看，生产领域的公共产品或服务供给存在着供给主体单一、总量不足、效率不高、质量不佳等问题。

显然，社会主要矛盾中的不平衡不充分除了经济发展的不平衡不充分外，社会发展的不平衡不充分也日益突出。后者在供给侧所面临的问题中具有结构性、长期性和系统性的特点。

2. 新的发展目标

中国特色社会主义进入了新时代，并没有改变我国仍处于并将长期处于社会主义初级阶段这一基本国情，更没有改变我国是社会主义国家这一本质属性，因此新的发展目标仍将以解放和发展生产力，实现共同富裕为基础指导，以提升人民生活水平尤其是提升人民的幸福感和获得感为最终落脚点，但会根据当前所面临的新情况、新问题，做出更加具体的阐述和合理布局，指引未来发展走向具体化、层次化、特色化的道路。

新时代中国特色社会主义的发展目标是分阶段的，即从全面建成小康社会到基本实现现代化，再到全面建成社会主义现代化强国，包括“两步走”“两个十五年”两大发展战略。由于发展目标是分阶段的，故与之相适应的基本公共服务同样是分阶段的，不同的发展阶段有着不同的基本公共服务供给能力和需求水平，这就要求适时动态调整基本公共服务供给体系。

3. 新的发展理念

党的十八届五中全会坚持以人民为中心，提出创新、协调、绿色、开放、共享的发展理念，这不仅是政治经济学理论的创新，而且是解决当前社会主要矛盾、实现新的发展目标的重要理论指导。

创新不仅能够进一步提高生产效率，解决供给端的不充足问题，而且能提高供给整体效率水平，满足人民对美好生活的需要。当然，这里所指的创新是一个全面的概念，除了一般意义上的技术创新外，还包括理论创新、制度创新及思想创新，如供给侧改革理念上的创新。协调发展理念体现了发展结构理论的创新，协调发展将促进城乡、地区间平衡发展，如基本公共服务水平的均等化。绿色发展理念体现了财富理论的创新。绿色发展能够实现经济、社会与生态的可持续发展，为进一步提高我国生产力提供良好的发展环境。开放发展理念体现了全球化理论的创新。唯有保持开放的心态，我国才能吸收借鉴发达国家在发展过程中积累的经验教训。共享发展理念体现了共同富裕理论的创新。

共享发展深刻体现了社会主义制度的优越性，为进一步完善社会保障制度、收入分配制度提供了方向。

4. 供给侧结构性改革

供给侧结构性改革是新时代中国特色社会主义政治经济学理论的重要理论创新和实践指导，是在转型过程中解决新时代社会主要矛盾，运用新时代发展理念实现新目标的主要途径。

推进供给侧结构性改革有着复杂的国际国内背景。在国际方面，次贷危机爆发至今，世界经济特别是新兴经济体的经济发展停滞不前，贸易增长前景仍不乐观，世界各国经济金融周期分化及政策分化的发展态势将得到延续，金融风险隐患仍不容忽视（谈俊，2017）。在国内方面，经济发展进入“新常态”，经济增速放缓，资源、环境等问题的困扰将长期存在，并越来越突出，亟待实现经济转型发展，实现由要素驱动、投资驱动向科技创新、改革创新的动能转换。

供给侧结构性改革的目标是满足消费需求（葛云飞，2018），通过供给体系的改革和完善以适应需求结构的变化，提高供需匹配度。需求的变化主要体现在人民群众美好生活需要方面，对高质量基本公共服务的消费需求也是人民群众美好生活需要的重要内容，因此推动基本公共服务领域的供给侧结构性改革、优化供给结构、提升基本公共服务供给水平是解决人民群众日益增长的美好生活需要的关键推手。基本公共产品或服务的属性、面临的主要问题与私人产品不同，如在基本公共服务领域并不存在产能过剩的问题，更多的是供给总量不足、质量不高和结构失衡等问题，因此基本公共服务供给侧结构性改革也不同于私人产品领域的供给侧结构性改革。私人产品的供给更加注重效率，以利润最大化为导向；基本公共服务的供给主要解决市场行为所带来的不公平，更加注重公平，以社会福利最大化为导向。此外，在一定经济发展水平下，公共财政相比公共需求来讲总是不足的，且基本公共服务的消费具有一定刚性。

供给侧结构性改革的本质要求是资源的优化配置，通过供给结构优化，实现资源的最优配置，以提高供给效率和供给质量。而资源配置不合理在私人产品领域表现为低端、无效产能过剩，有效供给不足；在基本公共服务领域表现为基本公共服务供给的不平衡不充分。因此，推进基本公共服务供给侧结构性改革的核心是通过供给结构的调整优化，提高公共资源配置的效率；通过提高基本公共服务的效率和质量，满足人民群众日益增长的美好生活需要。

基于此，基本公共服务供给侧结构性改革应该是以增进社会福利、提升人民群众满意度和获得感为目标，以人民群众公共需求为导向，以政府为主导，以私人企业、个人、非营利性组织参与的多元合作供给为手段，以优化供给结构、提高公共资源使用效率为抓手的公共管理改革与政府职能转变的新思路、新举措。

2.1.2 公共服务理论

1. 公共服务理论产生与发展

公共服务理论伴随着资本主义市场经济的发展而不断丰富和完善。基于不同时期学术界对于公共服务的认知和目标追求，公共服务理论的形成与发展大致经历了概念形成阶段、公共服务理论发展阶段和新公共服务理论阶段。

（1）概念形成阶段

概念形成阶段是公共思想萌芽和对公共产品有初步认识的时期。早期的公共服务研究主要贯穿于国家或政府职能的分析中，如1654年托马斯·霍布斯的《利维坦》一书在论国家中谈到国家存在的重要理由是要为国民提供公共安全与和平的保障。1662年威廉·配第在《赋税论》中对公共经费进行了论述。亚当·斯密（1776）在《国富论》中提出提供公共服务是国家的义务与职责，承认政府应提供最低限度的公共产品和服务来保障公众的基本生存权和发展权，也就是说，人民群众对公共产品的需要是政府产生的原因。最早专门研究公共服务概念的是瓦格纳。瓦格纳对国民收入与政府公共财政支出进行了实证分析。1912年，迪吉在其社会连带主义法学理论中才明确给出了公共服务的定义。1920年，庇古的福利经济学为公共服务研究提供了重要的理论支撑与分析框架。

（2）公共服务理论发展阶段

20世纪30年代至今，公共服务理论逐渐系统化，研究的侧重点为公共部门应该提供什么样的公共服务以及提供多少公共服务等问题。在发展阶段，公共服务理论概括起来主要包括以下几个方面。

第一，给出了公共服务的定义。马斯格雷夫于1938年在《财政自愿交换论》一文中，推动了公共产品理论的新发展，标志着公共产品理论从政府职能理论中走出来。萨缪尔森的公共产品理论给出了公共产品的定义和性质，认为公共产品具有非竞争性和非排他性。1954年萨缪尔森在《公共支出的纯粹理论》中将政府提供的公共服务按照职能划分为三个方面：一是政府的效率职能，主要提供各种狭义的公共产品和服务；二是政府的平等职能，主要解决公共产品分配的贫富差距问题；三是政府的稳定职能，能保持宏观经济的稳定运行。但是，现实生活中还存在具有竞争性和非排他性、非竞争性与排他性的产品。1965 年，布坎南对准公共物品理论进行补充。1987 年萨瓦斯在《民营化：迈向更优政府的钥匙》一书中指出公共服务应该分为狭义的公共服务与广义的公共服务，公共服务不仅包括一般意义上的公共产业与服务，而且包括更广泛的社会职能。

第二，提出了公共服务提供的选择问题。公共选择学派通过对公共服务的内涵与性质界定延展至公共服务的提供选择问题。萨缪尔森通过对公共服务的性质定义，从竞争性和排他性的角度将公共产品与私人产品进行了区分，认为由于“市场失灵”的存在，公共服务应由政府提供，以消除市场经济中的外部性、不完全竞争等问题。但同时具备非竞争性和非排他性的纯公共产品相对较少，布坎南（1962）基于共有产权角度提出“俱乐部产品”。随着西方国家公共服务的改革，新公共管理理论认为要引入市场机制来改进公共服务供给机制。

第三，论证了公共服务的提供与生产可以分离。在公共服务概念界定与提供主体选择研究的基础上，公共服务理论试图分析公共服务的提供方式。马斯格雷夫（1954）在萨缪尔森的基础上进一步对公共服务消费上的非竞争性与非排他性进行了界定，对公共服务的提供与生产进行了区分。公共经济理论认为应该将公共服务的提供与生产区分开来。关于公共服务的提供，政府作为人民群众集体利益的代理机构，应当提供公共产品与服务；但公共服务的生产者既可以是政府单位，也可以是私人部门、非营利性组织等机构。沙维斯的民营化理论将公共服务的提供划分为消费者、生产者、安排者（提供者）三个方面。以罗西瑙为代表的治理与善治理论主张建立政府与社会各部门合作的供给公共服务的公共管理模式。

第四，提出了公共服务层级理论。虽然公共服务具有消费的排他性，但由于公共服务本身的外溢效应随着距离的增加呈边际递减态势，这使得公共服务的受益范围具有一定的地域性。公共服务受益范围的地域性让学者们不断探索分层级的政府行政机构提供公共服务的财权与事权应该如何划分。如韦伯的科层制理论认为，通过明确的管辖范围来划分由政府或公共组织提供公共服务能够提高供给效率。

从公共服务理论发展的历程来看，西方公共服务理论是对资本主义经济社会发展过程中公共需要的经验总结与实践归纳。

（3）新公共服务理论阶段

20 世纪 70 年代石油危机使得西方国家经济进入滞胀状态，政府面临着严重的财政危机和信息危机，这使得以新公共管理运动为表象的新公共管理理论应运而生。为解决政府所面临的财政危机和信任危机，新公共管理理论强调通过引入市场力量来提高公共服务的供给效率，以解决在财政税收欠佳的情况下提供更多的公共服务的问题。新公共管理理论认为政府应该是“掌舵”而不是“划桨”，应该积极鼓励非政府组织参与公共服务供给。

新公共管理理论过分强调提高政府公共服务供给效率，而忽视了公共服务的本质是为社会公众的公共利益服务，因此以强调公共利益的新公共服务理论应运而生。以登哈特夫妇为代表的新公共服务理论认为政府不应是“掌舵”，而应该是服务，政府作为公共理论的代理机构，应以公共利益为服务目标，应以民主与公平优先而非效率优先。

纵观公共服务理论发展体系，公共服务理论伴随资本主义市场经济发展而发展。在自由竞争的资本主义阶段，市场失灵的存在需要政府提供公共产品以保障资本主义持续发展，此时公共服务理论处于萌芽状态。在资本主义高度发展阶段，市场效率成为资本主义市场经济发展内在动力，在公共服务领域表现为引入市场力量参与公共服务供给的新公共管理运动的兴起，在理论上的表现为以布坎南为代表的公共选择学派和新公共管理理论的出现。在资本主义发展成熟阶段，市场机制不断完善，这对人的发展、公共福利以及民主与公平提出了新的要求。在这一阶段，新公共服务理论、治理与善治理论、民营化理论等解决公平与效率的理论分析不断涌现。总之，公共服务理论发展的动力源泉是公共服务实践需要；反过来，公共服务理论也服务于公共需要的实践。

2.1.3　供求均衡理论

在供给侧结构性改革过程中，私人产品所面临的供需错位问题在基本公共服务领域同样存在。因此，提高基本公共服务供给结构对需求变化的适应性和灵活性，提高基本公共服务供给与需求的匹配程度，能够更好满足人民群众需要，提高居民在基本公共服务上的满意度和获得感。

基本公共服务供需非均等化主要表现在两方面：一方面是总量上的非均等化；另一方面是结构上的非均等化。总量上的非均等化主要表现为基本公共服务的总供给与总需求不匹配，结构上的非均等化表现为两点：一是受公共财政能力影响的供给主体结构、供给内容结构、城乡结构、区域结构等方面的供给非均等化；二是受社会经济发展和人民收入水平影响的需求端的非均等化，如北京居民的基本公共服务需求高于三峡库区居民的基本公共服务需求。因此，本书试图通过供求均衡理论分析基本公共服务领域的供给总量和供给结构问题，以求为基本公共服务均等化寻找理论依据。

从分析方法来看，供求均衡理论可分为马克思一般均衡理论与新古典一般均衡理论。以亚当·斯密为代表的古典经济学家通过市场这只“看不见的手”对资本主义市场经济运行机制进行了解释；其后李嘉图在统一利润率和资本流动的基础上对古典一般均衡的实现机制进行了解释；在此基础上，马克思基于经济的本质关系提出了总量理论体系，认为供求关系的基础是“社会必要劳动时间”，供求均衡总是蕴藏于非均衡之中。但 19 世纪 70 年代的“边际革命”对一般均衡的研究抛弃了统一利润率、经济关系与经济制度，采用以新古典生产函数为基础的技术关系分析方法。瓦尔拉斯的一般均衡理论基于边际效用理论，将社会经济关系简化为交换关系，从交换关系对交换、生产、资本积累和货币四方面的均衡进行了分析，同时借助数量模型对完全竞争条件下的均衡条件和均衡方式进行了分析；马歇尔的均衡价值理论更是用商品的均衡价格来衡量其均衡价格，认为在供求均衡时产量和价格也实现均衡。由此可见，马克思的一般均衡理论更强调经济本质关系；以瓦尔拉斯的一般均衡理论为代表的新古典一般均衡理论更注重运用数理模型等分析经济关系。基于此，本书基于马克思一般均衡理论从“社会必要劳动时间”的角度对当前基本公共服务领域供求及其均衡进行分析，如基本公共服务有效供给与有效需求问题；基于新古典一般均衡理论对基本公共服务所面对的具体市场展开结构性分析，如基本公共服务需求结构与供给结构的动态演化问题。

1. 马克思主义的供求均衡理论

马克思并没有对供求及其均衡理论进行专门讨论，同时也没有直接对公共产品供求均衡进行论述，但在科学社会主义理论中的不同场合对公共产品的概念、目的、方式以及供求平衡进行了阐述。在《哥达纲领批判》中马克思从社会总产品分配的角度对公共产品进行了论述，认为集体的劳动所得是社会总产品，在社会总产品进行个人分配之前，应扣除“用来应付不幸事故、自然灾害等的后备基金或保险基金”，这部分扣除将用于满足集体的共同需要。由此可以看出，马克思对公共产品范畴及其供求均衡的探讨源于整体和总量视角。因此，我们在用马克思主义的供求均衡理论分析基本公共服务供求及其均衡问题时应从总量上进行考虑。马克思在研究价值形成、再生产过程及其条件等问题时提及了许多关于供求关系及其均衡思想。

马克思的价值规律理论指出供求均衡是价值规律作用的结果，同时马克思揭示了价值规律对供求变动的影响。商品的生产与交换是建立在商品的劳动二重性基础之上的。商品的有用性使得商品具有使用价值，使用价值是交换价值的物质承担者，这是商品的自然属性。交换价值表现为两种使用价值相交换的量的关系，但商品的使用价值只是其表现形式，其内在本质是社会必要劳动时间的交换，交换价值是商品的社会属性。社会必要劳动时间是交换关系与交换价值的基础。

马克思的商品劳动二重性认为商品具有使用价值和价值两种属性，商品的价值是人类劳动的凝结，通过与其他商品的交换而显现出来。劳动所得为劳动的产品，劳动产品要成为商品必须通过交换，将其使用价值让渡给其他人。因此从某种意义上讲，公共产品属于一种特殊的商品，我们可以将社会公众和政府看成两个整体，那么公共产品就是政府所供给的基本公共服务的社会必要劳动时间与公众所纳税的社会必要劳动时间进行交换的商品。商品价值的实现，在于能否满足他人需要，对他人的有用性决定其使用价值。同样，基本公共服务价值的实现在于能否满足公众需求；不能满足公众需求的供给就是“无效供给”。但从公众的自然属性来看，公共需求又是无限的，只有与既定经济发展水平和生产力水平相适应的需求才是“有效需求”，因此供求均衡是指有效供给与有效需求相匹配情况下的一种稳定状态。

在马克思看来，商品供求的非均衡仅影响其价格，对其本身价值并没有影响，因为商品交换基于商品价值量相等的条件。在价值规律的作用下，价格围绕价值上下波动，供求对价格的表现在于：供给大于需求则会使商品价格低于其价值，供给小于需求则会使商品价格高于其价值。但这种供求非均衡状态并不会长期存在，供不应求则会增加供给，供大于求则会减少供给，在价值规律的作用下供给和需求最终会趋向供求均衡。马克思用价值规律揭示了供求及其均衡规律。在基本公共服务供给过程中，我们应以公众需求为导向，遵循价值规律，在供大于求时减少供给；在供不应求时增加供给，通过对供给结构的动态优化调整，以求实现公共资源的有效配置和基本公共服务的供求匹配。

马克思在《资本论》中对社会资本再生产过程进行了论述，其核心问题在于社会总产品的实现，而社会总产品的实现既需要社会总供给与社会总需求总量上的均衡，又需要国民经济各部门间供给结构和需求结构的结构均衡。社会总产品的实现关键在于价值补偿和实物补偿，价值补偿通过交换卖出产品，获得价值；实物补偿通过交换购进产品，获得物质资料。社会总产品实现的条件包括实物构成与价值构成。在实物构成中，马克思认为社会产品的生产由两大部门构成，生产资料部门（Ⅰ）和生活资料部门（Ⅱ）；同时，社会产品的价值构成由可变资本（V）、不变资本（C）和剩余价值（M）三方面构成。因此社会总产品实现的动态均衡分为两大部类的均衡，包括价值均衡与实物均衡两方面。其中，价值均衡表现为生产资料的第一部类（Ⅰ）当年的可变资本

（V）与剩余价值（M）之和必须与生活资料的第二部类（Ⅱ）的不变资本（C）相均衡；物质平衡表现为生产资料的第一部类（Ⅰ）当年生产的生产资料须与生活资料的第二部类（Ⅱ）已消耗的生产资料相平衡；价值和实物间的平衡表现为生产资料的第一部类（Ⅰ）当年购买的生活资料必须与生活资料的第二部类（Ⅱ）所提供的商品量相平衡，同时第二部类（Ⅱ）当年购买的生产资料须与第一部类（Ⅰ）所提供的商品量相平衡。即：

$$\text{Ⅰ}(C+V+M)=\text{Ⅰ}(C)+\text{Ⅱ}(C) \tag{2.1}$$

$$\text{Ⅱ}(C+V+M)=\text{Ⅰ}(V+M)+\text{Ⅱ}(V+M) \tag{2.2}$$

在《哥达纲领批判》中，马克思认为公共产品是社会总产品扣除用于社会公共需要的那部分，因此公共产品是社会总产品的一个重要组织部分。在基本公共服务供给过程中，基本公共服务供给的实现同样需要考虑价值补偿与实物补偿来实现价值均衡与实物均衡。由于基本公共服务的特殊性，其价值补偿与实物补偿主要来自政府财政收入同时鼓励私人企业、个人非营利性组织等多元主体合作供给基本公共服务，其价值平衡、实物平衡以及他们之间平衡应注意基本服务供给数量和内容结构应随着经济社会的发展和社会公众公共需要的变化而调整实现动态平衡，以提升人民群众基本公共服务获得感。

2. 新古典经济学的供求均衡理论

自19世纪70年代“边际革命”以来，边际分析等数学分析方法在经济学领域得到广泛应用。新古典主义经济学关于供求及其均衡的论述主要包括瓦尔拉斯一般均衡理论和马歇尔的均衡价格理论。

（1）瓦尔拉斯一般均衡理论

西方经济学在抛弃劳动价值理论后仅分析各种经济现象数量上的变动情况，将经济体系分为两个市场：产品市场和生产要素市场。瓦尔拉斯认为在这两个市场上，所有产品与生产要素的供求与价格均是互相联系的，将互相联系的各个市场看成一个整体进行分析，每一个产品的供求数量不仅取决于产品本身的价格，也受所有其他产品价格的影响。瓦尔拉斯一般均衡理论主要回答了两个问题：一是一般均衡的实现条件；二是一般均衡的存在性及其实现方式。

关于一般均衡的实现条件，瓦尔拉斯认为在完全竞争市场，基于边际效用价值论，消费者以效用最大化为目的在产品市场与生产要素市场上行动，生产者以利润最大化为目的在产品市场与生产要素市场上决策。在产品市场上如果给定消费者的效用函数和生产者的生产函数，在要素市场上如果给定消费者的要素供给函数和生产者对要素的需求函数，我们就可以论证所有产品市场和要素市场达到一般均衡。

关于一般均衡的存在性及其实现方式，瓦尔拉斯先对交换的一般均衡进行了分析，并在此基础上对生产的一般均衡进行了讨论。此外，产品的生产与资本积累、货币流通密切相关。瓦尔拉斯进一步分析了关于资本积累和货币流通的一般均衡。其中，交换的一般均衡主要解决产品在消费者间的分配问题。一般均衡的内容具体是：假设市场上有 i 种商品的供给 $S_i(i=1, 2, \cdots, n)$，每种商品的价格为 $P_i(i=1, 2, \cdots, n)$，消费者对第 i 种产品的需求量为 $D_i(i=1, 2, \cdots, n)$，同时消费者的需求量不仅受第 i 种产品本身的价格的影响，还受其他产品价格的影响，则需求函数为 $D_i=D_i(P_1, P_2, \cdots, P_n)$。

瓦尔拉斯交换的一般均衡模型为 $D_i(P_1, P_2, \cdots, P_n)-S_i=0(i=1, 2, \cdots, n)$，其供求均衡的约束条件为 $\sum P_iD_i=\sum P_iS_i$，即在交换过程中，产品的需求与供给受到对方的约束，最终实现商品供求相等的均衡。在基本公共服务供给过程中，需求总量受其供给总量的约束，供给总量也会受需求总量的引导。随着公众对基本公共服务需求量的日益增长，提供更高水平、更高质量的基本公共服务才能提升人民群众基本公共服务的满意度和获得感。那么作为生产者，供给主体应如何实现基本公共服务生产的一般均衡呢？

瓦尔拉斯生产的一般均衡对生产者与消费者在产品市场和生产要素市场的供求及其均衡进行了分析。假定生产者需要生产第 j 种产品的数量为 X_j，生产这么多数量的 j 种产品所需要的 i 种生产要素为 R_i，生产技术水平为 a_{ij}，第 i 种生产要素的价格为 V_i，第 j 种产品的价格为 P_j。在生产要素市场上，生产者对生产要素的需求函数为 $\sum_{i=1}^{n} a_{ij}X_j=R_i(i=1, 2, \cdots, n)$；消费者对生产要素的供给函数为 $R_i=G_i(P_1, P_2, \cdots, P_n; V_1, V_2, \cdots, V_m)$，表明消费者的生产要素的供给量不仅受到生产要素价格的影响而且受到其他要素和产品价格的影响。在产品市场上，生产者对产品的供给函数为 $\sum_{j=1}^{m} a_{ij}V_j=P_i(j=1, 2, \cdots, m)$；消费者对产品的需求函数为：$X_j=f_j(P_1, P_2, \cdots, P_n; V_1, V_2, \cdots, V_m)$，表明消费者的需求量不仅受到产品价格的影响而且受到自身收入的影响。由此得到瓦尔拉斯生产的一般均衡：$\sum_{j=1}^{m} P_jX_j=\sum_{i=1}^{n} V_iR_i$，在此基础上，瓦尔拉斯通过未知数个数等于方程个数证明了一般均衡解的存在。

在基本公共服务供给过程中，公众对基本公共服务的需求不仅受到供给数量的影响而且受到公众收入水平的影响。因此，在基本公共服务供给过程中，我们应考虑经济社会发展水平与公众收入水平，以需求为导向，基于不同时期公众基本公共服务需求数量和需求结构的变化来动态调整供给数量和供给结构。

（2）马歇尔的均衡价格理论

与瓦尔拉斯一般均衡理论一样，马歇尔将市场经济主体划分为消费者与生产者两个主体，同时面对产品市场与生产要素市场两个市场。与瓦尔拉斯一般均衡理论不同的是，马歇尔从更微观的单个产品或生产要素研究市场的局部均衡。马歇尔回避了对价值的讨论，仅从价格的角度对供求及其均衡进行了分析，用均衡价格衡量均衡价值，并提出了均衡价格理论。均衡价格是指供给价格与需求价格相等时的价格，也是供给曲线与需求曲线相交时的均衡价格。其中，供给价格是指生产者为提供一定数量的产品而愿意接受的价格；需求价格是指消费者购买一定数量的产品而愿意支付的价格。马歇尔运用数量方法，从供求关系角度对市场价格进行分析，以求解决资源配置问题。他认为当供求实现均衡时，产品的价格和产量均能实现均衡，均衡价格和产量是由市场供求关系自发调节形成的。因此马歇尔的均衡价格理论主要包括供给函数与需求函数两方面，只要能够得到产品的供需函数就能得出其均衡产量与价格。

需求函数是指一种产品的需求数量与该产品价格之间的相关关系，需求曲线是指产品价格和需求量之间的对应关系。有效需求必须满足：有购买欲望（需要）、有支付能力、有对应的供给关系三个条件。影响需求的因素有：产品自身的价格、消费者的收入水平、相关产品的价格、消费者的偏好以及消费者对产品的价格预期等。马歇尔认为效用是需求价格的基础，我们可以运用货币来衡量消费者对产品的主观效用评价，即用货币价格可以衡量效用大小。一个产品带给消费者的满足感越高，其效用越大，消费者愿意支付的价格就越高；但随着消费数量的增加，该产品带来的效用也就逐渐减少，同时消费者愿意支付的价格就会下降，因此需求曲线通常是向右下方倾斜的曲线。基本公共服务存在外部性和“搭便车”的现象，同时公众并不需要直接为基本公共服务买单，这使得公众对基本公共服务的真实需求表达成为基本公共服务供求均衡的难点。但从需求的构成要素来看，有效的基本公共服务需求必然基于公众的需要而存在，并且有相应的基本公共服务供给，同时要与公众收入水平相适应。因此在基本公共服务供给过程中，政府要以公众需要和需求为导向，提供与公众收入水平相适应的基本公共服务。

供给函数是指一种产品的供给量和该产品价格之间的相关关系。供给曲线是指供给量与产品价格之间的对应关系。供给曲线通常向右上方倾斜，表明随着供给量的增加其价格是下降的。供给是指生产者在一定时期内在各种可能的价格下愿意而且能够提供的该种产品的数量。影响产品供给的因素有产品自身的价格、产品的生产成本、产品生产的技术水平、相关产品的价格以及生产者对未来价格预期等方面。供给价格除了受到需求的影响外，还受到生产要素价格的影响，如劳动、土地、资本等。

基于此，私人产品通过市场机制即价格机制和竞争机制可以实现供求均衡，实现资源优化配置。但基本公共服务供求均衡是难以通过价格机制和竞争机制实现的，一方面基本公共服务的生产与消费并不是以价格机制为基础的，另一方面基本公共服务的非竞争性和非排他性使得竞争机制也并不能作用于基本公共服务供求均衡。政府配置基本公共资源主要是通过行政机制来实现的，而基本公共服务需求主体在“搭便车”行为的影响下，需求偏好显示受到约束，供需错位使得政府在基本公共服务提供的总量、结构、质量等方面难以保持均衡。因此要实现基本公共服务领域的供需匹配，政府应明确基本公共服务供需关系，在供给管理与需求管理相结合的方式下通过提供更高水平、更高质量的基本公共服务来更精准地满足人民群众的美好生活需要，提高公共福利水平。

3. 基本公共服务的供给与需求及其关系

传统的基本公共服务主要由政府行政供给，因此关于基本公共服务的研究主要集中在公共行政领域。马克斯·韦伯的科层制理论认为官僚制能够提高组织效率，因此基本公共服务应由政府、公共组织来提供，这样既能保证效率又能促进公平（Beetham D., 2013）。随着西方国家公共服务的改革，以奥斯本、盖布勒为代表的新公共管理理论认为要引入市场机制来改进基本公共服务供给机制，提高基本公共服务供给效率；以罗伯特·丹哈特为代表的新公共服务理论认为公共行政应更重视人而不仅仅是效率，要构建服务型政府；1987 年萨瓦斯的民营化理论认为公共服务并不一定是由政府提供，萨瓦斯把公共服务的要素划分为消费者、生产者、安排者或提供者三个方面，生产者、安排者或提供者既可以是政府，也可以是私人部门；以奥斯特罗姆为代表的公共经济理论认为基本公共服务的供给是集体消费单位选择生产单位的过程，集体消费单位是指某一政府单位，而生产单位可以是政府单位，也可以是私人部门、非营利性组织等机构。从国外学者对基本公共服务供给的研究来看，关于基本公共服务供给研究主要集中于供给主体的选择上，供给主体主要包括政府供给、市场供给、政府与市场合作供给等。认为基本公共服务由政府供给的理由主要包括以下几点：一是市场失灵的存在，导致市场无法有效供给公共服务，如外部性问题、信息不对称现象、自然垄断等；二是理性经济人假定认为私人企业不愿意提供正外部性产品或公益性产品；三是私人部门没有足够的财力来提供基本公共服务，如国防、公共安全等。认为基本公共服务由市场供给的主要理由包括以下几点：一是由于政府功能和作用有限，由市场失灵衍生出的政府基本公共服务供给也并非完全有效；二是政府基本公共服务供给效率较低，需要引入市场机制来提高其供给效率。以詹姆斯·罗西瑙为代表的治理与善治理论主张建立政府与社会合作的公共管理模式。因此，为了解决市场失灵、政府效率低下等基本公共服务供给问题，他们认为应构建以政府为主导，私人企业、个人、非营利性组织参与的多元合作供给模式。

基本公共服务需求是指一定范围或地域空间内社会公众的公共需求，其并不是个人需求的简单加总，而是把社会公众当作一个集体时的公共需求，因此基本公共服务需求既具有个人属性又具有社会属性。由于基本公共服务具有非竞争性或非排他性，社会公众不需要直接承担成本就能够消费基本公共服务，曼柯·奥尔逊1965年在《集体行动的逻辑：公共利益和团体理论》一书中提出了基本公共服务消费过程中的“搭便车”问题。基本公共服务的需求显示具有一定的隐匿性，政府不能掌握真实的基本公共服务需求，但社会公众作为基本公共服务的消费方，消费效用是衡量居民满意度和获得感的重要依据。查尔斯·蒂伯特提出了“用脚投票”理论，认为社会公众能够基于自身效用最大化做出选择偏好。2009年英国的医疗体制改革引入该理念，提高了医疗卫生公共服务供给效率，增加了全社会福利。由于基本公共服务具有消费需求偏好的分散性和消费效用的不可分割性，国内学者对公共服务需求表达机制、需求偏好等公共服务需求状况方面展开了大量研究，如龚金保（2007）基于马斯洛需求层次理论对我国不同地区、不同发展阶段的基本公共服务进行了梳理，认为在政府财政能力有限的情况下，应优先保证民生性的基本公共服务需求；张立荣等（2011）对不同收入水平的农村居民公共服务需求偏好进行了分析，认为应该优先考虑低收入群体的生活性基本民生公共服务消费需求；夏玉珍和杨永伟（2014）认为要化解政府公共服务政策理性设计与居民感性选择的矛盾，就需要构建政府、个人、社会第三方的多元需求表达机制。总的来看，学者们普遍认为，人民群众最迫切、最现实、最直接的民生性基本公共服务消费需求是当前政府公共服务应优先考虑的方面。

基本公共服务供给与需求的关系是相互匹配的关系，在政府主导与市场机制的作用下互相匹配，最终实现基本公共服务的帕累托最优。基本公共服务消费需求是基本公共服务供给的目标，基本公共服务供给应以需求为导向。政府在做大基本公共服务“蛋糕”的同时应该分好这块“蛋糕”；在强调公平的同时注重效率；在一定经济发展阶段，以人民群众基本公共服务消费效用最优为依据，不断优化基本公共服务供给结构，提升居民幸福感和获得感。另外，基本公共服务需求偏好会随着居民收入水平的变动而变化，基本公共服务供给也会随着经济发展和政府财力的提升而改善，因此基本公共服务供给与需求的匹配关系应该是动态的螺旋式上升关系。构建以需求为导向的基本公共服务供给模式、推进基本公共服务领域的供给侧结构性改革，是解决基本公共服务供需矛盾、提升人民群众获得感的关键。

2.1.4 公平效率理论

当前基本公共服务领域存在的不平衡不充分问题，从另一个角度来看又是公平与效率的问题。不充分体现在当前基本公共服务供给效率和质量不高，公共资源没有得到充分合理的利用；不平衡体现在当前基本公共服务供给的城乡非均衡、区域非均衡以及供给结构非均衡，即供给结构上的不平衡。因此要推进基本公共服务供给侧结构性改革，就要解决好基本公共服务领域的公平与效率及其关系。

1. 公平理论

公平理论主要包括马克思的公平理论、西方哲学中的公平理论、企业管理中的公平理论。马克思的公平理论更强调公平的历史性和价值性，认为公平是社会成员平等享有人的基本权利，包括生存权和发展权。马克思的公平理论是立足于阶级立场上的公平，在对资本主义社会历史和现实深入剖析的基础上，以消灭剥削、消除两极分化、实现共同富裕为奋斗目标的公平理论。马克思基于唯物史观和历史辩证分析的角度对公平进行了阐释。从唯物史观来看，马克思认为社会或国家由每个社会成员构成，因此每个社会成员都应平等、公平地享有国家所赋予的各种基本权利，特别是基本生活资料的分配权；从历史辩证分析的角度来看，马克思认为这种公平并不是绝对的、静止不变的，公平应随社会发展而发展，不同的社会关系背景下的公平理念是不同的，资本主义的公平体现在私有制和商品交换，而社会主义的公平体现在按劳分配和按需分配。我国基本公共服务领域的公平应是基于马克思公平理论指导下的公平，是无产阶级的公平，更强调全体社会成员公平享受基本公共服务，通过基本公共服务均等化，提高全体社会福利水平，以实现全面建成小康社会和共同富裕目标。

西方哲学中的公平理论主要是指约翰·罗尔斯的正义理论。约翰·罗尔斯将公平与正义相联系，对功利性和直觉性的正义理论进行了批判，认为社会结构和社会制度对个体资源禀赋的影响造成了起点的不公平，因此要通过公平正义原则对社会结构和社会制度进行调节。正义原则既包括政治上的公平自由，又包括社会经济上的公平正义。约翰·罗尔斯同时强调政治上的公平自由优于其他的公平正义，因此政治上的非公平正义是造成起点不公平的重要原因，强调公平正义要优于效率。约翰·罗尔斯的正义理论是面对资本主义内部矛盾的一种反思和改良，但并没有直接对资本主义的现实问题进行讨论分析，而是将正义原则置于一定的假设条件下。

在相对微观的企业管理中所强调的公平，是对企业员工激励的措施之一。这种公平也是马斯洛需求层次理论中的重要内容，它强调在企业经营管理过程中员工对组织的公平感知。企业管理中的公平理论主要有劳勒的公平感综合模型和亚当斯的公平理论。劳勒的公平感综合模型对影响分配公平感的因素进行了归纳分析，认为公平感是一种主观上的心理情感，其影响因素既包括对自身工作投入与收益的主观感受，又包括其所选参照者的投入与收益。亚当斯的公平理论在劳勒的基础上对公平感的各影响因素进行分析，构建了影响因素间的函数关系，认为当事人的公平感来自工作报酬的自身纵向比较和与其他人的横向比较，认为公平感对工作积极性有较大影响。

以上学者分别从不同的角度阐述了公平理论，他们都强调了公平正义的重要性。基本公共服务供给的本质要求是社会公众能够公平、平等地享受基本公共服务。因此，正义理论是基本公共服务均等供给、实现供给侧结构性改革的重要理论基础之一。

要实现基本公共服务均等供给，首先需要对基本公共资源进行公平分配、实现资源均衡配置。而这一目标的实现并非易事，涉及基础教育、医疗卫生、社会保障、公共基础设施等领域，包括区域间、城乡间、社会群体间共享基本公共服务，是关系到人民群众生存权、发展权等人类社会的基本权利。因此，如何公平分配社会基本公共资源，通过制度安排确保起点公平、过程公平和结果公平，是新时代我国基本公共服务供给侧结构性改革的目标任务，也是全面建成小康社会的目标之一。

2. 效率原则

古典经济学创始人亚当·斯密在《国富论》中就阐述了经济学的精髓是分工效率理论和竞争效率理论。最初亚当·斯密认为“效率”是指投入与产出之间的比率，他认为厂商在“看不见的手”的引导下，为了追求最大利润，必然会实现最优生产效率。

随着商品经济的建立与经济的发展，学者们对效率的认识不断深入。到19世纪70年代，瓦尔拉斯以边际效用为基础提出了资源配置的效率标准，庇古对效率标准进行了较为全面论述。帕累托在《政治经济学手册》中明确提出了经济效率的概念，他对帕累托最优状态的定义是“对于某种资源配置，如果没有其他可行的配置方式，使得该经济中的全体社会成员社会福利不减少的同时至少有一名社会成员的社会福利会得到改善，那么，这种资源配置方式即为最优的配置，也是有效率的。”达到帕累托最优状态需要满足以下条件：首先，交换的最优条件是任意两种商品的边际替代率对所有消费者均相等；其次，生产的最优条件是任意两种生产要素的边际技术替代率对所有生产者均相等；最后，生产与交换的最优条件是任意两种商品的边际转换率与边际替代率相等。当同时满足上述三个条件时，经济的资源配置达到帕累托最优状态。但由于上述假定条件太过严格，现实情况很难满足以上三个条件，因此帕累托最优状态对现实经济活动的指导意义有限。在经济学文献中，其他关于效率的界定均是在此基础上演化和发展的，学者们认为在“看不见的手”的作用下，竞争性的均衡可以产生一个最优的资源配置方案。

20世纪60年代，经济现实主义运动对帕累托效率提出了批评，对其假设条件的实际操作性提出了质疑。如道格拉斯·诺思提出了“制度效率”概念。道格拉斯·诺思认为在某种约束机制下，如果参与者的最大化行为能够导致产出的增加，则这种制度是有效率的；不能导致产出的增加，则这种制度是无效率的。制度效率的本质特征是指制定一套有关权利、责任与利益的行为规则，为人类的经济活动提供生产与创造空间，用最小的生产投入获得最大的产出，同时让生产与消费符合帕累托原则下的最优交换比例。另外纳什均衡关于效率的界定认为效率是没有任何一个经济主体愿意单方面改变自己的消费或生产计划的状态，如果经济主体单方面改变了这种消费或生产计划就会使得自己的福利或利益减少。这种稳定状态与规则和制度安排有密切关系，且更具一般性和现实意义，但本质上与帕累托效率基本一致，均是“最优”状态的延伸与拓展。此外，想要正确把握效率的概念，我们还要从两个不同的方面进行考察：从经济的角度来看，效率是衡量经济社会资源的有效配置程度，也可以说是较少的投入能够产生较大的产出即为效率；从社会的角度来看，效率是衡量社会成员对福利状况的满足程度，即在资源有限的条件下，如何实现社会成员的福利最大化。

3. 基本公共服务供给的公平效率原则

（1）在公平方面

由于其外部性，基本公共服务属于公平范畴。首先，公共产品具有非排他性的特征，其最终使用目的是满足社会公共需要，增加社会公众福利。其次，部分基本公共服务属于二次分配，如社会保障等，在二次分配过程中我们应更加注重公平。阿特金森和斯蒂格利茨认为政府将基于分配与平等的角度供给公共产品以提供满足公众所需的公共产品与服务。

提供基本公共服务以满足公众需要是政府的基本职能。保证公众平等享受基本公共服务，提升公众基本公共服务获得感是政府履行职能应实现的目标。基本公共服务的公平原则主要表现在基本公共服务供给过程中追求社会公平的目标；以公平正义的理念来指导和安排相应的基本公共服务供给制度，使不同社会群体能够享有大致相同的基本公共服务，提升社会福利水平。这具体体现在以下两点：一是公众享有基本公共服务的机会应均等，基本公共服务供给应遵循“非歧视性原则”，社会公众应平等享有基本公共服务权利，社会公众共享经济发展成果；二是社会公众享有基本公共服务的结果应大体均等，这并非要求每个社会成员享有等量的公共产品与基本公共服务，而是强调在基木公共服务供给过程中应以需求为导向。

基本公共服务均等化是实现公平的重要手段，体现了起点公平与权利公平。从契约关系的视角来看，基本公共服务所需的公共资源由国家集中配置是国家与社会公众契约的结果，是一种契约关系，这就从根本上要求给予社会公众平等性和自由性的地位。政府就应按社会公众的需求偏好，一视同仁地向不同社会群体提供基本公共服务，这也是公民基本权利平等的重要体现。

基本公共服务同样要求结果公平。在现实中，由于天赋、努力及运气的差异，结果总存在一定的差异。结果的不公平与机会的不公平相互交替影响，陷入“不公平陷阱”。要摆脱“不公平陷阱”的恶性循环，政府需要在再次分配的过程中在一定程度上保障结果公平，使社会公众能够共享经济社会发展成果，增加社会福利水平。当前，我国基本公共服务不平衡问题比较突出，推进基本公共服务供给侧结构性改革，实现基本公共服务均等化是结果公平的具体体现。

（2）在效率方面

提高基本公共服务供给效率的目的在于实现更广范围、更深层次的公平。针对当前基本公共服务领域存在的问题，提高供给效率有助于提高基本公共服务供给质量，提升人民群众的满意度和获得感，因此提高供给效率是推进基本公共服务供给侧结构性改革的目标之一。使用同样的公共资源所带来的社会福利和所提供的基本公共服务越多，则基本公共服务的效率越高。

提高基本公共服务供给效率的途径包括以下两种。

第一，鼓励私人企业、个人和非营利性组织参与基本公共服务供给。一方面多元主体参与基本公共服务供给能够增加供给数量、丰富供给内容，满足多样化需求，如私立学校、私人诊所和医院、商业保险等都增加了整个社会教育、医疗、社会保障等公共服务的供给总量与供给内容；另一方面多元主体参与能引入市场竞争机制以提高供给效率。在基本公共服务领域，公共需求具有一定的隐匿性，“搭便车”与“公地的悲剧”等现象明显，政府在基本公共服务供给过程中面对政府财力有限与需求无法满足的矛盾，很难实现基本公共服务的供求均衡。但在市场机制配置资源的情况下，私人企业的逐利行为能够甄别基本公共服务中的有效需求，特别是在准公共服务产品领域，在价格机制的调整下，私人企业能充分发挥市场配置资源的积极作用，不断创新公共服务与产品，降低生产成本，节省公共资源。因此多元主体参与基本公共服务供给能够提高基本公共服务供给效率。

第二，转变政府职能，增强政府的服务职能。新公共服务理论认为在基本公共服务供给过程中，并非所有的基本公共服务都需要由政府提供，这样既会增加政府的公共财政压力，又容易忽略公共需求，使得供需错位，进而致使基本公共服务供给效率低下。因此在基本公共服务供给过程中，政府的提供者和生产者的身份已经分离。政府向市场主体购买基本公共服务，再由市场承载主体向公众供给服务，政府只负责决策和安排，市场负责生产。一方面政府不再直接生产部分基本公共服务，可节约这部分人力、财力来更好地履行政府服务职能，建设公共服务型政府；另一方面部分基本公共服务供给主体包括多个供给部门，在基本公共服务供给过程中存在“九龙治水”问题。但政府购买基本公共服务可以提高基本公共服务供给效率。

提高基本公共服务效率应该以公平为基础，基本公共服务供给效率的提高能够提升社会公众享有公共资源整体效用水平。根据经济学的边际效用递减规律，等量的公共资源投向基本公共服务缺失地区，所增加的基本公共服务供给以及带来的效用要高于等量的财政资源投向基本公共服务丰裕地区所增加的公共效用，如增加对农村地区、贫困地区的基本公共服务投入能较大地提升该地区城乡居民的基本公共服务获得感。

鉴于此，推进基本公共服务供给侧结构性改革应把握好基本公共服务的本质属性。公平是基本公共服务的内在要求，在注重基本公共服务供给公平的基础上提高其供给效率是面对人民群众日益增长的美好生活需要的现实需要。因此在基本公共服务供给侧结构性改革过程中，政府应坚持公平优先、兼顾效率的原则来解决基本公共服务领域的不平衡不充分问题，进而提升基本公共服务供给水平和居民基本公共服务获得感。

2.1.5 博弈论

基本公共服务供给主体是基本公共服务供给的重要源泉和前提条件，主要包括政府、私人企业、个人、非营利性组织。各方基本公共服务供给的出发点不同，导致现行的以政府主导的基本公共服务供给模式在面对人民日益增长的美好生活需要时作用有限，因此多元主体应合作供给基本公共服务以实现共赢。本小节基于博弈论需要解决以下两个问题：一是验证多元主体合作供给基本公共服务的可能性；二是求解多元主体合作供给基本公共服务的均衡解。

博弈论是解决不同群体间利益冲突的一门学科，运用数学模型对不同利益群体的博弈行为进行分析，以求达到共赢的状态。19 世纪国外经济学家将数学模型引入博弈论进行经济行为分析，如古诺模型分析寡头市场的产量决策；伯特兰德模型分析寡头市场的价格决策。20 世纪中期，博弈论已发展成规范化的一般理论，以冯·诺伊曼和摩根斯坦（1994）的期望效用函数理论对博弈论的数学概念和基本分析工具进行了界定，并认为博弈论联盟问题是研究博弈合作解的关键。在此基础上，沙普利（Shapley）在合作博弈的框架下引入公平分配合作利益，提出了 Shapley 值的效用分配唯一解；纳什（1950）从非合作博弈的角度以个人利益为出发点提出了纳什均衡。20 世纪 70 年代，博弈论在生物学中的应用使得演化博弈论得到发展：一是斯密斯和普瑞斯（1973）基于鹰鸽博弈提出了演化稳定策略；二是泰勒和琼克（1978）提出了复制动态理论。

基本公共服务多元供给主体间的利益博弈是建立在每个供给主体单独决策的基础上的，因此在进行基本公共服务供给主体博弈分析之前我们需要先基于决策论对各供给主体所面对的情况进行分析。各供给主体决定是否参与基本公共服务供给的依据是其所带来的结果，如获利、亏损等。根据其带来的结果的确定性，各供给主体的决策可分为确定条件的决策和不确定条件的决策。对于确定条件的决策，决策者总是偏好给其带来最大效用的结果。对于不确定条件的决策，由于风险的存在，不同风险偏好者面对同样的决策问题所选择的决策结果有所差异。由于基本公共服务供给主体较多，我们无法准确地区分各供给主体的风险偏好，不同的私人企业与城乡居民具有不同的风险偏好程度，因此本书对各类基本公共服务供给主体进行整体风险分析，并对其风险偏好进行假定。例如，假定私人企业参与基本公共服务供给所面临的结果分为获利和亏损两种。基于理性假设，当结果为获利时，私人企业愿意提供基本公共服务；私人企业风险偏好统一假定为风险中性。

关于博弈的分类，自冯·诺伊曼和摩根斯坦将博弈论规范化后，沙普利和纳什分别将其引入两个研究方向：合作博弈和非合作博弈，其主要区别在于博弈参与者是否能达成一个具有约束力的协议。若有，即为合作博弈；若没有，即为非合作博弈。合作博弈更强调团体理性、效率和公平，非合作博弈更侧重个人理性、个人最优决策。本书所分析的基本公共服务供给博弈属于合作博弈，多元主体合作供给基本公共服务能够增加整个社会福利，提升居民基本公共服务获得感和满意度。根据博弈参与者的行动顺序，博弈可分为同时博弈和序贯博弈。同时博弈是指博弈参与者同时行动，或后行动者对先行动者的行为并不清楚；序贯博弈是指博弈参与者按先后顺序行动，且后行动者能够清楚了解到先行动者的行动，也称之为动态博弈。本书假定基本公共服务供给博弈为动态博弈。根据博弈的参与者数量，博弈可分为两人博弈和多人博弈，本书采用政府、私人企业、个人和非营利性组织的多方博弈。根据博弈参与者的支付情况，博弈可分为零和博弈和非零和博弈。零和博弈属于非合作博弈，各博弈参与者不存在合作的可能，一方的收益必然来自于另一方的损失；非零和博弈属于合作博弈，博弈参与者间存在“合作共赢”的可能，博弈各方的利益都能够有所增加，基本公共服务供给博弈属于非零和博弈。根据博弈各方所掌握的对手信息程度，博弈可分为完全信息博弈和不完全信息博弈，完全信息博弈是指博弈参与者各方均完全了解对手的情况，无私人信息，反之则为不完全信息博弈。

博弈通常包括博弈参与者、博弈规则、博弈结局和博弈效用四大要素。关于博弈参与者，上文所述的决策论仅包含一个策略参与者或决策者，而在博弈论中其参与者至少包含两个及以上的策略主体。在基本公共服务供给博弈中，市场主体通常包括四个参与者，即政府、私人企业、个人和非营利性组织。政府更关注基本公共服务对其公信力的影响，个人则是以效用最大化为目标，私人企业是以利益最大化为目的的理性组织，非营利性组织为非自利性组织。博弈规则是指对博弈行为、时间和信息等因素进行定义以保障博弈能够顺利进行。基本公共服务供给博弈行为包括：参与和不参与供给两种博弈行为；博弈时间是指各供给主体采取行动的时间次序，在基本公共服务供给过程中通常是政府先行供给，私人企业、个人和非营利性组织碍于政策限制、外部性以及信息不对称等因素，通常先观望再采取行动；博弈信息是指博弈参与者对对手信息的了解程度。如前文所述，在基本公共服务供给过程中通常政府先行动，因此政府对私人企业、个人和非营利性组织的行为信息并不清楚，但私人企业、个人和非营利性组织对政府的行为信息拥有完全信息。博弈结局是指所有博弈行为带来的结果。不同的博弈参与者的不同博弈行为必然会带来不同的博弈结局，即战略空间。例如，基本公共服务供给的政府、私人企业的双方博弈共有4种博弈结局，政府、个人和非营利性组织的三方博弈共有8种博弈结局。博弈效用是指在可能的博弈结局下，每个参与者所带来的效用，即博弈支付。例如，政府提供基本公共服务所带来的效用是收获民心，增强政府公信力和政府服务能力；私人企业提供基本公共服务所带来的效用是获得收益和利润；个人提供基本公共服务所带来的效用是提升基本公共服务获得感；非营利性组织提供基本公共服务所带来的效用是实现其组织目标与预期。合作博弈通常包括两大要素：一是博弈参与者集合；二是不同的博弈组合对应的集体效用函数，即其将非合作博弈的后三个要素概括为一个。其博弈参与者集合与非合作博弈一致，其集体效用函数主要是指博弈效用。非合作博弈侧重于博弈参与者的相互最优策略组合；合作博弈对策略进行了简化，侧重分析博弈效用的分配问题，其效用分配解主要有两种方法：一是注重分配方式稳定性的核（core），二是侧重个人对联盟贡献的Shapley值。

博弈的表达方式包括扩展式和规范式两种类型。扩展式是用树形图的形式对博弈参与者、博弈规则、博弈结局和博弈效用进行描述，其组成形式包括点和线两种。点称为决策点，代表博弈参与者的决策场景；线代表其选择的博弈行为，通常第一个起始决策点为空心，其余为实心点，最后一个决策点表示各种博弈结局，其后为博弈效用。博弈的规范式是用所有策略集合对博弈要素进行描述，故也称之为策略式。其包括所有策略组合（博弈结局）和博弈效用两种，表现形式通常为博弈矩阵。不同的博弈组合对应不同的博弈效用或收益。

2.2 文献综述

2.2.1 国外文献综述

公共服务是经济学、社会学、公共管理学等学科研究社会福利、政府职能、社会和谐的重要概念之一。基本公共服务作为公共服务的核心内容，是指政府提供的保障公民基本需求和权利的最低层次的普遍化产品与服务。国外关于公共服务的研究随着资本主义市场经济的发展而不断丰富和完善。早期的公共服务研究主要聚焦于对国家或政府职能的分析，如托马斯·霍布斯（1564）的《利维坦》一书在论国家中谈到国家存在的重要理由是要为国民提供公共安全与和平的保障。威廉·配弟（1662）在《赋税论》中对公共经费进行了论述。亚当·斯密（1776）在《国富论》中提出公平的提供公共服务是国家的义务与职责，承认政府应提供最低限度的公共服务。也就是说，社会公众对公共产品的需要才导致政府的产生。在亚当·斯密将公共支出与市场失效联系起来后，约翰·穆勒对政府活动的适应范围进行了分析。他们在强调政府应对市场放任自由的同时，也提出某些产品和服务必须由政府提供。他们从政府职能角度对公共产品进行了阐释，对公共产品功能进行了分析。最早专门研究公共服务概念的是瓦格纳（1882）。瓦格纳对国民收入与政府公共财政支出进行了实证分析。随后，莱昂·狄骥（1912）在其社会连带主义法学理论中才明确给出了公共服务的定义。1919 年林达尔首次提出了“公共产品”概念，庇古（1920）的福利经济学为公共服务研究提供了重要的理论支撑与分析框架。从此，国外学者围绕公共服务展开了深入研究，萨缪尔森（1954）在《公共支出的纯粹理论》中指出了公共物品的两个本质特征，即非排他性与非竞争性。他所定义的公共产品主要是指纯公共产品。关于公共产品提供的选择问题，马斯格雷夫（1954）对公共产品消费上的非竞争性与非排他性进行了界定。但在现实生活中还存在具有竞争性和非排他性、非竞争性与排他性的产品，布坎南（1965）提出了准公共物品理论。萨瓦斯（1987）在《民营化：迈向更优政府的钥匙》一书中指出公共服务应分为狭义的公共服务与广义的公共服务，不仅包括一般意义上的公共产业与服务，而且包括更广泛的社会职能。“公共服务”是一个含义广泛的概念，有着丰富的经济学、管理学和法学基础，公共服务的概念和范围随着经济社会的发展而变化。

20 世纪 80 年代以来，受到公共经济学、经济学分析方法的影响，公共服务的提供方式、公共服务质量与绩效等内容成为新公共管理研究重点。

在基本公共服务均等化方面，阿诺特和格索维茨（1986）认为基本公共服务差异的原因在于提供公共服务的成本存在差异。关于城乡基本公共服务差异，利普顿（1977）、摩尔（1993）等认为城乡基本公共服务差异的原因在于在权力结构中城市与农村群体的相对权重差异。Komei Sasaki（2000）、罗伯特·德斯特（2008）等认为农村地区政治力量相对较弱是导致农村公共产品供给缺乏的主要原因。在基本公共服务供给机制问题方面，杜兰顿（1999）认为由于个人提供公共产品是缺乏效率的，国家应增加公共财政转移支付并激励基层政府履行基本公共服务的供给职责，同时构建基本公共服务供给的制度环境，构建政府与个人、社会协同供给基本公共服务的多元主体合作供给机制。

在基本公共服务供给方式方面，学者们主要围绕基本公共服务应由政府提供还是市场提供展开讨论。萨缪尔森（1954）认为基本公共服务应由政府供给，原因在于市场失灵的存在。而奥尔森（1965）等学者基于公共产品的囚徒困境、公地的悲剧等理论认为政府提供公共产品也并非是有效的。随着经济社会的发展，社会对公共产品的需求不断增长，马斯卡雷尼亚斯（1990）发现随着政府公共部门规模的扩大，公共服务质量和效率不断下降。斯蒂格利茨认为要解决政府公共部门供给效率不高的问题，就需要将公共服务的生产与提供相分离；基本公共服务虽然由政府提供，但政府并不一定需要直接生产，可以通过委托代理的形式将生产过程转移给市场。比斯利（1994）认为引入私人部门、非政府组织等主体参与基本公共服务供给不但能够增加基本公共服务供给总量，而且能提高基本公共服务供给效率，同时减少政府腐败等"不作为"道德成本。但恩斯特（1995）认为由于市场具有逐利性，市场参与基本公共服务供给容易忽视基本公共服务的社会责任。鉴于此，丹尼斯·艾普尔和理查德·格兰特（1996）认为基本公共服务供给应采取政府与私人企业合作提供的方式。埃利诺·奥斯特罗姆认为在基本公共服务多元主体合作供给过程中应根据不同公共产品的属性选择其供给方式，主张通过竞争机制来实现基本公共服务供给的调节作用。关于竞争机制的引入方式，斯蒂格利茨认为直接或间接引入社会机制，分散供给基本公共服务，有利于基本公共服务供给质量和供给效率的提高。查尔斯·蒂布特认为，基本公共服务是否具有规模经济性和能否满足消费者偏好是影响基本公共服务供给方式的重要因素。帕特里克·弗朗索瓦（2000）认为不同的社会契约会导致基本公共服务供给方式的不同。埃利诺·奥斯特罗姆（2000）对公共服务的选择提出了6种制度安排，而萨瓦斯（2002）认为应该是10种，并给出了11项评价标准。

总的来看，国外关于基本公共服务的研究是对市场经济发展过程中公共管理和服务供求实践的反映与总结，反映了理论对实践发展的印证与呼应。

2.2.2 国内文献综述

本书在对基本公共服务与经济发展的关系进行综述的基础上，着重从基本公共服务供给总量水平、供给结构与供给效率等供给侧方面展开国内文献综述。

1. 基本公共服务与经济发展的关系研究

党的十九大报告指出："坚持在发展中保障和改善民生。增进民生福祉是发展的根本目的"。在发展中补齐民生短板能够促进社会公平正义，同时补齐民生短板又能为经济持续发展提供兜底保障作用。更高质量的经济发展不仅包含经济指标的增长而且包含社会民生、生态环保、精准扶贫等方面的内容（蔡昉，2013；孔凡河，2013）。基本公共服务是社会民生的重要内容，因此推进基本公共服务领域供给侧结构性改革对深化供给侧结构性改革、建设现代化经济体系具有重要意义。

对于基本公共服务与经济发展关系的研究大多集中于政府职能、财政支出及财政支出对经济发展的作用等领域。一方面，基本公共服务供给是政府促进社会公平正义的基本职能，而当前基本公共服务供给存在的不平衡问题在很大程度上是因为政府公共财政职能缺位（吕炜和王伟同，2008）。政府对基本公共服务供给主要体现在公共财政的支出范围、支出规模和支出结构（熊兴 等，2018），而政府的财政支出行为对经济发展具有显著促进作用（邓悦和詹添丞，2013；缪小林 等，2014）。其作用路径有三种：一是通过改善经济发展环境，提高效率，进而促进经济发展；二是通过增加投资和消费拉动经济发展；三是通过提高人力资源素质，加大创新力度，进而推动经济发展（方茜，2014）。另一方面，基本公共服务作为政府支出的重要部分，在经济发展水平一定的情况下，政府用于基本公共服务的支出增加，那么政府用于经济发展的支出就会相对减少，因此基本公共服务支出的增加在一定程度上会抑制经济发展（庄子银和邹薇，2003）。基本公共服务配置的非均等化也会对经济发展产生反向作用（郭士国和徐英奇，2011）。因此如何权衡基本公共服务供给与经济发展的协调度是把握基本公共服务与经济发展关系的关键。基本公共服务与地区经济发展之间存在着显著正相关关系（滕堂伟和林利剑，2012），但基本公共服务与地区经济发展并不总是协调发展的，不同区域间存在较大差异。例如，环渤海地区较大多数城市的经济发展水平滞后于基本公共服务水平（刘春涛 等，2015），东北地区基本公共服务发展水平与其经济发展阶段也不相匹配，基本公共服务失配问题较为严重（赵林 等，2015）。

从不同基本公共服务类型对经济发展的影响来看，交通基础设施的完善有助于地区经济发展，进而促进经济可持续发展（陈博文 等，2015）；基础教育和医疗卫生通过改善地区人力资源素质结构进而促进经济可持续发展，增加基础教育的公共财政投入对国家和地区经济发展具有显著促进作用（王志和扬宁琦，2016），特别需要关注欠发达地区的基础教育（杨国才，2009）。增加医疗卫生支出不仅能够增加社会整体福利，而且有助于地区经济发展，但地区间存在区域异质性（钟晓敏和杨六妹，2016）；建设覆盖面广、高质量、高水平的社会保障体系是改善民生、提高人民获得感的重要内容（阳义南，2018）。

社会保障作为收入再分配的重要手段，在弥补市场失灵、缓解经济危机震荡中发挥着兜底作用；增加社会保障供给，可以降低人民消费的不确定性风险，在稳定内需方面也发挥着积极作用（刘伟，2017）。此外，公共文化对于改善经济发展思路、营造经济发展软环境、提高人力资源素质等方面具有重要作用，进而推动经济发展（程娜，2011）。例如，技能培训对人力资本收益贡献具有显著促进作用（屈小博，2013）。

总体来看，基本公共服务与经济发展关系密切，经济发展为基本公共服务提供动力和源泉，基本公共服务对经济发展发挥兜底和保障作用。因此，推进基本公共服务供给侧结构性改革对于新时代经济发展已由高速增长阶段转向高质量发展阶段具有重要支撑意义。

2. 关于基本公共服务供给水平的研究

关于基本公共服务供给水平的研究，国内学者普遍认为随着我国经济社会的发展，面对日益增长的多元化基本公共服务需求，基本公共服务供给水平不高，补齐民生短板迫在眉睫。具体来看，王晓玲（2013）认为我国各地区的基本公共服务供给水平整体偏低，多数省份处于中低水平；冯骁等（2014）研究发现虽然我国各地区基本公共服务水平呈不断增长趋势，但增长幅度有限，且空间上的区域差异较大；杨帆和杨德刚（2014）对新疆基本公共服务水平进行测度发现新疆地区基本公共服务水平偏低，且不同种类的基本公共服务水平差异明显；师玉朋（2014）认为云南省基本公共服务发展水平较低，且区域差距较大。基本公共服务水平的指标体系是评价基本公共服务供给水平的关键。关于基本公共服务水平的指标体系，不同的学者有不同的分类方法，但大多不外乎以下几个方面：国防与公共安全类、社会保障类、公共交通类、公共卫生类、公共教育类、公共基础设施类、文化事业与娱乐休闲类、环境保护类等。曾红颖（2014）将基本公共服务划分为公共教育、医疗卫生、社会保障和就业、文化传媒、城乡社区、环境保护、交通运输、公共安全、公共管理九类；卢小君和张新宇（2017）选取基础教育、社会保障、基本医疗、公共文化四类指标对我国中小城市基本公共服务水平进行了测度；刘德浩（2017）从基础教育、医疗卫生、社会保障、公共文化和公共基础设施五大方面对我国区域基本公共服务水平进行了分析；孙建国等（2017）从基础教育、医疗卫生和交通服务三个方面对兰州市基本公共服务水平进行了测度。

从现有文献来看，基本公共服务水平评价方法主要包括以下几种。

（1）综合指数法

唐天伟等（2013）运用综合指数法，基于2003—2012年的数据，对全国省级政府基本公共服务均等化进行了测度。

（2）熵值法

王晓玲（2013）利用熵值法对2011年全国各省份的基本公共服务水平进行了测度。

（3）灰色关联综合评价法

王新民等（2011）运用灰色关联综合评价方法对我国31个省份的基本公共服务均等化水平进行了测度；翟羽佳（2013）运用灰色关联法对2011年河南省基本公共服务均等化水平进行了测度。

（4）变异系数法

刘斌（2011）运用变异系数法对重庆40个区县的公共产品供给现状进行了分析；刘细良等（2011）运用变异系数法，对浙江省、湖南省、贵州省的基本公共服务均等化水平进行了测度；滕堂伟等（2012）运用变异系数指标对江苏省13个市的基本公共服务非均等化程度进行了测度，并分析了基本公共服务水平与区域经济发展水平之间的关系。

（5）TOPSIS综合评价法

南锐等（2010）运用TOPSIS综合评价法对我国各省份的基本公共服务均等化水平进行了测算；赵欣等（2012）运用TOPSIS综合评价法对我国八个民族地区的基本公共服务水平进行了评价；余梦秋和陈悦之（2017）利用TOPSIS综合评价方法测算四川省基本公共服务水平。

（6）因子分析法

吴乐珍（2012）运用因子分析法对全国各省份的基本公共服务绩效水平进行了分析；姜鑫、罗佳（2012）运用因子分析法对全国城乡基本公共服务的均等化程度进行了测度；曾国平等（2011）运用多元统计因子分析法对西部地区基本公共服务水平进行了分析；唐娟莉（2016）采用因子分析法和聚类分析法对河南省基本公共服务水平进行了测度与分析。

（7）集对分析方法

史卫东等（2015）利用集对分析模型对2012年山东省17个地区基本公共服务水平进行了测度，并对其空间格局特征进行了分析。

（8）层次分析法

徐琴（2012）运用层次分析法构建了基本公共服务供给状况评估指标体系。

（9）主成分分析法

张建清和严妮飒（2017）采用主成分分析法对长江中游城市群基本公共服务水平进行了测度。

总体来看，国内学者在基本公共服务评价指标体系和评价方法方面，取得了较为丰硕的研究成果。但目前学术界还没有一个统一的基本公共服务评价指标体系，大多数研究是根据研究目标和研究内容来构建具有针对性的评价指标体系。同时，关于评价方法，大多数研究借鉴和参考其他学科的评价方法，缺少经济学、管理学的评价分析方法。

3. 关于基本公共服务供给效率的研究

关于基本公共服务供给效率的研究主要集中在基于客观数据的投入产出效率分析与基于主观数据的满意度分析。在基于客观数据的投入产出效率分析方面，续竞秦和杨永恒（2011）采用修正的DEA两步法对我国各省份的基本公共服务供给效率进行了测算，发现我国大多数省份基本公共服务规模效率较低，特别是西部地区；邓宗兵等（2014）基于三阶段DEA方法对我国各省份的基本公共服务供给效率进行了计算，研究发现，我国基本公共服务供给整体上还存在25.9%的技术效率改进空间，大部分省份处于规模报酬递增阶段；陈刚和赖小琼（2015）基于三阶段DEA方法发现由于各地区基本公共服务投入的规模报酬递减和技术水平较低致使基本公共服务供给效率整体较低；林丽梅等（2015）采用DEA-TOBIT模型对我国县域公共产品和服务供给效率进行了估算，发现由于公共产品与服务的要素规模不合理致使县域公共产品与服务整体供给效率较低；易莹莹（2016）运用BOOTSTRAP-DEA模型对我国基本公共服务的支出效率进行了测算，研究认为传统的DEA模型较高估计了我国基本公共服务支出的效率；刘玮琳和夏英（2018）使用三阶段DEA模型和MALMQUIST指数对农村基本公共服务供给效率进行了测算，研究表明我国农村基本公共服务供给效率总体上已经提高。

基本公共服务满意度是一种主观上的心理感受，基本公共服务满意度的测量主要基于问卷调研的方法。公众对基本公共服务的评分直接体现基本公共服务满意度水平。基本公共服务满意度涵盖基础设施、教育、医疗、社会保障、环境保护、公共文化、公共安全等方面（张会萍 等，2011；蒋小杰和赵春盛，2013；谢星全，2017）。我们也可以通过访谈、座谈的形式了解公众对基本公共服务的满意度情况（马秀玲和张宾，2016）。问卷调研数据的处理通常包括因子分析法（唐娟莉 等，2010）、TOPSIS综合评价法（纪江明和胡伟，2013）、适当性-重要性加权模型（官永彬 等，2017）等。基本公共服务满意度影响因素既包括评价对象（基本公共服务）的供给水平和质量，又包括评价主体（公众）自身综合素质和资源禀赋。其中基本公共服务供给水平和质量受到经济发展水平、政府财政能力（冯菲和钟杨，2016）、政治参与程度

（郑建君，2017）等方面的影响；公众自身综合素质和资源禀赋主要包括受教育程度（王伟同 等，2016）、社会地位（姬生翔和姜流，2017）、居民收入水平（彭瑾 等，2016）等。基本公共服务满意度影响因素的分析方法主要有二元离散选择模型（朱玉春 等，2010）、logistic 回归分析（张超和吴春梅，2015）、probit 模型（冯亚平，2015）、结构方程模型（徐增阳 等，2017）等方法。由此可见，国内学者关于基本公共服务满意度的概念、涵盖范围、测量方法、影响因素以及分析方法等内容进行了系统研究，提出了具有针对性、可操作性的对策建议。

4. 关于基本公共服务均等化的研究

基本公共服务均等化是指基本公共服务对于不同地域、不同资源禀赋社会公众的无差别待遇，是提高全社会基本公共服务共享水平的重要表现。国内学者重点围绕基本公共服务均等化的含义、测度、配置标准以及实现机制等内容展开了理论与实证研究。安体富和任强（2007）认为基本公共服务均等化包括结果相等与机会相等，均等化标准需要经历一个从最低标准托底保障到中等水平的平均标准再到相等标准的结果均等三个阶段。汤学兵（2009）认为要实现我国区域间基本公共服务均等化需要建立相应的法制基础与基本公共服务评估监督体系。曾红颖（2012）指出推进我国基本公共服务均等化的关键在于均等化标准的设立，她运用因素法构建了基本公共服务均等化支出与收入标准体系，并对其影响因素进行了分析。武力超等（2014）运用基尼系数对我国各省份基本公共服务均等化水平进行了测度。

基本公共服务均等化主要包括区域间、城乡间基本公共服务均等化。

（1）关于区域间基本公共服务均等化

豆建民和刘欣（2011）认为我国各省份间基本公共服务水平存在较大差距且绝对差距还在不断扩大；王新民和南锐（2011）发现我国区域间基本公共服务水平呈现出东、中、西部阶梯状特征；马慧强等（2011）基于我国市级层面数据也印证了这一特征；唐天伟等（2013）也发现我国各省份间基本公共服务水平存在较大差距；杨光（2015）认为我国各省份间的基本公共服务非均等化现象十分突出；赵林等（2016）发现我国市级层面基本公共服务具有显著的空间自相关特征，且在空间上存在溢出效应；唐娟莉（2016）对河南省各市基本公共服务均等化水平做了分析，发现河南省各区域基本公共服务水平差距较大，区域基本公共服务发展不平衡状况较为严重。

总体来看，我国区域间基本公共服务均等化水平还普遍较低，区域间基本公共服务均等化的影响因素主要包括经济发展水平（熊兴 等，2018）、财政能力（刘成奎和龚萍，2014）、转移支付（胡斌和毛艳华，2018）、城镇化水平（袁丹 等，2017）等。

（2）城乡基本公共服务均等化

当前，我国城乡基本公共服务水平非均等化问题还较为突出，主要表现在基础设施、基础教育、社会保障和医疗卫生四个方面。就基础设施来看，农村地区基础设施主要依靠财政投资与村民集资相结合的供给方式，农村地区基础设施投入不足，中西部地区农村基础设施供给还主要停留在硬化道路、清洁自来水，以及天然气、电力等生活必需的公共基础设施供给方面，与城市轨道交通、互联网通信等方面的基础设施供给基本不在一个需求档次（骆永民，2010）。在基础教育方面，近年来在国家政策的推动下，城乡间教育硬件条件大致相当，但是城乡间师资力量却相差较大；另外由于农村教师待遇相比城市教师而言有一定差距，农村优质师资流失严重（姜晓萍，2013）。在社会保障方面，城市社会保障已基本形成完善的框架体系，而农村地区社会保障体系仍处于发展初期，现有的保障仅有新型合作养老、医疗保险，而失业保险、工伤保险、生育保险及住房保障等社会保障项目相对缺乏（成新轩，2011）。在医疗卫生方面，城乡间医疗硬件设备和软件条件都均有较大差距，大量新技术、设备、高端医护人才均集中在城市的大医院，农村地区的医疗设备、器材和人才相当缺乏（和立道，2011）。

5. 关于基本公共服务供给侧结构性改革的研究

基本公共服务供给侧结构性改革的研究是从供给最薄弱的农村公共产品开始的。李燕凌（2016）对农村公共产品的供给侧结构性改革进行了探讨，认为农村地区的公共产品的供给结构、供需失衡问题突出；推进农村公共产品供给侧结构性改革应注重供给模式的创新，特别是要考虑公共产品的生产方式与资金投入相匹配。中国国际经济交流中心课题组（2017）认为补齐短板是推进供给侧结构性改革的工作重点，其中补齐公共产品的短板是供给侧结构性改革的重要抓手。钟裕民（2017）在理论和现实的基础上提出了农村公共产品供给侧结构性改革的实现框架，认为供给主体、供给方式和供给内容的结构优化是农村公共产品供给侧结构性改革的关键。林阿妙（2017）认为当前农村地区仍然存在供给总量不足、质量不高、效率较低的情况，在此基础上对农村公共产品供给侧结构性改革过程中的重点和难点问题进行了剖析；认为应该优化供给结构，扩大供给规模，提高供给效率和质量，建立和完善相关政策体系。孙飞和付东普（2017）认为基本公共服务供给侧结构性改革的关键在于有效供给规模的扩大、补齐基本公共服务供给短板、加强供给结构的灵活性、优化和完善供给机制。冯金钟（2017）认为当前基本公共服务领域存在多方面的供给不均衡，特别是多元供给主体不多，且监管评价机制有待完善，因此他认为推进基本公共服务供给侧结构性改革应在完善需求表达机制的基础上，建立和完善多元主体供给体制，以丰富和完善供给体系。张贵群（2017）对发挥基本公共服务供给侧结构性改革补短板作用进行了阐释，认为基本公共服务存在供给总量不足与结构失衡的问题，政府应以需求为导向，精准提供基本公共服务以满足公众需求。叶继红和汪宇（2018）以苏州市基本公共服务供给为案例，对基本公共服务供给侧结构性改革进行了思考，认为基本公共服务供给存在总量不足、结构失衡等问题，应该对基本公共服务需求进行有效识别，以需求为导向优化供给结构，完善供给制度。

总体来看，国内学者普遍认为当前在基本公共服务领域，供给总量不足、结构失衡、效率和质量不高等问题突出，供给结构优化、供给质量和效率提升是推进基本公共服务供给侧结构性改革的关键。

6. 关于三峡库区基本公共服务供给的研究

三峡库区是全球最大的水库淹没区、长江中上游重要的生态屏障区、全国首批生态文明先行示范区和连接长江上游与中下游的重要节点，同时又属于秦巴山区连片扶贫开发和武陵山连片扶贫开发区域。如何优化三峡库区基本公共服务供给结构、有效推进基本公共服务建设，成为推动三峡库区安稳致富的关键。根据马斯格雷夫“经济发展阶段理论”，在经济发展的初期，政府必须加大对基础设施的投资力度，为经济发展创造良好的投资环境，应对可能出现的基础设施“瓶颈”效应。但是，由于资源承载能力较弱、生态安全压力严峻，三峡库区作为生态涵养区和限制开发区，自身基本公共服务供给严重不足，这对三峡库区移民安稳致富产生了一定的影响。鉴于此，推进三峡库区基本公共服务供给侧结构性改革是缩小三峡库区发展差距、缓解三峡库区移民社会矛盾的现实需要和重要途径。

专门针对三峡库区基本公共服务的研究相对较少，部分学者对三峡库区基本公共服务的某一方面进行了研究。徐承英（2010）对三峡库区公共文化进行了相关研究，认为三峡库区公共文化方面的基础设施薄弱，公共文化服务的供需矛盾突出。王承云（2013）对三峡库区移民就业进行了分析，认为良好的受教育程度能够促进三峡库区移民就业。熊兴等（2016）基于基本公共服务供给的视角，运用 TOPSIS 综合评价方法对三峡库区基本公共服务水平的现状及空间差异进行了分析，认为三峡库区的基本公共服务供给水平相对较低，且地域差异明显，特别是重点库区基本公共服务水平整体偏低。蔡明祥和郭涛

（2016）对兴山县普安村基本公共服务整体情况调研发现，普安村基础设施、教育质量、医疗卫生、社会救助等基本公共服务条件明显改善，但仍存在住房安全隐患、配套设施不全、道路互联互通情况不佳、缺乏整体规划、教学环境和设施条件简陋、文化服务设施匮乏、公共活动空间及公共厕所不足等问题。周珽和赵万民（2017）基于2000—2014年的数据发现三峡库区基础设施建设与城镇化发展水平紧密相关，认为应在新型城镇化过程中推进三峡库区基础设施建设。朱光福（2017）对三峡库区基础教育进行了分析，认为三峡库区基础教育在数量上有明显提升，但在教育质量特别是师资力量与重庆平均水平还存在一定差距。周超和黄志亮（2017）基于熵值法对三峡库区小城镇基本公共服务设施总体水平进行了分析评价，认为三峡库区小城镇基本公共服务设施水平相对较低，区域分化明显。

2.2.3 研究评述

综上所述，国内外学者关于基本公共服务供给水平、供给效率、均等化程度以及三峡库区基本公共服务供给情况等方面的研究已形成了较为成熟的研究体系，成果丰富。但关于基本公共服务供给侧结构性改革的研究，特别是针对水利水电站库区的研究仍处于起步阶段，没有形成系统的理论框架，还存在以下不足。

1. 研究视角

关于基本公共服务供给侧结构性改革的研究，更多局限于经济学、管理学的视角，以私人产品供给和宏观经济领域研究为对象。以经济学为主、综合运用公共管理和公共政策等理论，针对基本公共服务供给侧结构性改革为对象的跨学科研究还较少。

2. 研究方法

关于基本公共服务供给侧结构性改革的研究，局限于对国外公共服务理论介绍和我国公共服务的理论推演，缺乏对基本公共服务供给侧结构性改革的实证研究；对影响欠发达地区、水电站库区基本公共服务供求关系的系统研究相对不足。

3. 研究范围

关于基本公共服务供给内容的研究，局限于对基本公共服务内容的分类研究，缺乏具体的分类标准和供给过程研究。关于公共服务供给主体的研究，多局限于政府与市场之争，未能基于基本公共服务的不同类型来清晰界定各主体的职责（杨颖，2011）；没有从供给管理与需求管理相结合的角度研究基本公共服务的精准供给、精准施策。

3 基本公共服务供给侧结构性改革的理论分析

本章从供给侧管理视角，将供给侧结构性改革引入基本公共服务领域，界定了基本公共服务供给侧结构性改革的概念及特征；以问题为导向，提出了推进基本公共服务供给侧结构性改革的目标；以目标为导向，阐释了基本公共服务供给侧结构性改革的内容。

3.1 基本公共服务供给侧结构性改革的概念

1. 供给侧结构性改革的内涵

面对经济发展新常态所存在的新问题新矛盾新困难，2015 年 11 月中央财经领导小组第十一次会议明确指出："着力加强供给侧结构性改革，着力提高供给体系质量和效率"。供给侧结构性改革的内涵是指从提高供给质量出发，用改革的办法推进结构调整，使各要素实现最优配置，扩大有效供给，提高供给结构对需求变化的适应性和灵活性，提高全要素生产率，更好地满足人民群众需要，促进经济社会持续健康发展。

在中央财经领导小组第十二次会议上，习近平总书记强调，供给侧结构性改革的根本目的是提高社会生产力水平，落实好以人民为中心的发展思想。供给侧结构性改革的主要内容是结构调整和结构优化。关于"结构"，吴敬琏（2017）认为供给侧结构性改革应包含两个层次的结构：一是经济结构，即资源配置结构；二是体制机制结构。在经济结构方面，2015 年 12 月中央经济工作会议指出资源要素的优化再配置关键在于抓好"三去一降一补"五大任务；2018 年 12 月中央经济工作会议关于深化供给侧结构性改革的办法强调在"三去一降一补”基础上的“巩固、增强、提升、畅通”四轮驱动。在体制机制结构方面，相较于政府行政手段，市场机制具有资源配置和激励方面的优势。政府应该着重发挥好市场在资源配置中的决定性作用，丰富和完善中国特色社会主义市场经济体系；同时，更好地发挥其在宏观经济环境、法治环境和公共产品提供等方面的保障作用（厉以宁，2017）。

2. 基本公共服务供给侧结构性改革的概念

习近平新时代中国特色社会主义思想强调要在发展中保障和改善民生，解决好人民群众最关心、最直接、最现实的切身利益问题，让改革发展成果更多更公平惠及全体人民。基本公共服务作为社会民生的重要内容，是保障我国经济发展向高质量发展阶段迈进的重要支撑。同时，对高质量基本公共服务的需要也是人民群众美好生活需要的重要内容，因此推动基本公共服务领域的供给侧结构性改革、优化供给结构、提升基本公共服务供给水平是解决我国社会主要矛盾的关键推手。我国在推进供给侧结构性改革过程中应基于新时代中国特色社会主义的时代背景，以解决人民日益增长的美好生活需要和不平衡不充分发展之间的矛盾为导向，优化供给结构，增加有效供给，提高供给质量，提升居民幸福感。

基本公共服务供给侧结构性改革的内涵是指从供给端出发，通过公共资源的优化配置，推进基本公共服务供给结构调整，以扩大有效供给，增强基本公共服务供给结构对需求变化的适应性和灵活性，实现基本公共服务的精准供给，从而提高基本公共服务供给效率和质量，提升人民群众基本公共服务满意度和获得感，促进经济社会持续健康发展。

3. 基本公共服务供给侧结构性改革的特点

与需求管理政策相比，供给侧结构性改革具有以下四个鲜明特点。

一是强调市场作用。需求管理政策主要强调发挥政府的宏观调控作用；基本公共服务供给侧结构性改革则强调市场机制的作用，建立竞争性的基本公共资源配置机制，改变政府基本公共服务单一供给模式，充分发挥企业、社会组织在供给中的作用，构建以政府为主导、多元主体协同的基本公共服务供给模式。

二是重视效率机制。基本公共服务供给侧结构性改革强调明确的产出目标和绩效评估标准，重视成本效益分析，并建立公共激励与监督体系，以保证供给方式能够实现精准供给目标，从而有效利用基本公共资源。

三是注重社会评价。基本公共服务供给质量和效果需要通过一系列指标体系进行绩效评价，但我们不能简单地运用经济学的投入产出关系进行绩效评价，其中最重要的评价标准是人民群众的满意度、获得感。

四是侧重制度保障。与需求管理政策强调政府政策的作用不同，基本公共服务供给侧结构性改革强调制度的作用，注重通过公共财政政策立法推动公共财政体制改革，合理划分不同层级政府间的财权和事权，明确不同层级政府的财政支出义务，规范不同层级政府间的财政转移支付制度，以确保基本公共服务的有效供给。

4. 基本公共服务供给侧结构性改革的难点和重点

与私人产品领域相比，基本公共服务供给侧结构性改革呈现出以下难点和重点任务。

第一，基本公共服务供给存在政府与市场“双失灵”现象。一方面，基本公共服务供给容易出现市场失灵，由于基本公共服务具有较强的正外部性，市场不愿意或较少参与基本公共服务供给，市场失灵使得政府成为基本公共服务供给的主体；另一方面，政府主导的单一供给模式使得基本公共服务供给效率不高，公共资源配置无法得到最优配置。因此，推进基本公共服务供给侧结构性改革需要处理好政府与市场的关系，引入社会组织等第三方供给主体；构建以政府为主导，私人企业、个人和非营利性组织参与的多元主体合作供给模式，这样能够丰富基本公共服务供给方式，提高基本公共服务供给效率和质量。

第二，基本公共服务需求刚性明显，测度困难。一方面，基本公共服务作为人民群众生存权和发展权的重要保障，因此基本公共服务供给水平只能提高，不能降低，具有较强的需求刚性；另一方面，基本公共服务具有非竞争性或非排他性，在其消费过程中外部性的存在又会出现“搭便车”等现象，这都使得基本公共服务需求偏好难以测度。因此，推进基本公共服务供给侧结构性改革应处理好供给与需求的关系。在基本公共服务供需关系中，供需不平衡是常态。因此，政府应该通过成本分摊机制，丰富和完善需求表达机制，增强基本公共服务供给对需求变化的适应性和灵活性。

第三，财权与事权不匹配容易导致政府间权责模糊。在供给主体单一的政府垄断性供给中，政府主体按行政级别又分为中央政府、省级、市级、县级政府等级别。在基本公共服务供给过程中，县级政府作为直接面对公众的基层政府，往往承担了较多的基本公共服务供给事权和责任，但其公共财政能力有限。因此政府在提供基本公共服务过程中容易出现财权与事权不匹配的问题。因此，推进基本公共服务供给侧结构性改革应明确界定政府间事权与支出责任，通过完善公共财政制度，保障基层政府基本公共服务供给总量投入。

第四，基本公共服务供给评价标准错位，容易导致政绩指标替代满意度指标。虽然近年来各级政府政绩考核不再唯“GDP”论英雄，但自上而下的行政级别考核、监督、问责的考核评价方式仍然促使各级政府在经济发展与民生发展两者间更偏好于政绩的经济指标，这使得政府在基本公共服务民生方面的供给投入相对不足，居民的基本公共服务满意度、获得感和幸福感不高。因此，推进基本公共服务供给侧结构性改革应坚持“以人民为中心”的发展思路，以居民满意度和获得感作为基本公共服务供给评价标准，完善和建立自上而下和自下而上相结合的基本公共服务评价和监督机制。

3.2 基本公共服务供给侧结构性改革的缘由

为什么要推进基本公共服务供给侧结构性改革是本研究的逻辑起点。本节主要从国家层面、社会层面和个人层面分析推进基本公共服务供给侧结构性改革的重要性，并从供给总量不足、区域结构失衡、城乡结构失衡等方面阐释推进基本公共服务领域供给侧结构性改革的现实性和必要性。

3.2.1 推进基本公共服务供给侧结构性改革的现实性

从国家层面来看，推进基本公共服务供给侧结构性改革是经济可持续发展的前提保障。“中等收入陷阱”的一个重要特征就是基本公共服务缺失，因此我国要避免掉入“中等收入陷阱”，就需要优化基本公共服务供给结构、提高供给效率，以提升基本公共服务供给水平，增加社会福利。一方面，增加生活性基本公共服务的供给、发挥基本公共服务的兜底作用，可以释放部分消费需求，扩大内需，拉动经济增长。例如，提高基本社会保障的覆盖率等生存性基本公共服务供给，可以减少居民消费的不确定性风险，解决居民消费的后顾之忧，是去产能、去库存的一个重要方面。此外，教育、医疗等发展性基本公共服务的供给，能够提高人口素质，为经济发展提供人才支撑。另一方面，增加生产性基本公共服务的供给，能够改善经济发展环境，促进投资进而带动经济发展。例如，交通、互联网、电力、环境保护等基本公共服务的改善，能够提升地方政府招商引资的吸引力；同时交通、信息、金融等基本公共服务的提供能够降低交易成本，提高基本公共服务供给效率，实现公共资源的最优配置，能够节约社会资源，进而增加社会福利，提升居民获得感；这是去杠杆、降成本、补短板的重要手段。因此，推进基本公共服务供给侧结构性改革是避免掉入“中等收入陷阱”、实现经济可持续发展的前提保障，是推行“三去一降一补”政策的重要支撑，更是我国经济发展供给侧结构性改革的重要内容。

从社会层面来看，推进基本公共服务供给侧结构性改革能够促进社会发展。基本公共服务供给侧结构性改革是实现基本公共服务从面上的、大水漫灌的粗放式供给方式向点上的、滴管式精准供给方式转变；通过完善医疗卫生服务体系解决好城乡居民“因病致贫”“因病返贫”的难题；通过巩固和发展基础教育来解决人民“因学致贫”的问题；通过完善就业政策和服务来拓宽人民脱贫致富的途径；通过建立完善的社会保障体系来解决困难群体的生活困难。因此基本公共服务供给侧结构性改革是精准扶贫的重要手段，也是补齐公共服务短板、民生短板的重要途径。推进基本公共服务供给侧改革正是要实现病有所医、学有所教、劳有所得、困有所帮、残有所助、老有所养的目标。

从个人层面来看，推进基本公共服务供给侧结构性改革是增强居民获得感的内在要求。基本公共服务供给侧结构性改革是针对基本公共服务领域存在的供给总量不足、供给结构不均衡、供给效率不高等问题，从供给端出发通过转变政府职能、优化供给结构、提高供给效率，力求提高公共服务供给质量，切实增强居民获得感。一方面，在以政府为主导的供给模式下，政府供给主体单一，缺乏竞争机制，产出和绩效难以量化和评价，致使基本公共服务供给效率低下；另一方面，随着经济发展水平与人民收入水平的不断提高，人民群众对基本公共服务的消费需求不断升级，而供给体系具有一定的滞后性，基本公共服务供需结构不匹配问题日益凸显，且区域间、城乡间基本公共服务还存在较大差距。从供给体系来看，基于“要致富先修路”“扶贫先扶智”思路，道路基础设施、基础教育等方面一直是基本公共服务供给的重点，近年来也得到了较快的发展。截至 2016 年年底，我国农村公路已经通达 99. 99% 的乡镇和 99. 94%的建制村，义务教育普及率已经超过世界高收入国家平均水平，但这些方面仍然是当前公共财政投入的重要方向。随着经济不断发展，基本公共服务需求已经发生了一些变化，如金融信息服务、互联网服务、环境保护等基本公共服务需求日益增加，但这些方面的投入与供给又相对不足；从需求一侧来看，人民对基本公共服务的需求是对生活的需要和发展的追求。因此要提升居民获得感，就要推进基本公共服务供给侧结构性改革。

3. 2. 2　推进基本公共服务供给侧结构性改革的必要性

1. 基本公共服务供给总量不足

近年来，随着改革开放的不断深化，我国对基本公共服务领域的投入不断增加，基本公共服务水平不断提升。人均公共财政支出由 1978 年的 116.57 元增长至 2016 年的 13 578.78 元；义务教育得到巩固与发展，医疗卫生服务能力不断提升，社会保障体系不断完善。但随着人民收入水平的不断提高，我国基本公共服务供给总量还不足，如公共教育支出与医疗卫生支出与发达国家相比还存在较大差距，如表 3-1 所示。在公共教育方面，欧美发达国家公共教育支出占 GDP 比重均在 4%以上，其中美国和英国更是达到了 5%以上；我国虽然自 2012 年以来，国家财政性教育经费支出占 GDP 比例已超过 4%，公共教育支出占比稳步提升，但到 2014 年公共教育支出占 GDP 比重仍只有 3.58%，甚至低于同时期的俄罗斯、印度和泰国。在医疗卫生方面，我国医疗卫生支出占 GDP 比重在 2014 年达到了 5.55%，发达国家这一比重基本在 10%左右；由于我国人口众多，不论是人均医疗卫生支出还是医疗卫生支出占 GDP 比重与发达国家差距明显，如 2014 年美国的医疗卫生支出占 GDP 比重高达 17.14%，人均医疗卫生支出是我国的 22.4 倍。我国基本公共服务供给总量不足，一方面受到我国经济发展阶段的影响，经济发展水平限制了政府财政收入与支出水平；单靠政府提供基本公共服务，远远不能满足人民日益增长的基本公共服务需求，因此需要改变以政府为主导的供给模式，在加强政府监管的同时，积极引入企业、个人、非营利性组织等社会资本，做大基本公共服务“蛋糕”；另一方面，由于政府配置公共资源更加注重公平，基本公共服务供给效率有待提升，因此在加强政府宏观调控力度的同时，引入市场机制参与政府基本公共服务供给，推进政府购买基本公共服务等措施来提升基本公共服务供给效率，在做大“蛋糕”的同时切好“蛋糕”。

表 3-1　我国与发达国家公共教育、医疗卫生支出占 GDP 比重对比

指标	年份	中国	美国	英国	德国	韩国	俄罗斯	印度	泰国
公共教育支出占 GDP 比重 /%	2003	2.14	5.77	5.32	4.43	4.37	3.68	3.67	3.98
	2005	2.12	5.27	5.42	4.43	4.15	3.77	3.13	4.23
	2010	3.04	5.42	5.94	4.91	4.67	4.1	3.32	3.51
	2014	3.58	5.25	5.69	4.94	4.86	4.15	3.83	4.13
医疗卫生支出占 GDP 比重 /%	2003	4.82	15.06	7.81	10.62	4.93	5.61	4.3	4.76
	2005	4.66	15.15	8.24	10.52	5.33	5.21	4.28	4.64
	2010	4.89	17.02	9.51	11.25	6.79	6.83	4.28	5.41
	2014	5.55	17.14	9.12	11.3	7.37	7.07	4.69	4.12

表3-1(续)

指标	年份	中国	美国	英国	德国	韩国	俄罗斯	印度	泰国
人均医疗卫生支出/美元	2003	61.59	5 988.8	2 429.49	3 207.06	696.92	166.6	23.66	78.16
	2005	80.94	6 727.67	3 122.3	3 624.74	994.21	276.83	31.22	93.82
	2010	220.08	8 269.37	3 491.22	4 700.09	1 505.02	727.37	59.18	258.66
	2014	419.73	9 402.54	3 934.82	5 410.63	2 060.25	892.85	74.99	227.52

数据来源：世界银行统计数据。

2. 基本公共服务供给结构失衡

虽然近年来基本公共服务均等化建设成效显著，但由于资源禀赋、历史条件和经济发展水平的差异，地区间、城乡间基本公共服务供给结构仍然存在严重失衡。在区域结构方面，东部地区基本公共服务水平明显高于中、西部地区，如表3-2所示。究其原因在于：一方面，东部地区经济发展水平优于中部和西部地区；例如，2016年北京、上海人均公共财政支出达到中部和西部地区的2倍以上，这使得各项基本公共服务指标均优于中、西部地区；另一方面，由于中央财政转移支付的平衡作用，地方经济发展水平对基本公共服务的影响有所减弱；例如，河南、湖北的经济发展水平高于甘肃，但其基本公共服务支出水平却并不及甘肃，因此供给效率和管理效率同样也会影响基本公共服水平。随着经济发展水平的提高，管理思维、人才素质、行政理念等方面也不断提升，东部地区基本公共服务在供给效率、管理效率上也优于中部和西部地区。例如，中部和西部地区侧重于公共产品与服务的投资，东部地区更注重公共服务本身，即东部地区更注重基本公共服务管理和人才建设，中部和西部地区更注重基本公共服务设施的建设。城乡社区事务支出是为人民群众服务最直接、最现实的公共服务，2016年北京、上海城乡社区事务支出占公共财政支出比重分别为17.49%、22.95%，而湖北、甘肃这一比重分别为9.16%、6.24%，中部和西部地区基本公共服务能力还有待进一步提高。

表3-2　东、中、西部地区部分省份公共财政支出对比

指标	年份	北京	上海	河南	湖北	重庆	甘肃
人均公共财政支出/元	2007	10 101.06	11 742.08	1 998.52	2 241.32	2 728.65	2 580.58
	2016	29 483.52	28 590.50	7 819.71	10 914.15	13 129.48	12 069.10
人均教育支出/元	2007	1 610.56	1 524.94	391.16	381.12	431.63	473.69
	2016	4 083.64	3 475.21	1 409.73	1 779.73	1 883.85	2 103.24

表3-2(续)

指标	年份	北京	上海	河南	湖北	重庆	甘肃
人均文化体育和传媒支出/元	2007	328.35	233.62	35.66	43.73	37.57	58.22
	2016	912.80	468.18	102.10	164.17	157.40	244.61
人均社会保障和就业支出/元	2007	1 097.86	1 475.87	300.45	370.62	493.50	408.36
	2016	3 295.93	4 085.95	1 119.81	1 663.25	2 100.03	1 780.86
人均医疗卫生支出/元	2007	728.43	478.10	105.53	116.01	120.63	156.79
	2016	1 831.35	1 583.06	816.21	1 000.68	1 087.91	1 046.94
人均节能环保支出/元	2007	181.16	107.84	65.08	49.22	137.14	128.40
	2016	1 672.24	555.37	205.33	247.47	446.73	364.96
人均城乡社区事务支出/元	2007	1 147.76	1 973.95	118.87	98.64	323.45	105.71
	2016	5 155.87	6 561.98	922.51	999.96	2 241.38	752.69
人均农林水事务支出/元	2007	627.74	336.93	162.94	223.85	198.74	323.82
	2016	2 041.17	1 352.89	846.69	1 197.27	1 141.52	1 870.13
人均交通运输支出/元	2007	202.63	87.36	43.05	53.01	128.14	107.19
	2016	1 626.70	1 669.01	365.06	665.75	878.78	840.01

在城乡结构方面，近年来在城乡统筹发展与城乡一体化推动下，农村经济发展水平与基本公共服务水平有了明显的提升。但由于城乡二元结构体制的长期作用，农村基本公共服务缺失仍然严重，城乡基本公共服务供给结构不均衡问题日益突出。以基础教育为例，随着义务教育的巩固与深入，农村基础教育数量有了较大提升，甚至在生师比、生均校舍面积、生均运动场地面积等方面已经超过城区，但其基础教育质量与城区仍然有较大差距，如表3-3所示。农村教师队伍整体质量相对较低，特别是农村小学阶段本科以上学历的教师仅占33.14%，而城区这一比例是农村的近2倍；农村生均校舍面积明显大于城区，但其中危房校舍面积的比重也大大高于城区，且用于教学及辅助用房的面积却不及城区，农村校舍面积用于教职工宿舍面积比重较大，初中、小学教工宿舍面积占整个校舍面积的比重均高于10%，这说明农村地区在公共教育资源管理与配置效率方面不及城区；在学生活动方面，农村生均运动场地面积远远大于城区，但正规的体育馆面积却远远小于城区；在现代教学方面，农村地区在多媒体教室的普及和应用上明显不足，农村小学多媒体教室面积占比仅24.66%。当前我国城镇化速度不断加快，城乡间人口、资源、要素快速流动与城乡二元结构的矛盾，使得城乡经济、社会、基本公共服务等都存在着结构失衡问题。因此在城乡基本公共服务供给过程中，政府应充分考虑城乡实际情况，在增加供给数量的同时更加注重供给质量的提升，在提升城市基本公共服务水平的同

时更加偏向对农村地区基本公共服务的投入，在提高基本公共服务供给效率的同时更加侧重推进城乡基本公共服务均等化。

表 3-3　2014 年城乡义务教育阶段对比

指标	初中		小学	
	城区	农村	城区	农村
生师比/%	12.96	10.89	18.96	14.57
本科以上学历教师占比/%	89.08	72.57	64.51	33.14
生均校舍面积/m^2	11.19	16.34	5.86	9.02
危房校舍面积占比/%	00.58	02.50	00.83	02.93
教学及辅助用房面积占比/%	11.03	07.64	10.56	08.29
教工宿舍面积占比/%	05.00	13.48	03.46	10.03
生均计算机数/台	0.17	0.17	0.12	0.09
多媒体教室面积占比/%	68.53	42.73	70.35	24.66
生均运动场地面积/m^2	7.67	14.13	4.56	11.15
体育馆面积占比/%	03.47	00.48	02.88	00.26

数据来源：2015 年《中国教育统计年鉴》。

3.3　基本公共服务供给侧结构性改革的目标

本书基于基本公共服务供给侧结构性改革的政策、理论和现实背景，紧密联系三峡库区经济社会发展实际，以问题为导向，着力解决当前三峡库区基本公共服务供给存在的不平衡不充分问题。因此，基本公共服务供给侧结构性改革的目标是通过基本公共服务供给结构调整优化，实现基本公共服务的精准供给和精准施策，不断提高基本公共服务供给数量和质量，最大限度满足人民群众日益增长的基本公共服务需求，使全体社会成员共享改革发展成果；基本公共服务供给侧结构性改革的最终目标是实现更高水平、更高质量的基本公共服务均等化，以提高人民群众满意度和获得感。

基本公共服务供给侧结构性改革目标的实现是一个分层次、分阶段实现的过程。《关于建立健全基本公共服务标准体系的指导意见》将基本公共服务标准体系的阶段目标划为到 2025 年和到 2035 年两个阶段性目标。到 2025 年，力争实现近期目标，即建成基本公共服务均等化的标准体系，通过建立完善的基本公共服务设施标准，将标准化手段在基本公共服务领域推广与应用，实现基本公共服务均等化的可操作性。到 2035 年，力争实现远期目标，即基本公共服务均等化基本实现，通过丰富和完善基本公共服务供给体系，不断提升基本公共服务均等化的现代化水平。

习近平新时代中国特色社会主义思想强调要在发展中保障和改善民生，让发展成果更多更公平惠及全体人民，让全体人民共享发展成果是供给侧结构性改革的出发点和落脚点；实现更高水平、更高质量的基本公共服务均等化，提高人民群众满意度和获得感，则是供给侧结构性改革的目标。但是更高水平、更高质量的基本公共服务均等化并非绝对的平均化，而是在承认地区、城乡以及个人收入差距的前提下，保障全体人民能够享受到大体相当的基本公共服务。更高水平、更高质量的基本公共服务均等化的实现手段是提高基本公共服务供给结构对需求变化的适应性和灵活性，实现基本公共服务供给结构调整优化，提高基本公共服务供给数量和质量，以提高人民群众满意度和获得感。

要实现基本公共服务均等化目标，政府需要从供给总量、供给结构、供给效率和供给质量四个方面入手。增加供给总量、调整优化供给结构、提高供给效率和供给质量、精准供给和精准施策，可以实现更高水平、更高质量的基本公共服务均等化目标。其中，供给总量是前提，供给结构是核心，供给效率是关键，供给质量是目标。将供给总量、结构、效率和质量作为基本公共服务供给侧结构性改革的着力点，是基于中国特色社会主义政治经济学中关于供给侧结构性改革的基本论述在基本公共服务领域的延展。

供给总量是基本公共服务供给侧结构性改革的前提。供给总量关系人民群众能否共享经济发展成果，关系人民群众的美好生活需要能否更多、更好、更公平地得到满足。当前供给总量不足是全国和各地区基本公共服务领域所面临的普遍问题，也是民生短板的重要体现。要发挥基本公共服务对经济发展的兜底作用、守住民生保障的底线，就要让基本公共服务供给总量与经济发展水平相协调。基于此，本书需要在研究三峡库区基本公共服务供给现状水平的基础上，分析三峡库区基本公共服务与经济发展水平的关系，并从国际、国内实践经验比较分析当前三峡库区基本公共服务供给总量水平。

供给结构是基本公共服务供给侧结构性改革的核心。以需求为导向，提高基本公共服务供给结构对需求变化的适应性和灵活性是推进基本公共服务供给侧结构性改革的重中之重。供给结构既影响供给总量，又影响供给效率和供给质量。关于供给结构与供给总量的关系，由上文可知，基本公共服务包括基础设施、基础教育、医疗卫生、社会保障、公共文化等方面。在整个基本公共服务领域供给总量不足的情况下，我们通过调整基本公共服务供给内容结构，能够改变某一类别基本公共服务的供给总量，以有针对性地补齐基本公共服务供给短板。例如，在县级公共财政一定的情况下，将一部分本应投入到基础设施的财政资金投入到基础教育，必然会改变基础设施和基础教育的供给总量，有助于补齐民生短板。调整基本公共服务供给结构，又将影响基本公共服务的供给效率和供给质量，这就涉及供给结构与供给效率、供给质量的关系。在供给总量一定的情况下，优化基本公共服务供给结构，通过适应需求结构的变动，提供人民群众最关心、最直接、最现实的基本公共服务项目，增加有效供给，减少无效、低端供给，是提高基本公共服务供给效率和供给质量的关键。因此，本书需要供给结构研究三峡库区基本公共服务供给内容结构、空间结构等问题，通过梳理基本公共服务民生短板及区域差距，确定基本公共服务供给的优先顺序。

供给效率是基本公共服务供给侧结构性改革的关键。供给效率的提高有助于改善基本公共服务供给总量不足的状况，同时能够提高供给质量。在供给投入总量一定的情况下，供给效率的提高能够增加基本公共服务的有效供给，提高基本公共服务的供给质量。因此，本书在供给效率方面，针对三峡库区基本公共服务供给投入总量不足的特殊性，需要侧重分析三峡库区基本公共服务供给的投入产出效率，通过提高供给效率来补齐总量不足和质量不高的短板。

供给质量是基本公共服务供给侧结构性改革的目标。质量的本质是能够满足实际需要的使用价值特性，高质量的基本公共服务必然能够更好地满足人民群众美好生活的真实需要。供给质量的提高要求增加供给总量、优化供给结构和提高供给效率。供给质量与供给总量是“质”与“量”的关系，在“量”达到一定程度时，需要有“质”的提升。当前，人民群众美好生活需要更多地体现在“质”上，这也是三峡库区的短板所在，那么如何提高三峡库区基本公共服务供给质量，其关键着力点在于优化供给结构，提高供给效率。基于此，本书需要从高质量的内涵实质出发，基于马克思的商品二重性，将基本公共服务供给质量与使用价值相关联，从需求端出发以基本公共服务满意度来评价三峡库区基本公共服务供给质量。

3.4 基本公共服务供给侧结构性改革的内容

我国社会主要矛盾的变化，在基本公共服务领域表现为人民群众对基本公共服务提出了新的更高质量要求，而基本公共服务供给则存在总量不足、质量不高、结构不合理以及区域差距与城乡差距并存等诸多问题。因此，政府需要进行基本公共服务供给侧结构性改革，解决基本公共服务数量不足和各种结构性配置问题，使得公共服务的数量、质量与结构配置与不同地域、不同层次、不同群体的公共服务需求保持一致（孙彩红，2019）。

以问题为导向，基本公共服务供给侧结构性改革的内容包括以下四点。

一是供给模式改革。现行的政府主导型供给模式，可能造成有效供给不足。当前，不同的阶层群体基本的公共服务需求存在多样化、差异化、个性化特点。政府主导型供给模式难以很好满足这些多元化需求。因此，打破政府单一供给模式，构建以政府为主导，私人企业、个人、非营利性组织参与的多元主体合作供给模式，可以有效针对不同群体需求实施精准供给，提高供给效率和质量。

二是供给结构改革。基本公共服务的供给结构包括四个方面：①基本公共服务总量及构成，即教育、医疗、社会保障、公共文化、基础设施等总量及比例关系；②基本公共服务的质量构成，包括供给的绩效、分配过程的均等化程度与用居民满意度评价；③空间分布结构，主要包括区域、城乡及财政资源配置比例及分布状况；④基本公共服务人群结构，包括不同性别、年龄、职业群体消费基本公共服务的结构状况。目前，基本公共服务供给无论在内容上，还是在供给的区域间、城乡间都存在与需求结构失衡的情况。因此，政府应该通过供给结构改革完善基本公共服务需求表达机制；以需求为导向，改善基本公共服务供给体系、解决供给结构的问题。

三是供给方式改革。供给方式改革是满足我国现阶段城乡多元化主体的需要，实现更高水平、更高质量均等化的迫切要求。但目前基本公共服务供给仍然以政府直接供给为主，尽管近年来我国也采取了政府购买公共服务和运用政府和社会资本合作（PPP）模式。由于政府角色定位不准确，政府与市场边界不清晰，监督机制不到位，基本公共服务供给质量依然不高。由于相关立法制度和产权制度不健全，PPP 模式的实施落地效率较低，这也影响了基本公共服务的供给效率。因此，在当前我国基本公共资源仍然有限且信息不对称情况下，如何最大限度地满足广大人民群众的公共服务多样化、差异化、个性化需求，通过完善基本公共服务的标准制定、定额管理，实现由政府直接供给转变为政府与社会力量合作供给，成为基本公共服务供给侧结构性改革的主要内容。

四是供给评价、激励约束机制改革。我国基本公共服务供给侧改革从提高供给质量入手，用改革的办法推进结构调整，扩大有效供给，提高供给结构对需求变化的适应性和灵活性，满足人民群众日益增长的对基本公共服务的需求。因此，基本公共服务供给侧结构性改革的重点是制度创新。制度创新的核心是建立科学的供给评价机制、激励约束机制。首先，应该改革以 GDP 为核心的政府绩效评价体系，将人民群众满意度、获得感作为政府绩效评价核心指标，建立以需求为导向的基本公共服务供给绩效动态监测机制，实时了解基本公共服务的供给状况、政策执行情况和群众需求状况。其次，建立完善的激励和约束机制。激励机制就是运用各种政策措施激励政府或其他供给主体增加供给数量，提高供给质量。约束机制，就是运用各种政策措施规范政府或其他供给主体的决策与投资行为，实现公共资源的优化配置。基本公共服务的激励约束机制的政策措施主要包括经济手段、法律手段及配合使用。基本公共服务的激励约束机制可以不断优化公共资源配置，扩大有效供给，提高基本公共服务供给结构对需求变化的适应性和灵活性，提高基本公共服务供给效率和质量，提高社会福利水平。

3.4.1 供给模式改革

关于基本公共服务供给模式的研究主要集中在供给主体的组成形式上，随着公共管理理论的形成与发展，古典经济学所强调的以政府为单一供给主体的单中心供给模式无法满足多样化、差异化、个性化的基本公共服务需求，以奥斯特罗姆夫妇为代表的多中心治理理论强调构建以政府、私人企业、个人、非营利性组织多元主体共同参与的多中心供给模式。

一般来看，基本公共服务的供给主体可以包括政府、私人企业、个人和非营利性组织等。长期以来政府在基本公共服务供给过程中扮演着主导作用，承担着基本公共服务的主要责任。随着新公共服务思想的兴起，理论与实践层面均认为应加强政府的服务职能，放开公共服务市场，引入社会资本，十八届五中全会明确指出要创新公共服务供给方式，广泛吸引社会资本参与公共服务供给，推进政府购买公共服务。丁元竹（2014）认为政府是基本公共服务的责任主体，同时要鼓励企业和社会组织参与；刘书明（2016）指出社会组织以及私人机构参与基本公共服务供给有助于满足多样化的基本公共服务需求；冯金钟（2017）认为政府主导、社会组织和私人部门参与竞争的基本公共服务模式，有助于实现基本公共服务的最优配置。

1. 政府供给

基本公共服务固有的特征决定了这类服务由政府提供是最有效率的。大卫·休谟以排水为例，分析了公共物品应该由政府提供这一问题。约翰·穆勒（1848）指出国家或政府应该提供公共产品以弥补市场的缺陷。保罗·萨缪尔森（1954）建立了公共物品应该由政府提供这一理论体系。萨缪尔森以灯塔这一典型公共物品为例，对公共物品进行了系统探讨。曼瑟尔·奥尔森（1965）的“集体行动的逻辑”理论认为，当外部效应产生而难以排除不支付供给成本的人们取得个人利益时，市场就难以实现最优资源配置。由此可见，基本公共服务具有非排他性和非竞争性的特征，特别是非排他性导致公共产品不可避免地存在“搭便车”问题，基本公共服务的供给成本就不能得到补偿。因此，通过市场手段来提供基本公共服务是不可能的，基本公共服务领域存在明显的市场失灵，基本公共服务应该由政府通过财政资金向全社会免费提供。政府在市场经济中的一个重要职能就是保证基本公共服务供给的秩序，以保护社会的公共需求得到实现，促进社会公平和正义。

在基本公共服务的市场化供给中，市场机制本身存在一定的缺陷，因此政府需要加强对市场的宏观调控。特别地，政府应该对基本公共服务的价格进行强有力的监管。一旦失去监管，在市场提供基本公共服务后，难免会出现不合理的涨价行为。

由政府供给的基本公共服务通常是非排他性和非竞争性很高的纯公共产品和部分准公共产品。世界银行认为，政府具有提供五项基本公共服务的基础性任务：建立法治基础；保持非扭曲性的政策环境，包括宏观经济稳定；保护环境；保护承受能力差的阶层；投资基本的社会服务与基础设施。政府必须建立相关的制度体系，确保公共产品的市场化供给过程公平、公开和公正。政府应该承担公开供给基本公共服务相关信息的职责，为企业、非营利性组织、社区和居民提供有关基本公共服务供给和需求的质量、价格等信息。

2. 市场供给

基本公共服务由政府提供有其合理性，但也存在着一些不足。单纯由政府提供基本公共服务在总体规模上不能满足人民群众的现实需求；其种类和形式无法满足公众对基本公共服务的多元化需求，极有可能导致基本公共服务的供给效率低下；容易滋生寻租与腐败行为，提高基本公共服务供给成本，造成资源的浪费和公共服务质量下降等。为克服这些弊端，由包括政府在内的多元主体提供基本公共服务日益成为学术界普遍认可的观点。

从实际情况来看，基本公共服务的市场供给形式主要包括合同承包、特许经营、使用者付费、内部市场和补贴等。合同承包又称合同外包，是指政府将基本公共服务的生产权和提供权对外承包给私人企业或非营利性组织，承包方按照合同约定的数量和质量标准提供相应的基本公共服务，该项基本公共服务由政府购买后提供给社会公众。特许经营是政府以一定期限的特许经营权，吸引私人部门参与提供某种特定的基本公共服务项目。使用者付费就是公众必须在付费之后才能使用基本公共服务，通过收费使得一部分消费者自动地放弃对某一基本公共服务消费的权利，从而保证该基本公共服务的使用不会过分拥挤，同时能够增强政府的财力。使用者付费可在不损害基本公共服务非竞争性的前提下，实现消费的排他性，增加基本公共服务的有效供给，从而提高公共资源配置效率。内部市场是将提供基本公共服务的公共部门划分为生产者和消费者两方，使得政府组织内部之间进行竞争，以达到提高服务质量的效果。

3. 社会供给

根据已有研究，基本公共服务的社会供给形式主要包括非营利性组织供给、社区供给和个人自愿供给。

非营利性组织通常是指不是以营利为目的的组织，其目标是支持或处理个人关心或者公众关注的基本公共服务项目。随着经济发展水平的提高，非营利性组织发展较快，随之而来的是政府的部分职能被非营利性组织所替代，“许多先前由政府从事的活动开始转回到私营部门”。

政府提供基本公共服务无法满足不同社会利益群体的基本公共服务需求的多样性和差异性。相比较来看，居民对所在社区内提供的基本公共服务容易达成共识，因此，社区居民通过自发组织、自主合作的形式广泛参与到基本公共服务供给过程中，则有助于提升基本公共服务供给的有效性和精准性。西方发达国家特别关注社区居民的需求，鼓励居民和各类志愿者组织主动参与基本公共服务的供给。

现实经济中，由政府部门与企业、金融机构、非营利性组织等合作提供基本公共服务更为常见，其中也包括一定比例的志愿服务或自我服务。在过去的几十年里，世界各国政府、企业与社会之间在提供基本公共服务方面的合作快速发展。基本公共服务的多元主体供给只是政府转变其职责的履行方式而已，绝不代表其对基本公共服务供给职能的减轻、转移或消失。这说明“政府移交的是服务项目的提供，而不是服务责任”。在基本公共服务的多元化供给过程中，政府必须加强监管，为基本公共服务的有效供给提供强有力的保障。

4. 多元主体合作供给

由政府部门、私人企业、个人和非营利性组织等多元主体合作供给基本公共服务，可以解决因政府自上而下垄断而导致的低效率问题，降低基本公共服务的供给成本，提高基本公共服务供给的效率。

萨瓦斯的民营化理论将基本公共服务的参与主体划分为：安排者、生产者和消费者，认为安排者通常是政府决策部门，生产者可以是政府也可以是私人企业、个人与非营利性组织，消费者直接获得服务。随着收入水平的不断提升，人们对基本公共服务的需求日益多样化，仅仅靠政府单一主体供给会导致基本公共服务供给渠道单一、资金有限，远远不能满足其需求，且供给效率不高。此外，不同基本公共服务类型具有不同的特征。例如，纯公共服务由于存在较大的外部性，大多面临“市场失灵”的问题，因此只能由政府供给；部分准公共服务产品、俱乐部产品则可放开准入门槛，引导市场供给。因此，应针对不同基本公共服务类型构建以政府为主导，私人企业、个人、非营利性组织参与的多元主体合作供给模式。

一方面，多元合作供给模式能够增加基本公共服务供给总量。政府供给兜底的基本公共服务，更加注重公平，推进基本公共服务均等化；市场供给高质量的公共服务，更加注重效率和质量，满足多样化、差异化需求。这样使得全体社会公众既能享受公平的、大致均等的基本公共服务，又能根据自身收入水平享受差异化的公共服务；既能增加社会基本公共服务供给总量，又能满足不同人群的基本公共服务效用，进而增进整体社会福利。例如，在医疗卫生方面，在国家提高城乡医疗卫生水平的同时，私立医院和个人门诊的发展既能提升整体社会医疗卫生水平，又能使人民避免基本公共服务消费拥挤而提高便利性和可及性；在基础教育方面，在政府建设公办学校保障每个小孩受教育机会均等化的情况下，私立学校的建设既能增加整个社会教育资源总量，又能为人民群众提供差异化的选择机会，提升社会福利水平。

另一方面，多元合作供给模式能够提高基本公共服务供给效率。私人企业、个人、非营利性组织参与的多元合作供给模式能够建立基本公共服务领域的竞争机制，提高供给效率。在基本公共服务领域，公共需求具有一定的隐匿性，“搭便车”与“公地的悲剧”等现象仍然存在，政府在基本公共服务供给过程中面对政府财力有限与需求无法不满足的矛盾，很难实现基本公共服务的供求均衡。但在市场机制配置资源的情况下，私人部门的逐利行为能够甄别基本公共服务中的有效需求，特别是在准公共服务产品领域，在价格机制的调整下，私人部门充分发挥市场配置资源的积极作用，不断创新公共服务与产品，降低生产成本，节约公共资源。因此引入私人企业、个人、非营利性组织参与基本公共服务供给，能够提高基本公共服务供给效率。

基本公共服务供给侧结构性改革首先改革供给主体，构建以政府为主导，私人企业、个人、非营利性组织参与的多元主体合作供给模式。多元主体合作供给模式的核心问题是将政府与市场相结合的问题，供给主体问题的解决是供给结构、供给方式等一系列基本公共服务供给侧结构性改革问题解决的基础。多元主体合作供给模式并不是将政府的公共服务职能推给市场，而是面对需求的多样化，通过供给主体的多元化来提高基本公共服务供给结构对需求变化的适应性和灵活性，实现高水平、高质量基本公共服务的精准供给。

3.4.2 供给结构改革

供给结构改革是基本公共服务供给侧结构性改革的重中之重。供给结构改革的关键在于提高基本公共服务供给结构对需求变化的灵活性和适应性，需求结构的变化是供给结构改革的逻辑起点。从需求端来看，一方面，人口收入结构层次性决定了基本公共服务需求的层次性，包括教育、医疗、社会保障、公共文化、基础设施等基本公共服务总量及构成比例关系的结构；另一方面，人口流动后的人口群体差异化、多元化呈现出需求的差异化和多样化，要求供给结构的差异化，包括不同性别、年龄、职业、收入群体消费基本公共服务的结构。从供给端来看，一方面，经济发展水平的区域结构差异所带来的各区域间政府财力不平衡，呈现出基本公共服务供给总量与比例关系失衡；另一方面，政府主导供给模式下的基本公共服务决策与供给对城镇地区有着天然的偏好，使得城乡间基本公共服务资源配置比例及分布失衡。基本公共服务供给结构的不平衡无法适应需求结构的层次性、差异化、多元化变化。基本公共服务供给结构的不平衡一方面来自需求表达显示不足所带来的信息不对称，另一方面来自公共资源配置不平衡所来的供给体系不完善。

因此，供给结构改革应注重需求管理与供给管理相结合，着力点在于对基本公共服务需求变化的把握以及在此基础上对供给结构和供给体系进行完善。通过供给结构改革，在完善基本公共服务需求表达机制的基础上，以需求为导向，改善基本公共服务供给体系，解决供给结构的问题。

1. 基本公共服务需求表达机制

基本公共服务需求表达机制是指通过明确基本公共服务的需求主体、需求结构、需求方式形成的制度安排。其主要包括偏好显示机制和成本分摊机制，其中成本分摊机制有助于基本公共服务的真实偏好显示。

偏好显示机制是西方公共经济学理论中用于基本公共服务供给决策分析所广泛使用的一个概念，是指社会公众对基本公共服务的真实需求偏好通过何种途径进行反映，也称为“需求表达”。由于基本公共服务具有非竞争性或非排他性的特征，因此基本公共服务需求在偏好显示时容易出现“搭便车”的现象，社会公众所显示出来的需求偏好与其实际需求有所偏差，致使基本公共服务供求失衡，降低了公众基本公共服务获得感。要准确识别人民群众对基本公共服务的真实需求偏好，成本分摊机制是重要手段之一 。

成本分摊机制将基本公共服务的成本抑制因素与受益的激励因素相联系，通过成本的抑制因素与受益的激励因素相抵消，需求端在自身利益最大化的情况下做出较为真实的基本公共服务偏好显示。在基本公共服务供给过程中，满足社会公众的公共需求会产生相应的供给成本。这里的供给成本不仅指经济行为主体投入的经济成本，而且包括非行为主体承担的外部成本。基本公共服务供给成本作为一种行为抑制因素，对经济行为主体的参与或选择策略具有重要影响作用。基本公共服务成本分摊机制是指基本公共服务供给投入成本在各供给主体间的分摊，成本分摊机制对其需求偏好显示有较大影响。成本分摊机制对需求偏好显示的影响在于基本公共服务的外部性，因此需要通过成本“内部化”的分摊措施消除基本公共服务外部性的影响，使得公众的私人理性收敛于公共的集体理性。但成本内部化也会降低基本公共服务需求，影响社会收入分配与社会福利。因此，成本“内部化”分摊机制也需要考虑经济上的可行性和政治上的可接受性。基于此，构建基本公共服务成本分摊机制应基于公平正义与可操作性的原则，一方面通过成本分摊机制的完善使社会公众在基本公共服务供给过程中承担相应的成本，另一方面通过公共财政手段对不能内部化的外部成本给予保障。

由于基本公共服务具有较强的正外部性，更多更优质的基本公共服务就需要社会公众承担更多的成本，社会公众承担的成本主要包括：直接成本和间接成本。直接成本是指社会公众享受基本公共服务时自身直接支付的那部分费用，如看病就医医保报销后自付的那部分费用；间接成本是指社会公众通过税费形式用于公共财政支出的那部分费用。

首先，个人参与分摊基本公共服务供给成本，可以提高基本公共服务真实需求偏好显示水平。尽管基本公共服务属于社会福利范畴，但社会福利也包含了私人福利，因此为能够极大地提升社会公众的社会福利水平，个人也应承担基本公共服务供给的个人成本。在我国基本公共服务的供给中，个人在基本公共服务供给过程中需要分摊的个人成本包括：在社会保障中的个人承担部分费用、租住保障性住房的部分费用、提升自身素质的部分教育培训费用等。

其次，规范相关供给主体的行为，通过成本内部化来分摊基本公共服务供给的外部成本。成本内部化可以增加基本公共服务供给总量，同时减小政府的财政支出压力。成本内部化从新公共服务理论出发构建多元主体合作供给模式，引入市场机制参与基本公共服务供给，由向市场购买转变为市场参与供给，以实现外部成本内部化。

最后，即使个人、市场参与基本公共服务供给，也不能完全消除基本公共服务外部性的影响，因此基本公共服务供给的成本分摊还需要推动政府的公共财政投入，构建以政府为主导，多元主体合作供给的模式。因此，政府在基本公共服务供给过程中应完善相应的财政政策、税收政策，一方面适时增加相应的基本公共服务投入，另一方面应完善相应的法律法规来鼓励个人和市场参与基本公共服务供给。

2. 基本公共服务供给体系

在完善需求表达机制的基础上，以需求为导向，丰富和调整基本公共服务供给体系，提升人民群众基本公共服务获得感。

第一，差异化精准供给基本公共服务。由于不同地区、不同社会群体资源禀赋的差异，其基本公共服务需求也有所不同。对于基本公共服务供给内容，应具体问题具体分析，从人民群众最迫切、最关心、最现实的需求出发，有选择、有顺序地供给基本公共服务；优先满足低层次的公共需求，再考虑高层次的公共服务的供给顺序，实现社会效益最大化和基本公共服务帕累托最优。

第二，动态调整基本公共服务供给内容。推进基本公共服务供给侧结构性改革既应着眼当前又应立足长远，考虑不同经济发展阶段并动态调整基本公共服务供给结构。不同经济发展阶段面临着不同的主要矛盾，也有不同的公共服务需求，新时代基本公共服务需求一侧已由低层次的物质文化需求转变为更高层次的美好生活需要，供给侧基础也由落后的社会生产转变为不平衡不充分的发展。因此，面对新时代、新特征、新问题，基本公共服务供给应增加有效供给，减少无效供给，动态调整基本公共服务供给内容，构建与经济发展水平、需求水平相匹配的基本公共服务供给体系。

在基本服务供给结构改革上，应根据全面建成小康社会对公共服务供给质量要求，完善居民的需求表达机制，建立以需求为导向的基本公共服务供给体系，并适时动态调整基本公共服务供给结构，确保供给结构与需求结构保持动态平衡。

3.4.3 供给方式改革

基本公共服务如何供给是供给方式问题，即供给主体采取何种手段配置基本公共服务资源。按照基本公共服务供给主体的不同，基本公共服务供给方式通常包括政府供给，社会组织供给，政府、企业和社会组织合作供给三种（丁元竹、丁潇潇，2013；欧纯智、贾康，2018）。基本公共服务供给方式的选择应基于不同供给主体采用不同供给方式，以政府为供给主体的基本公共服务，应采用政府公共财政的供给方式；以市场为供给主体的基本公共服务，应采用市场配置资源的供给方式；以多元供给主体的基本公共服务，应采取混合供给方式。

1. 政府提供公共服务的职责

基本公共服务供给是政府的基本职能。政府供给基本公共服务通常以强制权力为基础，以计划为手段。其优点是政府能大规模集中和分配基本公共服务资源，将资源配置到最需要的地方；缺点是注重公平而忽视效率（袁媛，2014）。在现代市场经济体系下，随着市场和社会力量的成长，这种供给方式难以适应基本公共服务需求，政府计划供给模式的适用范围已日益缩小。但是纯基本公共服务，由于具有较强的非竞争性和非排他性，仍须由政府供给，如公共安全、公共卫生和环境保护等方面。

政府供给基本公共服务的方式包括直接供给和间接供给。其中，政府直接供给基本公共服务通常指基本公共服务具有较强的外溢性，性质上表现为在消费过程中具有完全的非竞争性与非排他性（刘成奎，2012），如公共安全、流行病防治等。政府间接供给基本公共服务主要指基本公共服务在性质上介于纯公共服务与私人服务之间，具有不完全的非竞争性与非排他性，如基础设施建设、水利灌溉建设等。

2. 政府与企业、个人、社会组织合作的供给方式

基于20世纪90年代的治理与善治理论，有学者建立了以政府为主导并与市场机制相结合的多元合作的基本公共服务供给方式。由于公共产品具有较强的正外部性，私人部门往往不愿意供给基本公共服务而导致使市场失灵，进而需要政府主导基本公共服务供给。但随着新公共服务理论的兴起，政府的角色不再是掌舵者和划桨者而是服务者。政府在供给基本公共服务的过程中，并不需要自己组织生产，而是帮助人民表达和实现他们的共同利益。因此在基本公共服务供给过程中，政府以服务外包或合作的方式与私人企业进行合作供给。

（1）政府购买基本公共服务方式

2013 年出台的《关于政府向社会力量购买服务的指导意见》明确提出要推进政府向社会资本购买公共服务。该意见将政府在基本公共服务供给过程中作为提供者和生产者的身份进行分离，引入市场力量。政府通过向市场主体购买基本公共服务，再由市场承载主体向公众供给服务。政府负责决策和安排，市场负责生产，如道路基础设施建设、医疗卫生服务等。一方面，政府不再直接生产部分基本公共服务，便可腾出这部分人力、财力来更好履行政府服务职能，建设公共服务型政府；另一方面，部分基本公共服务供给主体包括多个供给部门，在基本公共服务供给过程中存在“九龙治水”问题，政府购买基本公共服务可以提高基本公共服务供给效率。

（2）特许经营方式

在特定基本公共服务领域可以放开准入门槛，通过特许经营的形式推动基本公共服务民营化发展。基于政治经济学社会再生产过程中的生产关系将基本公共服务供给分为生产、分配、交换、消费四个阶段。在生产阶段引入市场机制；在分配阶段强化政府的再分配职能，弥补市场失灵；在交换阶段完善相应的财政税收机制；在消费阶段最终实现在消费领域的效用最大化，即人民群众获得感的最大化。改革开放以来，我国基本公共服务领域民营化道路发展缓慢，到 2002 年在出台了《关于加快市政改革公用行业市场化进程的意见》后，民营化发展进入较快发展阶段。

（3）PPP 模式

PPP 模式是政府与市场间的一种伙伴式合作关系，是指公共部门与私人部门通过签订契约合同的合作形式建立长期合作关系，以共同提供和生产基本公共服务（姚东旻、李军林，2015）。PPP 模式具有伙伴关系、利益共享以及风险分担三个重要特征（刘薇，2015）。政府部门与私人部门的伙伴关系，能够减轻政府的公共财政压力；同时，政府担保也能减少私人部门的投资风险。PPP 模式通常适用于公益性较强的基本公共服务项目或其中的某一部分工作，如道路基础设施建设、废弃物处理等。

3. 社会组织补充供给

社会组织是弥补基本公共服务供给市场失灵与政府失效的重要组成部分，在公共管理中发挥着十分重要的作用。当前我国各种形式的非营利性组织逐渐成为社会公众表达意愿、维护权益、协调关系最为广泛和直接的形式，如中国红十字协会、消费者权益保护协会、中华环保联合会等。

社会组织供给基本公共服务的主体是非政府组织（NGO）。NGO 作为一种新的资源配置方式，弥补了政府和市场资源配置的不足，因此，我们也将非政府组织称为“第三部门”。公众对基本公共服务的偏好呈现出多样化特征，政府和市场所供给的基本公共服务只能满足多数人的偏好，较少部分群体的基本公共服务偏好得不到满足，此时，社会组织发挥自己的灵活性，提高基本公共服务供给的针对性，解决那部分未被政府和市场所覆盖的基本公共服务需求，从而弥补政府和市场在基本公共服务供给上的不足，如中国青年志愿者协会通过城乡发展、扶贫开发等项目对特殊困难群体提供公益性服务。

在基本公共服务供给方式上，根据不同基本公共服务类型特征、供给主体结构和需求偏好，适时动态调整基本公共服务供给方式，确保供给方式与供给主体、供给结构保持动态匹配；通过基本公共服务精准供给方式，提高供给效率和质量。

3.4.4 供给评价、激励约束机制改革

在基本公共服务供给过程完成后，我们通过绩效评价机制检验供给过程是否实现了基本公共服务均等化目标；同时在绩效评价的基础上，我们通过激励约束机制和监督机制对供给过程进行再规范，以求优化基本公共服务供给结构，提高供给水平和供给质量。

1. 供给评价机制

基本公共服务供给的绩效评估，是指政府、社会中介组织以及供给主体自身对基本公共服务供给目标实现情况所进行的评价。绩效是公平、效益、效率和效果的统称，主要包括投入、产出、效果三个方面。在投入方面，主要考察是否符合经济性要求，投入过程是否合规、合理；在产出方面，主要考察基本公共服务产出相比较其投入是否有效率；在效果方面，主要考察基本公共服务的产出结果是否达到预期的供给目标，对经济、社会是否具有正效应。

基本公共服务供给的评价贯穿整个基本公共服务供给过程，同时基本公共服务供给评价体系遵循评价主体、评价内容、评价方式、评价对象以及评价结果应用的逻辑思路。

基本公共服务的评价主体包括政府自身的评价，特别是上级对下级政府的绩效评价，也包括媒体、非营利性组织等第三方的评价，如新闻媒体、第三方机构、高校、科研机构等积极参与基本公共服务供给的评价监督；此外，人民群众作为基本公共服务的直接享用者，对基本公共服务供给质量和水平应有发言权。基本公共服务能不能满足人民群众美好生活的需要，是评价基本公共服务供给的根本标尺。基于此，基本公共服务绩效评价应加强政府内部监督、高

度重视群众监督、积极引入社会监督，拓宽民意表达渠道，建立健全问责机制。

基本公共服务绩效评价内容，构建科学合理可持续的评价指标体系是关键，评价指标体系的建立应坚持科学性、系统性、层次性、可操作性和针对性的评价原则。

基本公共服务绩效评价方式包括客观评价和主观评价两种。客观评价主要是基于统计数据和调研数据的数量分析方法，这种评价方法过于刻板，对具体问题缺乏具体分析，客观评价往往存在于上级对下级的评价、科研机构等第三方组织对政府基本公共服务供给的评价等；主观评价体系主要适用于人民群众对基本公共服务供给水平和质量的评价，包括人民群众对基本公共服务的满意度评价，对政府提供基本公共服务的政府公信力评价等方面，主观评价受限于评价主体对基本公共服务的了解认知程度，并不能全面反映供给绩效水平。因此在具体的基本公共服务评价过程中应坚持客观评价与主观评价相结合的评价方式。

基本公共服务绩效评价对象，按基本公共服务投入、产出、结果的逻辑因果关系，可分为供给过程和供给结果两类。供给过程包括基本公共服务的供给决策、投入、产出等过程，对供给过程的评价应以效率优先、兼顾公平；供给结果包括供给规模、供给效率、基本公共服务均等化程度等结果，对于供给结果的评价应以公平为主、兼顾效率，结果均等是基本公共服务供给的根本目标。

绩效评价的目的在于把握基本公共服务供给现状与问题，以在未来的供给过程中修正和调整，最终提高基本公共服务供给水平和质量，因此应建立以增强人民获得感为导向的政府绩效评价机制，并将绩效评价结果纳入政绩考核体系，强化对政府机关、公共服务机构和相关领导干部约束引导。

2. 激励约束机制

基本公共服务供给的激励约束机制是指在对基本公共服务供给过程和供给结果进行评价的基础上，对供给主体所采取的相应的政策措施，以规范基本公共服务供给过程，提高基本公共服务供给水平和质量。激励约束机制主要包括经济手段的激励约束机制和法律手段的激励约束机制。

（1）经济手段

经济手段的激励约束机制主要包括相应的财政政策、税收政策、投融资政策等。在财税政策方面，基于需求侧的反馈结果，即基本公共服务满意度，完善和调整税收返还制度和专项转移支付制度，转移支付作为提高地区基本公共服务水平最直接、最快捷的途径，主要作用包括：①扩大对基本公共服务供给水平高、贡献大的地方政府的一般性转移支付和税收返还规模；②调整优化专项转移支付结构，加强对基本公共服务特定民生政策目标联系的专项转移支付投入，平衡地方财权与事权；③基于财政能力差异，建立横向转移支付制度，以平衡区域间基本公共服务的发展差距，制定横向转移支付法律制度，以规范运行程序，同时完善对口支援机制；④建立财政转移支付专门机构，财政转移支付管理机构应具有较高层次、权威性，专门负责财政转移支付资金的拨付与支付方案制定；⑤完善省级以下地方政府的一般转移支付制度，应减少转移支付环节，优化转移支付的层级设置。

在投融资政策方面，对基本公共服务供给贡献大的私人企业、个人和非营利性组织等供给主体，给予倾斜的税收和投融资政策，主要作用包括：①调整享受税收优惠企业的范围，加大对积极参与基本公共服务有效供给的企业、个人和非营利性组织的税收优惠力度，建立国家和地方 PPP 模式企业库等；②增加政府财政性投资资金，创新政府投资资金的使用方式，通过合资、控股、参股等多种形式，加大对基本公共服务民生型企业的投入；③增加国债资金的投入，一般国债资金投入重点应以基本公共服务为主特别是基础设施和生态环境保护等，侧重于解决交通、能源、水利、通信、农业等方面重大基础设施项目投资不足的问题；④加大金融政策支持力度，为基本公共服务供给提供可操作性、差异性的金融政策倾斜，提供优惠倾斜的金融政策，对于基本公共服务供给贡献大的企业、个人和非营利性组织实行优惠的存贷款利率等政策。

（2）法律手段

推进基本公共服务供给侧结构性改革既要强调生产力的发展，又要注重生产关系的完善。基本公共服务的有效供给需要用法律法规来保障，对一些行之有效的供给方法和措施，用规章条例将其固定下来，对一些供给主体、供给内容的监管评价进行标准化和制度化，但当前我国在这方面的法律体系仍然不完整或呈碎片化。因此我国应转变以权代法、以政策代替法律的做法，建立和完善基本公共服务供给的法律体系，以保障基本公共服务的长效机制。从基本公共服务供给的主客体关系，我们可将相关法律法规建设分为政府自身法治意识观念建设和针对基本公共服务供给过程的法律法规完善。其中，政府自身法治意识观念建设要求转变政府社会管理观念，创新社会管理模式，将法治思维贯穿整个基本公共服务供给过程，坚持基本公共服务供给程序公平优先，而不是主观价值判断优先；同时保证法律法规实施的确定性，法律法规只有在及时确定的实施过程中才能发挥其权威性和确定性，政府通过自身法治思维的建设，让法治成为整个社会的普遍认同和信任。

我们从基本公共服务供给逻辑框架对其相关法律法规进行梳理，主要包括以下三种类型：①关于供给主体和供给投入的法治化建设，特别是在政府与市场多元合作供给基本公共服务过程中，明确私人企业、个人和非营利性组织等社会力量的基本公共服务供给范围及其对它们的监督管理，以保障社会力量积极参与基本公共服务供给的同时能对其有效监管约束，以提高基本公共服务供给质量和效率，如 2014 年针对政府购买公共服务行为制定的《政府购买服务管理办法（暂行）》，2017 年针对政府与社会资本合作行为制定的《关于加强中央企业 PPP 业务风险管控的通知》。②关于供给决策和需求表达机制的法制化建设，通过法律的形式确保公众参与社会管理的权利，以保障基本公共服务供给决策以人民需要为出发点，从而提高基本公共服务供给质量和供需匹配度，如《中华人民共和国价格法》《中华人民共和国立法法》对听证制度的规定以保证公共决策的公众参与。③关于供给绩效评价的法制化建设，在基本公共服务绩效评价过程中应加强自上而下的顶层设计，通过法律或行政法规的形式将绩效评价制度对政府或社会组织的鼓励约束变为“硬约束”。

3.5 本章小结

基本公共服务供给侧结构性改革的理论分析是本章写作的内在逻辑和推进基本公共服务供给侧结构性改革的内在动力。本章主要界定了基本公共服务供给侧结构性改革的概念及特征，提出了推进基本公共服务供给侧结构性改革的目标，明确了基本公共服务供给侧结构性改革的内容。

1. 基本公共服务供给侧结构性改革的概念

基本公共服务供给侧结构性改革是指从供给端出发，通过公共资源的优化配置，推进基本公共服务供给结构调整，以扩大有效供给，增强基本公共服务供给结构对需求变化的适应性和灵活性，实现基本公共服务的精准供给，从而提高基本公共服务供给效率和质量，提升人民群众基本公共服务满意度和获得感，促进经济社会持续健康发展。

2. 基本公共服务供给侧结构性改革的目标

基本公共服务供给侧结构性改革目标是建立需求导向型的基本公共资源优化配置机制，实现基本公共服务的精准供给和精准施策，推动更高水平、更高质量的基本公共服务均等化，其最终目标是使全体社会成员共享发展成果，提高人民群众满意度和获得感。要实现基本公共服务均等化目标，需要从供给总量、供给结构、供给效率和供给质量四个方面入手。其中，供给总量是关键，供给结构是核心，供给效率是优先领域，供给质量是目标。

3. 基本公共服务供给侧结构性改革目标的内容

一是供给模式改革。构建以政府为主导，私人企业、个人、非营利性组织参与的多元主体合作供给模式。二是供给结构改革。完善基本公共服务需求表达机制，以需求为导向，改善基本公共服务供给体系，解决供给结构的问题。三是供给方式改革。完善基本公共服务的标准制定、定额管理，实现由政府直接供给转变为政府与社会力量合作供给。四是供给评价、激励约束机制改革。制度创新是基本公共服务供给侧结构性改革的重要保障，制度创新的核心是建立科学的供给评价机制、激励约束机制。

4 三峡库区基本公共服务供给现状分析

三峡库区人民对美好生活的需要体现在基本公共服务供给的各个领域，同时两者之间的关系又受到三峡库区经济社会发展的影响。因此，对三峡库区经济社会发展与基本公共服务供给情况进行分析，剖析三峡库区基本公共服务供给过程中存在的问题，对于推进三峡库区基本公共服务供给侧结构性改革的目标具有重要的现实意义。在分析逻辑上，本章遵循横向分析和纵向分析相结合的思路。其中，横向分析包括对三峡库区人民生活水平和质量与重庆市、全国同期平均水平进行横向对比分析，以及三峡库区整体水平与重点库区①水平间的横向对比分析；纵向分析包括对2007—2016年来三峡库区经济社会发展情况的纵向比较。

4.1 三峡库区经济社会发展基本现状

经济社会发展水平、库区人民生活水平与基本公共服务供给水平密切相关。在供给方面，经济发展水平是地方财政收入的基础，而财政收入又是基本公共服务供给的前提；在需求方面，地方经济发展水平对居民收入水平具有正向影响，而居民收入水平直接影响其对基本公共服务的需求层次。因此，库区

① 重庆市统计局和重庆市移民局根据移民搬迁安置人数将三峡库区划分为重点库区和一般库区。下面是重点库区和一般库区所包括的区县，括号内为截至2009年年底的移民搬迁安置人数，单位为万人，数据来源于《三峡工程重庆库区统计历史资料汇编（2005—2009）》。重点库区：万州（25）、云阳（16.52）、开州（16.07）、奉节（12.91）、涪陵（10.8）、丰都（9.47）、忠县（8.98）、巫山（8.61）；一般库区：长寿（2.1）、巴南（1.48）、石柱（1.38）、江津（1.02）、武隆（0.49）、渝北（0.37）、巫溪（0.06）。

经济社会发展水平对基本公共服务供需双方均具有重要影响。本章主要从人均地区生产总值、产业结构、城镇化水平、城乡居民收入水平、财政收支、人均全社会固定资产投资等方面分析三峡库区经济社会发展情况。

2009 年，按照中国长江三峡工程初步设计的各项任务要求，移民搬迁安置任务全面完成，这标志着三峡工程建设取得了圆满成功。鉴于此，本章选取 2007—2016 年三峡库区建成前后的数据进行纵向和横向对比分析，所有数据来源于 2008—2017 年重庆统计年鉴、中国统计年鉴和各区县统计年鉴。本章研究的三峡库区是指三峡库区重庆段，包括万州区、涪陵区、渝北区、巴南区、长寿区、江津区、丰都县、武隆区、忠县、开州区、云阳县、奉节县、巫山县、巫溪县、石柱县 15 个区县。

人均地区生产总值是反映宏观经济发展水平的重要指标之一，就三峡库区整体经济社会发展情况与重庆市、全国的同期平均水平横向对比来看，虽然自 2007 年以来三峡库区经济发展水平得到持续提升，但总体上仍处于较低水平。

从人均地区生产总值的绝对量来看，三峡库区 10 年间人均地区生产总值增长了 3.37 倍，由 2007 年的 11 861 元增长至 2016 年的 51 851 元，特别是重点库区增长了 3.65 倍，明显高于全国平均水平的 1.63 倍和重庆市平均水平的 2.48 倍（如图 4-1 所示）。从人均地区生产总值的增长速度来看，2008—2016 年，三峡库区人均地区生产总值平均增速达 18.13%，其中重点库区为 18.92%，均高于同期的全国平均水平（11.44%）与重庆市平均水平（15.01%）（如图 4-2 所示）。究其原因，一方面政府对三峡工程及后续工作的大量投资与帮扶给三峡库区带来了最为渴望和缺乏的资金，资金为库区经济社会发展提供了保障，如 2008—2012 年全国对口支援三峡库区资金达 1 049 亿元，其中用于经济建设的资金高达 1 026 亿元，仅 23 亿元用于社会公益项目，这也致使三峡库区社会民生发展短板凸显。自 2009 年三峡工程全面完工以来，三峡后续工作规划又总投资 1 238 亿元，推动 2009 年三峡库区与重点库区人均地区生产总值分别增长 35%和 34%，这说明外部资金投入对三峡库区经济发展起到了积极作用。

从经济绝对量来看，三峡库区的经济发展水平明显低于重庆市和全国的平均水平，特别是重点库区。以 2016 年为例，三峡库区整体人均地区生产总值为 51 851 元，相较于全国平均水平（53 935 元）和重庆市平均水平（57 904 元）分别低了 2 084 元、6 053 元，而重点库区（44 536 元）的这一差距分别扩大至 9 399 元、13 368 元。

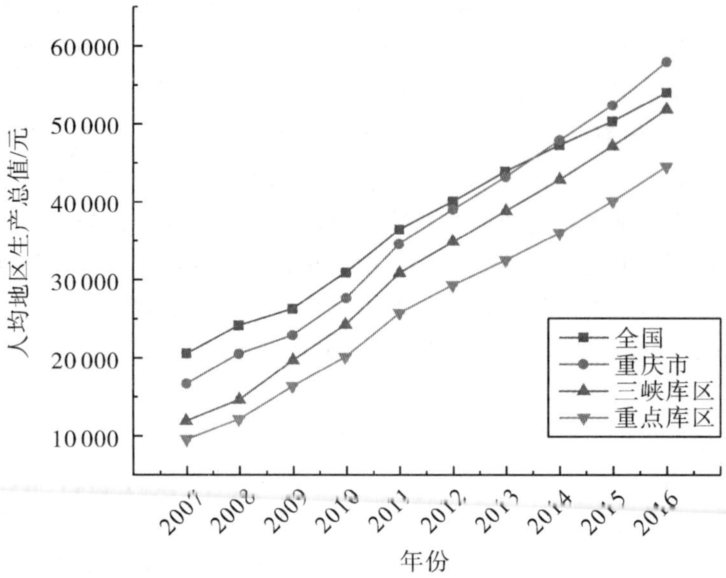

图 4-1　2007—2016 年三峡库区、重点库区、重庆市、全国的人均地区生产总值变动情况

注：此图中全国折线图代表的是“人均地区生产总值”，下同。

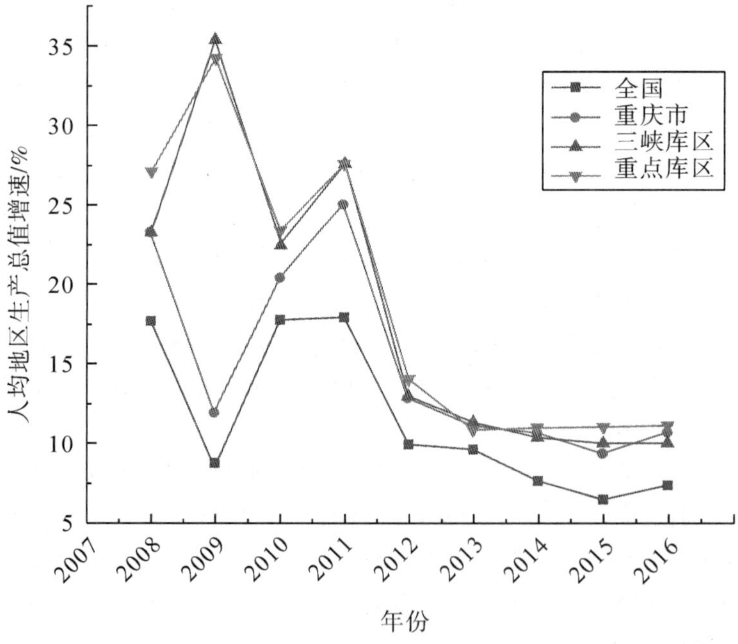

图 4-2　2007—2016 年三峡库区、重点库区、重庆市、全国的人均地区生产总值增速变动情况

经济发展水平对三峡库区的公共财政水平具有直接影响，进而影响三峡库区的基本公共服务整体供给水平。整体来看，2007—2016 年，三峡库区人均财政预算收入和人均财政预算支出水平均呈不断上升趋势，其中人均财政预算收入增长 5.21 倍，人均财政预算支出增长 4.41 倍；人均预算财政支出与人均预算财政收入的比值由 2007 年的 2.76 下降至 2016 年的 2.40，这表明三峡库区的财政自给能力不断增强，如表 4-1 所示。

横向对比来看，三峡库区的人均财政预算收支水平和财政自给能力远远低于重庆市和全国的平均水平。2007 年，三峡库区人均财政预算收入为重庆市平均水平的 35.64%，到 2016 年为 47.64%；与全国平均水平相比，2007 年三峡库区人均财政预算收入仅为全国平均水平的 14.43%，到 2016 年为 30.16%。与之相比，人均财政预算支出方面的差距相对较小，2007 年三峡库区人均财政预算支出为重庆市平均水平的 56.69%，到 2016 年为 63.77%；与全国平均水平相比，2007 年三峡库区人均财政预算支出为全国平均水平的 41.05%，到 2016 年为 61.65%。在财政自给能力方面，2016 年全国人均财政预算支出与人均财政预算收入的比值为 1.18，重庆市为 1.79，三峡库区这一比值为 2.40，重点库区为 2.72，由此可见三峡库区财政自给能力有待进一步提高。从另一个方面来讲，这也说明了财政转移支付、对口帮扶与后续资金投入等对三峡库区发展发挥着积极作用。公共财政是基本公共服务供给的重要前提，因此在基本公共服务供给过程中应发挥政府公共财政的再分配作用，在转移支付中加大对三峡库区的倾斜，以平衡三峡库区与重庆市和全国经济和财力的平均水平差距，实现提高三峡库区基本公共服务供给能力和水平的目标。

表 4-1　2007—2016 年三峡库区、重点库区、重庆市、全国的财政收入状况

年份	人均财政预算收入/元				人均财政预算支出/元			
	全国	重庆市	三峡库区	重点库区	全国	重庆市	三峡库区	重点库区
2007	3 884.22	1 572.09	560.30	393.94	3 767.63	2 728.65	1 546.76	1 364.21
2008	4 618.18	2 034.43	780.83	519.61	4 713.23	3 578.76	2 168.01	1 932.26
2009	5 134.38	2 291.61	983.20	664.47	5 717.49	4 519.39	2 814.71	2 528.32
2010	6 197.40	3 300.52	1 394.09	981.33	6 702.48	5 924.65	3 673.09	3 288.11
2011	7 709.54	5 098.77	2 020.12	1 502.43	8 108.35	8 805.21	4 923.81	4 572.50
2012	8 659.53	5 784.34	2 286.48	1 818.54	9 302.01	10 344.18	5 867.91	5 829.42
2013	9 495.68	5 701.16	2 425.02	2 149.27	10 304.26	10 310.72	6 156.93	6 220.49

表4-1(续)

年份	人均财政预算收入/元				人均财政预算支出/元			
	全国	重庆市	三峡库区	重点库区	全国	重庆市	三峡库区	重点库区
2014	10 262.32	6 425.14	2 789.33	2 421.62	11 096.90	11 046.29	6 655.08	6 741.20
2015	11 077.19	7 143.36	3 198.95	2 790.56	12 794.65	12 570.64	7 906.21	8 220.96
2016	11 542.91	7 308.38	3 481.75	3 111.67	13 578.78	13 127.45	8 371.98	8 479.09

经济发展水平直接体现在城乡居民收入水平上。就城乡居民收入水平来看，一方面，三峡库区城乡居民收入水平不断提高，城镇居民人均可支配收入由 2007 年的 10 505 元增长至 2016 年的 28 149 元，增长了 1.68 倍，绝对量增长了 17 644 元（如图 4-3 所示）；农村居民人均纯收入由 2007 年的 3 361 元增长至 2016 年的 11 594 元，增长了 2.45 倍，绝对量增长了 8 233 元（如图 4-4 所示）。另一方面，三峡库区城乡居民收入水平整体较低，2007—2016 年，不管是三峡库区城镇居民人均可支配收入还是农村居民人均纯收入均低于全国平均水平和重庆市平均水平，其中重点库区平均水平低于三峡库区平均水平。

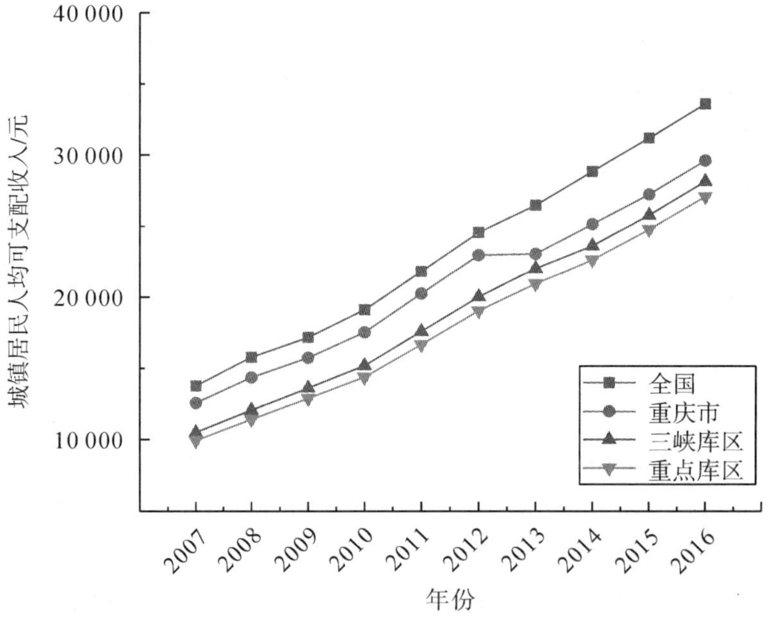

图 4-3　2007—2016 年三峡库区、重点库区、重庆市、全国的城镇居民人均可支配收入变动情况

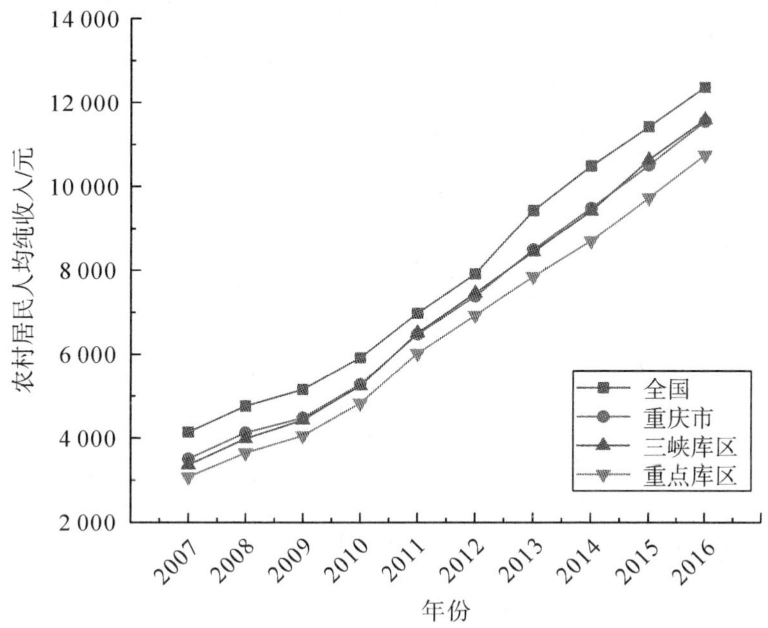

图 4-4　2007—2016 年三峡库区、重点库区、重庆市、全国的农村居民人均纯收入变动情况

就城乡居民收入差距来看，一方面，近年来三峡库区城乡居民收入相对差距逐渐缩小，但收入绝对差距逐年扩大。2007 年三峡库区城乡居民人均收入相对比值为 3. 13 倍，到 2016 年这一比值缩小为 2. 43 倍；但就收入绝对值来看，2007 年三峡库区城乡居民人均收入水平差距为 7 144 元，到 2016 年收入差距为 16 555 元。另一方面，三峡库区城乡居民收入绝对比和相对比均低于重庆市和全国平均水平。从城乡居民人均收入相对比来看，重庆市和全国平均水平均在 2013 年进入“2”时代，而三峡库区在 2010 年城乡居民人均收入相对比就已经低于 3（如表 4-2 所示）。基于此，从城乡居民收入差距来看，三峡库区城乡二元结构矛盾仍然突出，而城乡二元经济结构也造成了城乡基本公共服务的不平衡供给，因此在基本公共服务供给过程中应重点解决好城乡基本公共服务供给非均等化问题，从而提升城乡居民获得感，实现城乡居民共享经济社会发展成果的美好愿景。

表 4-2　2007—2016 年三峡库区、重点库区、重庆市、全国的城乡居民收入差距情况

年份	城乡居民收入绝对比				城乡居民收入相对比			
	全国	重庆市	三峡库区	重点库区	全国	重庆市	三峡库区	重点库区
2007	9 645.40	9 081.50	7 144.00	6 860.38	3.33	3.59	3.13	3.23
2008	11 020.14	10 241.40	8 083.60	7 772.38	3.31	3.48	3.03	3.13
2009	12 021.48	11 270.35	9 202.80	8 849.13	3.33	3.52	3.08	3.18
2010	13 190.43	12 255.77	9 951.87	9 557.75	3.23	3.32	2.90	2.98
2011	14 832.49	13 769.29	11 082.47	10 648.88	3.13	3.12	2.70	2.77
2012	16 648.14	15 584.87	12 564.07	12 111.50	3.10	3.11	2.69	2.75
2013	17 037.41	14 565.67	13 581.87	13 089.63	2.81	2.72	2.61	2.67
2014	18 354.97	15 657.41	14 198.40	13 927.38	2.75	2.65	2.51	2.60
2015	19 773.12	16 734.13	15 134.13	15 033.00	2.73	2.59	2.42	2.54
2016	21 252.84	18 061.17	16 555.87	16 336.50	2.72	2.56	2.43	2.52

城乡居民收入水平直接影响三峡库区人民的安稳致富。从三峡库区农村贫困人口整体变动情况来看，随着精准扶贫工作的深入，三峡库区脱贫成效显著，农村贫困人口数量持续下降，由 2007 年的 95.58 万人下降至 2016 年的 13.52 万人，其中重点库区贫困人口数量由 2007 年的 71.23 万人下降至 2016 年的 10.38 万人。

从三峡库区与重庆市贫困人口数量对比来看，2014 年重庆市贫困人口数为 165.9 万，三峡库区（97.97 万人）占重庆市贫困人口的 59.05%。截至 2016 年年底，重庆市贫困人口下降至 20.6 万人，三峡库区（13.52 万人）占重庆市贫困人口的 65.61%；从重点库区与整个三峡库区贫困人口对比来看，2007 年重点库区贫困人口占整个三峡库区的 74.52%，到 2016 年这一比值增长至 76.80%（如图 4-5 所示）。

三峡库区自然条件差、经济基础弱、贫困程度深等特征，使得传统扶贫模式无法触及或无法根除贫困，当前三峡库区的贫困从根本上讲是基本公共服务与产品匮乏所导致的贫困，而基本公共服务有效供给不足是农村贫困的深层次原因。因此，在三峡库区精准扶贫和乡村振兴过程中，应推进基本公共服务供给侧结构性改革。提高三峡库区转移支付水平不仅能够有效提升基本公共服务有效供给水平，保障三峡库区人民群众最低生活水平，从而保障其生存权；而且能够完善基础设施、基础教育、公共医疗卫生等基本公共服务内容，实现优化三峡库区群众增收致富的发展环境、提升人力资本存量、防止贫困的代际传

递等长效扶贫目标，保障三峡库区人民群众的发展权。

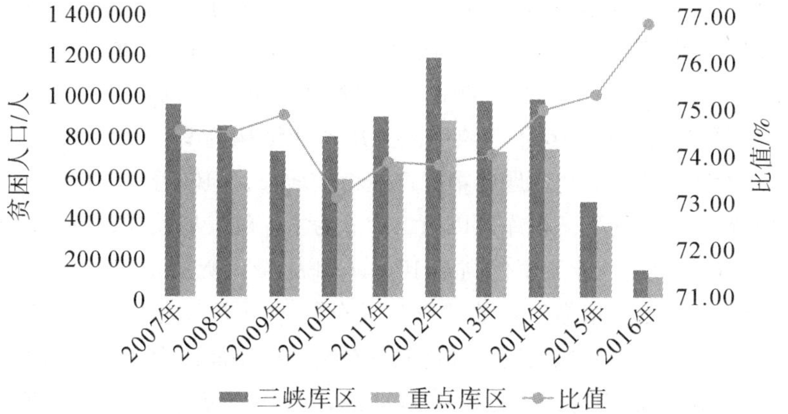

图 4-5　2007—2016 年三峡库区、重点库区农村贫困人口变动情况

三峡库区经济结构、城镇化水平、投资环境、人口流动等方面对经济发展和城乡居民收入均具有重要影响。

从外部条件来看，三峡库区近年来固定资产投资水平呈现明显递增趋势，人均全社会固定资产投资由 2007 年的 1. 01 万元增长至 2016 年的 5. 43 万元，增长了 4. 38 倍。其中，重点库区由 2007 年的 0. 65 万元增长至 2016 年的 4. 45 万元，增长了 5. 85 倍。从总量上来看，虽然三峡库区人均全社会固定资产投资低于重庆市平均水平，但已超过全国平均水平，至 2016 年重点库区人均全社会固定资产投资达 4. 45 万元，高于全国平均水平的 4. 39 万元；从增长幅度看，2007—2016 年三峡库区人均全社会固定资产投资增幅达 5. 38 倍，明显高于重庆市的 5. 09 倍和全国平均水平的 4. 22 倍，重点库区的人均全社会固定资产投资增幅达 6. 85 倍，这也证实了近年来国家对三峡库区财政投入的倾斜（见表 4-3）。

从自身内在发展动力上看，2007—2016 年，虽然三峡库区产业结构得到了持续优化和改善，但其产业结构水平（尤其是重点库区）明显落后于重庆市和全国平均水平。自我国经济发展进入新常态以来，产业结构不断优化和完善，2012 年第二产业与第三产业比重基本持平，自 2013 年以来我国第三产业成为经济发展的主导产业，第二产业在产业结构中的比重不断下降，到 2016 年我国三次产业结构比为 8 : 40 : 52。重庆市产业结构优化水平更是高于全国平均水平，2007 年重庆市产业结构与全国产业结构基本一致，但在 2009 年重庆市产业结构中第三产业比重已经超过了第二产业所占比重，第一产业比重低于 10%，到 2016 年三次产业结构比为 7 : 44 : 49，产业结构的持续优化为重庆经济发展提供了强劲动力。2007—2016 年，重庆市地区生产总值增速均保持在 10%以上，平均增速达 13.45%。但三峡库区特别是重点库区三次产业结构水平却明显滞后，2007 年三峡库区第一产业占比为 16%，重点库区为 18%，重点库区第二产业占比也仅为 42%，第三产业发展明显滞后，库区“产业空心化”问题突出；至 2016 年三峡库区三次产业结构为 9∶50∶41，近年来为解决三峡库区产业空心化问题，第二产业稳步增长，但随着生态优先、绿色发展理念的践行，制约了三峡库区以第二产业为主导的发展模式，特别是重点库区，至 2016 年第一产业比值仍高于 10%（如表 4-3 所示）。基于此，当前三峡库区经济发展更多依靠外在的“三驾马车”的投资，缺乏推动经济可持续发展的内在动能，因此急需转变经济发展结构，推动库区全方位的供给侧结构性改革，优化产业结构，培育发展新动能，实现三峡库区经济发展的提质增效。

表 4-3　2007—2016 年三峡库区、重点库区、重庆市、全国的全社会固定资产投资与三次产业结构情况

年份	人均全社会固定资产投资/万元				三次产业结构比/%			
	全国	重庆市	三峡库区	重点库区	全国	重庆市	三峡库区	重点库区
2007	1.04	1.12	1.01	0.65	(10∶47∶43)	(10∶47∶43)	(16∶48∶36)	(18∶42∶39)
2008	1.30	1.42	1.33	0.91	(10∶47∶43)	(10∶45∶45)	(15∶49∶36)	(17∶45∶38)
2009	1.68	1.86	1.75	1.26	(10∶46∶44)	(9∶45∶46)	(12∶55∶33)	(14∶53∶33)
2010	1.88	2.40	2.24	1.67	(10∶46∶44)	(8∶45∶47)	(11∶58∶31)	(12∶56∶32)
2011	2.31	2.63	2.43	1.86	(10∶46∶44)	(8∶45∶47)	(10∶60∶30)	(12∶56∶32)
2012	2.77	3.19	2.97	2.45	(10∶45∶45)	(8∶45∶47)	(10∶56∶34)	(12∶53∶45)
2013	3.28	3.77	3.46	2.81	(9∶44∶47)	(8∶45∶47)	(10∶50∶40)	(12∶47∶41)
2014	3.74	4.42	4.12	3.30	(9∶43∶48)	(7∶46∶47)	(9∶50∶41)	(11∶47∶42)
2015	4.09	5.13	4.81	3.90	(9∶41∶50)	(7∶45∶48)	(9∶50∶41)	(12∶47∶41)
2016	4.39	5.70	5.43	4.45	(8∶40∶52)	(7∶44∶49)	(9∶50∶41)	(11∶47∶42)

人口合理增长往往是推动经济发展的另一要素，这主要体现在以下两点。一是在供给侧方面为经济发展提供充裕的劳动力。以我国改革开放 40 多年的高速增长为例，其中人口红利发挥了重要作用。二是在需求侧方面能够形成较大的需求市场与需求能力，因此人口因素对于地区经济发展相当重要。城镇化进程是将人口转化为有效劳动力供给和有效需求的重要途径，城镇化过程中大量过剩农村人口流向城镇，脱离土地的这部分进城人员没有了土地的自给自足，一方面可以带动有效消费，另一方面则可以增加城镇的有效劳动力供给。

从城镇化水平来看，三峡库区城镇化率不断提升，三峡库区城镇化率由2007年的40.74%增长至2016年的57.64%。其中，2015年三峡库区城镇化率水平与全国城镇化率水平持平，至2016年超过全国水平（57.35%），但重点库区城镇化率仍然较低，至2016年也仅为50.48%，重庆市城镇化率高于全国和三峡库区平均水平。新型城镇化更多强调人的城镇化，随着三峡库区城镇化水平的提高，其配套的基本公共服务数量和质量均面临着更高的要求，因此应提高三峡库区基本公共服务供给质量。

从人口流动来看，随着重庆和三峡库区经济社会的发展，重庆市和三峡库区人口净流出呈减少趋势，但重点库区人口净流出呈增加趋势。2007年，重庆市人口净流出419万，三峡库区人口净流出241万，重点库区人口净流出181万；截至2016年，重庆市人口净流出减少至344万，三峡库区人口净流出减少至227万，重点库区人口净流出增长至215万（如表4-4所示）。由此可见，三峡库区人口数量流失特别严重，尤其是重点库区。经济发展水平，教育、医疗、基础设施、生活环境和就业机会等基本公共服务水平成为人民群众选择工作、生活地点的重要依据，因此，人民群众选择“用脚投票”来评价基本公共服务水平的优劣。此外，各地区互联互动水平的提高，一方面拉近了各地区的“距离”，另一方面也减少了人才流动的障碍，使得“用脚投票”成为可能。因此，推进三峡库区新型城镇化和吸引人才的重要途径之一就是提高三峡库区基本公共服务水平。

表4-4　2007—2016年三峡库区、重点库区、重庆市的人口流动与城镇化率情况

年份	重庆市/万人			三峡库区/万人			重点库区/万人			城镇化率/%			
	户籍人口	常住人口	人口流动	户籍人口	常住人口	人口流动	户籍人口	常住人口	人口流动	全国	重庆市	三峡库区	重点库区
2007	3 235	2 816	-419	1 487	1 245	-241	923	742	-181	45.89	48.00	40.74	35.24
2008	3 257	2 839	-418	1 498	1 255	-243	928	745	-184	46.99	50.00	42.70	36.96
2009	3 276	2 859	-417	1 509	1 263	-246	935	748	-187	48.34	52.00	44.54	38.65
2010	3 303	2 885	-418	1 518	1 288	-230	939	743	-196	49.95	53.00	47.13	40.75
2011	3 330	2 919	-411	1 532	1 295	-238	945	742	-202	51.27	55.00	49.72	42.85
2012	3 343	2 945	-398	1 538	1 299	-240	947	740	-207	52.57	57.00	51.67	44.70
2013	3 358	2 970	-388	1 545	1 302	-243	950	738	-212	53.73	58.00	53.15	46.13
2014	3 375	2 991	-384	1 553	1 309	-244	954	738	-216	54.77	60.00	54.60	47.61
2015	3 372	3 017	-355	1 550	1 317	-233	948	733	-215	56.10	61.00	56.10	49.00
2016	3 392	3 048	-344	1 558	1 331	-227	950	736	-215	57.35	63.00	57.64	50.48

4.2 三峡库区基本公共服务供给现状

现状分析的目的在于发现问题。揭示三峡库区基本公共服务供给过程中存在的问题，是推进基本公共服务供给侧结构性改革的基础保障。围绕基本公共服务指标体系，常修泽（2007）、丁元竹（2008）、刘成奎等（2011）、徐琴（2012）、曾红颖（2012）、杨光（2015）分别从不同的视角对基本公共服务的内涵进行阐述并构建了相关的评价指标体系，本节紧密联系三峡库区实际情况，在现有基本公共服务研究成果的基础上，借鉴《中共中央关于构建社会主义和谐社会若干重大问题的决定》和《中华人民共和国国民经济与社会发展第十二个五年规划纲要》，兼顾指标数据的可获得性原则，重点选取基础设施、基础教育、医疗卫生、社会保障、公共文化五大方面指标和21个二级指标进行三峡库区基本公共服务供给现状分析（如表4-5所示）。

表4-5 基本公共服务供给指标体系

总指标	一级指标	二级指标	计算方法
三峡库区基本公共服务供给现状	基础设施	公路密度（千米/平方千米）	公路里程①/土地面积
		等级公路里程占比	等级公路里程②/公路里程
		高速公路密度（千米/平方千米）	高速公路里程/土地面积
		高速公路里程占比	高速公路里程/公路里程
		人均财政农林水支出	财政农林水支出/乡村人口
	基础教育	万人普通中学学校数	普通中学学校数/常住人口
		普通中学生师比	普通中学在校学生数/普通中学专任教师数
		万人小学学校数量	小学学校数/常住人口
		小学生师比	小学在校学生数/小学专任教师数
		人均财政教育支出	财政教育支出/常住人口

① 公路里程是指报告期末公路的实际长度。统计范围：包括城间、城乡间、乡（村）间能行驶汽车的公共道路，公路通过城镇街道的里程，公路桥梁长度、隧道长度、渡口宽度。

② 等级公路是指报告期末公路技术等级达到四级及以上的公路。

表4-5(续)

总指标	一级指标	二级指标	计算方法
三峡库区基本公共服务供给现状	医疗卫生	万人医院、卫生院个数	医院、卫生院个数/常住人口
		万人卫生机构床位数	卫生机构床位数/常住人口
		万人执业（助理）医师数	执业（助理）医师/常住人口
		万人注册护士数	注册护士/常住人口
		人均财政卫生支出	财政卫生支出/常住人口
	社会保障	城镇登记失业率	城镇登记失业人员/（城镇从业人员+城镇登记失业人员）
		万人社会福利收养单位床位数	社会福利收养单位床位数/常住人口
		人均财政社会保障和就业支出	财政社会保障就业支出/常住人口
	公共文化	广播覆盖率	—
		电视覆盖率	—
		人均公共图书馆藏书册数（册）	公共图书馆藏书/常住人口

4.2.1 基础设施

基础设施是保障社会经济活动正常运行和生产发展的物质设施条件，是一切经济活动的基础。一方面基础设施建设是地方经济发展的基础，是保障三峡库区居民发展权的前提；另一方面基础设施的完善能实实在在地提高库区居民生产生活水平，能让库区居民真真切切体验和感受到基本公共服务。本书选择与三峡库区居民生产生活密切相关的道路基础设施和农林水投资指标进行横向和纵向分析。

1. 基础设施供给规模

在道路基础设施方面，本书选择公路密度和高速公路密度这类密度指标来衡量道路基础设施。相较于通常使用的人均公路里程（高速公路里程）指标，这类密度指标更能排除人口因素的影响，相对较为合理。

首先，从公路密度来看，重点库区公路密度>三峡库区公路密度>重庆市公路密度>全国公路密度，这表明三峡库区公路基础设施建设成效显著（如图4-6所示）。自三峡工程2009年如期完成初步设计建设任务以来，重庆市不断推进三峡库区道路交通基础设施建设，促进道路基础设施科学配置，三峡库区基础设施不断完善和提升，经济社会发展条件持续改善。总体来看，2007—2016年，三峡库区公路密度呈不断上升趋势。究其原因，一方面，随着《三峡后续工作规划》的推进，三峡库区得到了较多的资金支持，这对三峡库区基础设施改善起到了积极作用；另一方面，重庆市作为统筹城乡综合配套改革试验点，根据统筹城乡综合配套改革试验的要求，加强重点领域和关键环节的先行先试，建立了统筹城乡发展的体制机制，在城乡基础设施建设、公共服务一体化等方面取得了突破性进展，促进了公共资源在城乡之间的均衡配置，生产要素在城乡之间自由流动，推动了城乡经济社会发展融合。

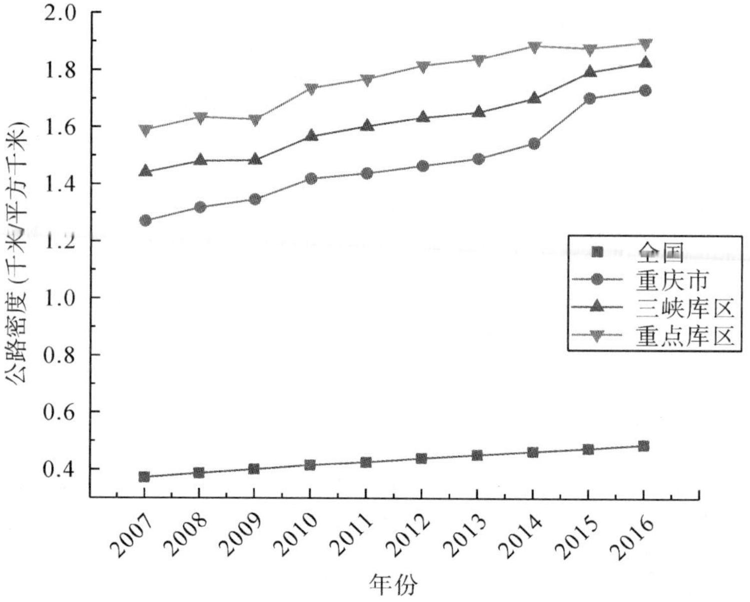

图 4-6　2007—2016 年三峡库区、重点库区、重庆市、全国的公路建设情况

其次，在高速公路密度方面，三峡库区高速公路密度>重庆市高速公路密度>重点库区高速公路密度>全国高速公路密度，这表明三峡库区高速公路建设成效显著，重点库区高速公路密度虽然高于全国平均水平，但与三峡库区和重庆市平均水平还有较大差距（如图 4-7 所示）。高速公路的建设对增强地区经济建设互联互通十分重要，随着三峡库区经济社会的发展，高速公路网络不断形成与完善。到 2013 年三峡库区所有区县已通达高速公路，拉近了各区县与外界、区县之间的相对“距离”，对三峡库区经济发展起着重要的支撑和带动作用。总体来看，三峡库区高速公路建设进展较快，对库区居民出行与经济发展发挥了重要作用。

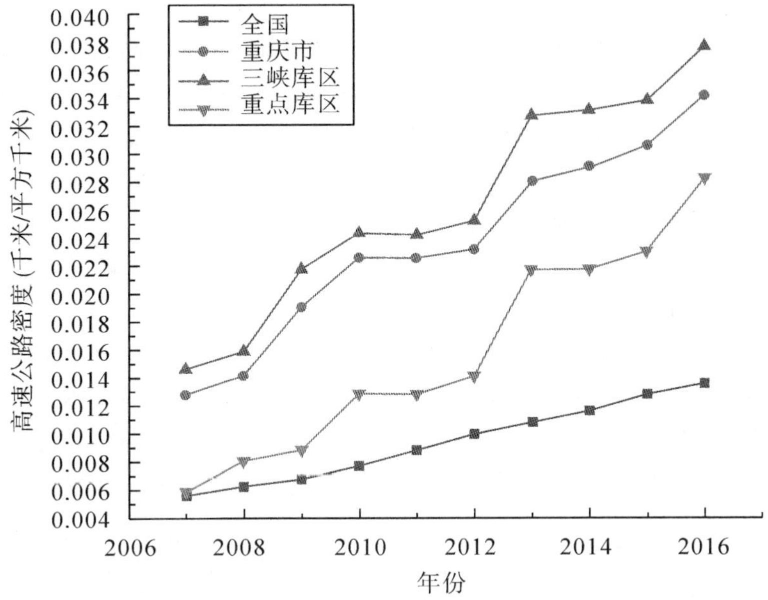

图 4-7　2007—2016 年三峡库区、重点库区、重庆市、全国的高速公路建设情况

2. 基础设施供给质量

从道路基础设施质量来看，近年来三峡库区整体道路基础设施建设规模较大，道路基础设施供给数量有较快增速。以公路密度为例，三峡库区的基础设施供给数量明显高于重庆市和全国平均水平，但从体现高级别和高质量的等级公路和高速公路来看，三峡库区道路基础设施供给质量仍然较低。

从等级公路占公路总里程的比值来看，2007—2016 年，全国等级公路占公路总里程的比值>重庆等级公路占公路总里程的比值>三峡库区等级公路占公路总里程的比值>重点库区等级公路占公路总里程的比值，三峡库区特别是重点库区的等级公路占比低于全国和重庆市平均水平。从高速公路占公路总里程的比值来看，2007—2012 年，全国高速公路占公路总里程的比值>重庆高速公路占公路总里程的比值>三峡库区高速公路占公路总里程的比值>重点库区高速公路占公路总里程的比值；2013—2016 年，全国高速公路占公路总里程的比值>三峡库区高速公路占公路总里程的比值>重庆高速公路占公路总里程的比值>重点库区高速公路占公路总里程的比值，2013 年前三峡库区高速公路占公路总里程的比值低于同期全国和重庆市平均水平，2013 年以来，三峡库区这一比值超过重庆市平均水平，但重点库区仍低于三峡库区、重庆市、全国平均水平（如表 4-6 所示）。总体来看，三峡库区道路基础设施虽然在供给数量上得到较大的提升，但在供给质量上的问题仍然突出。

农林水支出是农村基础设施建设的重要组成部分，对提高农村生产效率具有积极作用。总体来看，2007—2016 年三峡库区人均农林水支出呈递增趋势，由 2007 年的 201.75 元增长至 2016 年的 1 722.73 元。但相较于重庆市和全国平均水平，三峡库区人均农林水支出仍处于较低水平。以 2016 年为例，三峡库区人均农林水支出仅为全国水平的 54.65%，是重庆市平均水平的 56.43%，而重点库区这一比值则更低（如表 4-6 所示）。但是同期三峡库区特别是重点库区的城镇化水平相比重庆市和全国更低，库区第一产业产值所占比重更高，也就是说三峡库区农村人口的数量更多，农业在库区经济社会中发挥着更大作用，但对农林水的投入却远低于重庆市和全国平均水平。因此在基本公共服务供给过程中，三峡库区应加大对农村地区的投入，特别是重点库区的农村地区，以补齐农村基本公共服务短板来解决三峡库区城乡间以及地区间的不平衡。

表 4-6　2007—2016 年三峡库区、重点库区、重庆市、全国的基础设施情况

年份	等级公路占比/%				高速公路占比/%				人均农林水支出/元			
	全国	重庆市	三峡库区	重点库区	全国	重庆市	三峡库区	重点库区	全国	重庆市	三峡库区	重点库区
2007	70.75	47.71	47.06	33.93	1.50	1.00	0.93	0.37	476.21	384.41	201.75	166.61
2008	74.49	54.29	53.20	40.72	1.62	1.07	0.98	0.51	645.47	540.28	283.98	223.44
2009	79.16	63.28	62.19	51.86	1.69	1.42	1.46	0.57	974.85	906.21	475.16	376.65
2010	82.45	68.41	67.45	58.87	1.85	1.59	1.56	0.75	1 211.33	1 174.76	599.99	475.67
2011	84.10	70.52	69.44	62.34	2.07	1.57	1.50	0.71	1 513.58	1 514.93	852.85	703.86
2012	85.18	71.91	70.90	63.95	2.27	1.58	1.54	0.77	1 864.45	2 023.28	1 128.96	953.42
2013	86.21	73.55	72.42	65.55	2.40	1.88	2.03	1.23	2 120.29	2 279.22	1 347.84	1 181.27
2014	87.39	77.46	75.31	67.70	2.51	1.88	2.00	1.19	2 291.05	2 412.08	1 407.93	1 309.33
2015	88.40	79.60	79.28	73.56	2.70	1.80	1.87	1.23	2 880.14	2 812.65	1 644.01	1 516.52
2016	90.00	81.27	81.14	76.02	2.79	1.97	2.03	1.48	3 151.85	3 052.54	1 722.73	1 503.99

3. 基础设施空间结构

三峡库区基础设施与重庆市和全国平均水平存在不平衡问题，同时三峡库区内部各区县也存在不平衡问题，因此对三峡库区各区县基础设施的内部空间结构进行分析，有利于有针对性地推进基本公共服务供给侧结构性改革，补齐各区县基础设施短板，从而解决三峡库区基本公共服务供给不平衡和不充分问题。

从道路基础设施供给总量来看，2016 年长寿和忠县的公路密度最高，每平方千米有 2 千米以上公路：巫溪的公路密度最低，每平方千米仅有 1.32 千米公路，但巫溪的道路基础设施建设是库区增长速度最快的，2016 年比 2007 年增长了近一倍，开州和云阳公路密度增速最慢。

从道路基础设施供给质量来看，渝北区等级公路占比最高，在 2015 年全部公路均达到等级公路水平。其次为巫溪、长寿、万州、石柱和忠县，2016 年等级公路占比均在 90%以上。等级公路占比最低的为开州区，到 2016 年仅为 48.22%；等级公路建设最快的是万州、涪陵、忠县和奉节，2007 至 2016 年等级公路占比均实现了 50%以上的增长。

从高速公路占比来看，位于重庆主城的渝北和巴南高速公路占比明显高于其他区县。其次，2016 年万州、涪陵、长寿、江津和忠县这些沿江重要节点城市高速公路占比也达到 2%以上。位于三峡库区库腹地区的巫山、巫溪、奉节和开州四区县这一比值最小，均在 1%以下。究其原因，奉节、巫山到 2010 年高速公路才建成通车，丰都、巫溪到 2013 年才建成高速公路，可见库区高速公路建设仍存在较大的异质性，仍须不断完善和提升库区交通基础设施建设。

从人均农林水支出来看，以 2016 年为例，巫溪人均财政农林水支出最高，达 3 219.24 元，相比 2007 年人均财政农林水支出增加了 3 010.28 元；巫山、武隆、巴南人均财政农林水支出超过 2 000 元；开州和长寿人均财政农林水支出低于 1 000 元（如表 4-7 所示）。由于农林水支出对农村生产效率具有较大的影响，因此应加大对三峡库区，特别是农村地区的农村水投入。

表 4-7　2007—2016 年三峡库区基础设施情况

	年份	万州	涪陵	渝北	巴南	长寿	江津	丰都	武隆	忠县	开州	云阳	奉节	巫山	巫溪	石柱
公路密度①	2007	1.44	1.23	1.68	1.19	1.93	1.27	1.32	1.22	1.74	2.08	1.82	1.92	1.16	0.69	0.91
	2008	1.48	1.24	1.68	1.36	1.93	1.27	1.33	1.21	1.75	2.16	1.84	2.06	1.20	0.73	0.94
	2009	1.39	1.27	1.67	1.45	1.84	1.27	1.34	1.23	1.73	2.09	1.79	2.18	1.22	0.78	1.00
	2010	1.52	1.48	1.53	1.45	2.16	1.28	1.41	1.28	1.73	2.10	1.89	2.27	1.49	0.88	1.01
	2011	1.69	1.49	1.70	1.45	2.23	1.28	1.45	1.28	1.75	2.10	1.90	2.27	1.52	0.89	1.05
	2012	1.69	1.55	1.70	1.47	2.26	1.29	1.49	1.28	2.02	2.10	1.90	2.27	1.53	0.89	1.08
	2013	1.69	1.60	1.72	1.51	2.27	1.29	1.56	1.31	2.07	2.10	1.90	2.27	1.53	0.90	1.09
	2014	1.69	1.67	1.80	1.55	2.32	1.33	1.63	1.35	2.15	2.11	1.91	2.33	1.61	0.97	1.13
	2015	1.87	1.80	1.70	1.82	2.43	1.61	1.91	1.52	2.05	1.99	1.81	1.97	1.63	1.28	1.54
	2016	1.89	1.84	1.84	1.83	2.44	1.65	1.95	1.58	2.11	1.99	1.81	1.97	1.64	1.32	1.58

① 公路密度：千米/平方千米。

表4-7(续)

指标	年份	万州	涪陵	渝北	巴南	长寿	江津	丰都	武隆	忠县	开州	云阳	奉节	巫山	巫溪	石柱
等级公路占比/%	2007	35.43	30.95	65.59	50.82	87.98	65.32	28.91	49.86	39.27	34.24	29.63	22.22	50.76	58.13	56.80
	2008	37.07	43.17	69.46	60.82	87.98	65.77	32.90	52.04	47.52	37.65	37.20	31.03	59.24	71.30	64.85
	2009	53.29	59.94	75.49	59.32	90.81	66.19	38.07	69.42	52.60	41.53	56.49	39.74	73.26	83.72	73.07
	2010	61.19	73.75	78.27	59.37	93.76	67.20	46.89	76.81	58.07	44.14	60.65	43.42	82.85	89.61	75.81
	2011	67.89	75.34	79.17	61.43	94.31	67.39	53.80	71.86	66.31	45.11	61.89	44.07	84.34	90.14	78.60
	2012	68.71	77.20	79.55	65.55	94.74	67.71	56.75	72.37	72.04	45.56	62.47	44.21	84.69	90.72	81.22
	2013	69.28	80.49	80.91	68.17	95.24	70.71	61.18	73.98	73.64	46.31	63.03	45.06	85.44	90.81	82.02
	2014	69.45	86.84	84.16	78.20	95.42	78.97	65.53	75.32	74.67	46.66	64.22	47.86	86.36	91.87	84.18
	2015	94.29	86.74	100.00	69.87	95.46	62.04	56.64	78.98	88.69	45.06	59.40	75.10	82.56	98.51	95.81
	2016	94.55	87.65	100.00	74.83	96.52	62.97	60.09	79.62	91.34	48.22	65.76	75.17	85.35	98.72	96.26
	年份	万州	涪陵	渝北	巴南	长寿	江津	丰都	武隆	忠县	开州	云阳	奉节	巫山	巫溪	石柱
高速公路占比/%	2007	1.08	0.52	4.27	4.08	2.70	0	0	0	1.13	0.23	0	0	0	0	0
	2008	1.92	0.52	4.18	3.61	2.67	0.22	0	0	1.12	0.22	0.30	0	0	0	0
	2009	1.96	0.54	4.46	4.73	2.77	1.33	0	1.85	1.53	0.23	0.31	0	0	0	2.19
	2010	1.79	0.46	4.85	4.74	2.65	1.32	0	1.77	1.53	0.23	0.60	0.76	0.59	0	2.17
	2011	1.61	0.46	4.78	4.15	2.56	1.36	0	1.77	1.52	0.23	1.03	0.58	0.29	0	2.10
	2012	1.61	0.44	4.78	4.10	2.54	1.79	0	1.77	1.31	0.23	1.03	0.58	0.95	0	2.03
	2013	1.59	2.76	4.76	6.06	2.52	1.76	1.15	2.32	1.28	0.23	1.06	0.83	0.95	0.66	2.53
	2014	1.59	2.64	4.56	5.96	2.47	2.13	1.10	2.25	1.24	0.23	1.05	0.81	0.90	0.62	2.43
	2015	1.44	2.45	4.82	5.07	2.36	1.77	0.94	1.99	1.29	0.76	1.11	0.96	0.89	0.47	1.78
	2016	2.18	2.40	4.45	5.03	2.35	2.19	1.13	1.92	2.39	0.76	1.11	0.96	0.89	0.45	2.27
	年份	万州	涪陵	渝北	巴南	长寿	江津	丰都	武隆	忠县	开州	云阳	奉节	巫山	巫溪	石柱
人均农林水支出/元	2007	172.86	255.18	303.70	198.01	208.94	140.45	145.53	424.80	151.03	137.28	158.48	103.86	208.63	208.96	208.52
	2008	242.47	240.47	385.74	286.14	266.36	188.55	236.71	591.62	222.67	158.12	208.84	198.45	279.81	327.14	426.67
	2009	379.58	561.78	534.11	954.93	400.18	347.45	489.88	782.95	273.57	317.01	298.36	280.83	412.22	541.50	553.10
	2010	397.49	550.40	621.91	943.61	525.17	499.89	450.45	1 229.62	529.88	458.53	468.14	398.07	552.39	707.29	666.93
	2011	721.09	904.15	1 167.46	854.60	907.23	659.95	727.34	1 768.88	598.22	603.23	616.66	587.20	873.01	872.18	931.56
	2012	1 269.32	1 157.61	1 128.29	1 081.14	984.81	916.64	1 068.02	2 233.05	737.95	691.62	851.14	822.74	1 029.00	1 453.37	1 509.63
	2013	1 128.00	1 389.66	1 511.32	1 229.67	957.92	958.37	1 487.72	2 587.81	839.65	949.43	902.36	1 091.14	1 662.24	1 808.97	1 713.37
	2014	1 360.74	1 771.11	1 402.95	1 157.50	924.64	1 042.93	1 547.59	2 474.88	870.15	1 168.58	1 091.20	1 135.67	1 529.59	1 822.53	1 818.93
	2015	1 387.67	2 273.73	2 302.69	1 283.28	990.54	1 146.54	1 728.69	2 496.74	1 210.51	1 273.55	1 188.49	1 300.84	1 768.67	2 451.42	1 856.77
	2016	1 650.18	1 405.66	1 565.27	2 033.09	854.61	1 575.54	1 597.95	2 794.75	1 935.39	727.53	1 448.53	1 209.90	2 056.81	3 219.24	1 766.56

4.2.2 基础教育

基础教育是基本公共服务的重要内容，是提升公民基本素质教育的主要途径之一，也是高素质劳动力供给的重要保障。一方面，基础教育能够提升公民基本素质，增强其对基本公共服务供给政策的认知程度和参与程度，进而提升其基本服务获得感和满意度；另一方面，基础教育的完善能够提升三峡库区居民收入水平，进而影响其基本公共服务需求。

1. 基础教育供给规模

对三峡库区、重点库区与重庆市、全国平均水平的横向比较，有助于了解三峡库区基础教育发展水平与层次。在人均财政教育支出方面，从增速来看，由于国家大力普及和巩固义务教育基础，2007—2016 年，三峡库区人均财政教育支出不断增长，由 2007 年的 337. 39 元增长至 2016 年的 1 686. 54 元，相较于 2007 年，2016 年三峡库区人均财政教育支出是 2007 年的 5 倍，重点库区为 4. 8 倍，增速高于同期的重庆市水平（4. 4 倍）和全国水平（3. 8 倍）。从绝对量来看，三峡库区人均财政教育支出远低于重庆市和全国平均水平，且绝对差距逐渐扩大，2007 年全国平均人均财政教育支出比三峡库区高 201. 66 元，重庆市平均水平比三峡库区高 94. 25 元，但到 2016 年这一差距分别扩大为 343. 74 元和 200. 54 元（如图 4-8 所示）。

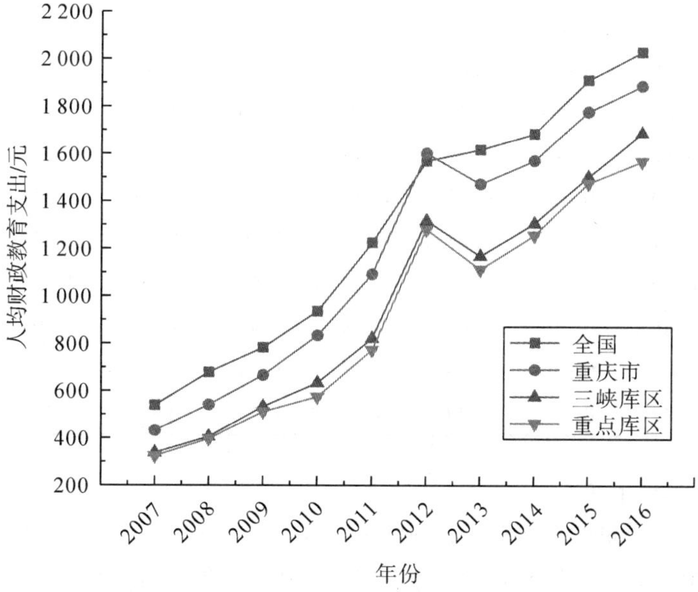

图 4-8 2007—2016 年三峡库区、重点库区、重庆市、全国的人均财政教育支出情况

在每万人普通中学和小学学校数方面，从趋势来看，近年来全国中小学合并，特别是农村小学撤点合并使得三峡库区与重庆市、全国一样，在中小学学校数量上呈下降趋势。2007—2016 年，三峡库区和重点库区中学数量减少比例分别为 14.45%和 12.20%，低于重庆市（23.97%）和全国水平（16.31%）；但三峡库区（69.81%）和重点库区（72.65%）小学学校数量的减少幅度大于重庆市（65.55%）和全国水平（46.97%），10 年间三峡库区小学数量减幅为 70%左右。从绝对数量上来看，2007—2016 年，三峡库区和重点库区每万人普通中学学校的减少数量分别为 0.07 所和 0.06 所，低于重庆市（0.12 所）和全国（0.09 所）；但三峡库区（2.65 所）和重点库区（3.02 所）每万人普通小学学校的减少数量明显高于重庆市（0.19 所）和全国（0.14 所）平均水平（如表 4-8 所示）。总体来看，三峡库区中学学校数量变化小于重庆市和全国平均水平，小学学校数量变化高于重庆市和全国平均水平，就三峡库区本身来看，小学学生数量变化大于中学学校数量变化。中小学学校数量的减少是否对三峡库区基础教育水平产生影响，关键要看教师数量和教师水平是否同样减少。

表 4-8　2007—2016 年三峡库区、重点库区、重庆市、全国的中小学学校数量情况

年份	每万人普通中学学校数量/所				每万人普通小学学校数量/所			
	全国	重庆市	三峡库区	重点库区	全国	重庆市	三峡库区	重点库区
2007	0.57	0.48	0.50	0.53	2.42	2.84	3.80	4.16
2008	0.55	0.47	0.48	0.51	2.27	2.67	3.60	3.99
2009	0.53	0.46	0.47	0.49	2.10	2.48	3.42	3.84
2010	0.51	0.44	0.46	0.49	1.92	1.92	2.71	3.05
2011	0.50	0.43	0.45	0.49	1.79	1.80	2.59	2.93
2012	0.49	0.42	0.45	0.49	1.69	1.63	2.44	2.72
2013	0.49	0.40	0.44	0.48	1.57	1.59	2.45	2.67
2014	0.48	0.39	0.44	0.48	1.47	1.53	2.39	2.54
2015	0.48	0.39	0.44	0.48	1.39	1.38	2.11	2.21
2016	0.47	0.37	0.43	0.47	1.28	0.98	1.15	1.14

2. 基础教育质量

基础教育质量的根本在于教师队伍，接下来将从中小学生师比的角度对三峡库区基础教育质量展开分析。生师比是指在校学生数与学校专任教师数的比例，在一定程度上既反映了教育规模的大小、人力资源利用效率，又反映了学校的办学质量。通常情况下，生师比值越大说明教师资源越紧缺，相应的教育质量越差；反之，生师比越小表明教师资源相对丰裕，教育质量越好。从变化趋势上看，2007—2016 年三峡库区、重点库区与重庆市、全国中小学生师比平均水平整体上呈逐渐缩小趋势，这表明近年来随着教育资源向基础教育的倾斜，特别是中小学师资队伍的加强，我国基础教育质量得到不断改善。

从横向比较来看，2007—2011 年重点库区中学生师比>三峡库区中学生师比>重庆市中学生师比>全国中学生师比，2012—2016 年重点库区中学生师比>重庆市中学生师比>三峡库区中学生师比>全国中学生师比，2012 年以来三峡库区中学生师比低于重庆市平均水平，但仍高于全国平均水平，重点库区中学生师比一直高于重庆市和全国水平；在小学生师比方面，2009 年以来重庆市小学生师比低于全国平均水平，2010 年以来三峡库区小学生师比水平低于重庆市水平，截至 2016 年重点库区小学生师比低于全国水平（如表 4-9 所示）。

从纵向比较来看，三峡库区小学生师比由 2007 年的 20.1 下降至 2016 年的 16.25，下降了 3.85；中学生师比由 2007 年的 18.98 下降至 2016 年的 13.89，下降了 5.09，中学生师比和小学生师比下降幅度均高于重庆市和全国平均水平，特别是重点库区中小学生师比下降幅度最大。总体来看，三峡库区中学生师比变化幅度大于小学生师比变化幅度，且中学生师比明显低于小学生师比。

表 4-9　2007—2016 年三峡库区、重点库区、重庆市、全国的中小学生师比情况

年份	小学生师比				普通中学生师比			
	全国	重庆市	三峡库区	重点库区	全国	重庆市	三峡库区	重点库区
2007	18.82	20.00	20.10	22.50	17.00	18.50	18.98	20.21
2008	18.38	18.83	19.44	21.86	16.43	18.73	19.20	20.47
2009	17.88	17.72	17.90	20.14	15.89	18.52	18.55	19.75
2010	17.70	17.23	17.16	19.21	15.49	18.04	18.10	19.36
2011	17.71	16.95	16.74	18.55	15.08	17.23	17.23	18.59
2012	17.36	17.04	16.58	17.96	14.53	16.21	16.15	17.25
2013	16.76	17.27	16.71	17.85	13.86	15.45	15.33	16.33
2014	16.78	17.48	16.83	17.89	13.51	14.91	14.84	15.72
2015	17.05	17.44	16.67	17.56	13.21	14.32	14.21	14.94
2016	17.12	17.05	16.25	17.10	13.03	14.02	13.89	14.60

3. 基础教育空间结构

在基础教育投入方面，整体来看，2007—2016 年三峡库区各区县人均财政教育支出呈上升趋势。截至 2016 年，武隆、巫溪、忠县和石柱四个区县人均财政教育支出高于其他区县，人均财政教育支出达到了 2 000 元以上，且高于同期重庆市和全国平均水平，渝北区和开州区人均财政教育支出相对较低，低于 1 000 元；从变动幅度来看，2007 到 2016 年忠县和武隆人均财政教育支出增长幅度最大，分别为原来的 8.83 倍和 8.67 倍，其次为石柱（7.72 倍）；从绝对量来看，2007 到 2016 年武隆人均财政教育支出增长量最大，开州人均财政教育支出增长量最少，2016 年武隆人均财政教育支出为 2 999.62 元，是同期开州的 3.35 倍，可见三峡库区基础教育投入仍存在严重的不平衡问题。

在每万人普通中学学校数方面，2007—2016 年三峡库区各区县每万人普通中学学校数变化幅度相对较小，截至 2016 年丰都每万人普通中学学校数最高，达到了 0.7 所，渝北最低，为 0.27 所。学校数量的差距只能说明基础教育规模的差异，但三峡库区基础教育更欠缺的是教育质量，从代表基础教育质量的生师比来看，2007—2016 年三峡库区各区县中学教育质量均有所提升，截至 2016 年长寿中学生师比最低为 10.39，其次为巴南（11.97）和渝北（12.67），丰都生师比最高，为 16.14，这说明在中学教育方面，渝北虽然教育规模上赶不上丰都，但其教育质量却远远高于丰都，整体来看经济发展水平较高的区县的中学教育质量也相对较高。

在每万人普通小学学校数方面，2007—2016 年三峡库区各区县每万人普通小学学校数均呈下降趋势，截至 2016 年巫山和巫溪每万人普通小学学校数最高，为 1.98 所，最低的为万州，为 0.52 所，每万人普通小学学校数在 1 所以上的有 8 个区县。从小学生师比来看，2007—2016 年渝北、巴南、涪陵、江津以等库腹地区及万州小学生师比呈先下降后上升趋势，而渝东北库尾地区小学生师比呈不断下降趋势，究其原因在于近年来随着重庆主城及周边的库尾地区经济快速发展吸引了大量的外来人口，从 2016 年人口流动来看，位于重庆主城的渝北和巴南为净流入地区，分别为 35 万人和 14 万人，分别占了当地人口的 28%和 15%；而渝东北库腹地区净流出人口较大，其中 2016 年云阳人口净流出 44 万人，开州人口净流出 52 万人，分别占了总人口的 32%和 30%，也就是说约有 1/3 的人口外出工作或生活（如表 4-10 所示）。

总体来看，三峡库区基础教育规模与教育质量呈反向变动关系，主城周边的库腹地区基础教育投入和规模比库尾地区更小，但教育质量则相对较高。

表 4-10　2007—2016 年三峡库区基础教育情况

	年份	万州	涪陵	渝北	巴南	长寿	江津	丰都	武隆	忠县	开州	云阳	奉节	巫山	巫溪	石柱
每万人普通中学学校数/所	2007	0.43	0.60	0.53	0.56	0.36	0.44	0.84	0.41	0.40	0.56	0.61	0.43	0.38	0.43	0.51
	2008	0.41	0.58	0.54	0.55	0.35	0.43	0.72	0.41	0.41	0.55	0.59	0.43	0.38	0.43	0.47
	2009	0.40	0.56	0.51	0.53	0.36	0.43	0.65	0.35	0.40	0.53	0.58	0.42	0.40	0.43	0.46
	2010	0.38	0.53	0.34	0.47	0.36	0.44	0.69	0.34	0.40	0.51	0.61	0.41	0.40	0.46	0.51
	2011	0.38	0.51	0.34	0.42	0.36	0.39	0.66	0.34	0.40	0.52	0.60	0.41	0.41	0.46	0.51
	2012	0.37	0.50	0.29	0.40	0.37	0.40	0.67	0.34	0.40	0.51	0.61	0.42	0.42	0.47	0.51
	2013	0.37	0.46	0.28	0.40	0.36	0.40	0.66	0.34	0.41	0.49	0.59	0.43	0.43	0.48	0.53
	2014	0.36	0.41	0.28	0.39	0.36	0.34	0.67	0.32	0.39	0.55	0.59	0.43	0.43	0.46	0.56
	2015	0.36	0.42	0.28	0.40	0.35	0.32	0.69	0.32	0.38	0.55	0.59	0.44	0.43	0.49	0.57
	2016	0.36	0.42	0.27	0.36	0.35	0.32	0.70	0.32	0.38	0.54	0.49	0.45	0.42	0.51	0.55
	年份	万州	涪陵	渝北	巴南	长寿	江津	丰都	武隆	忠县	开州	云阳	奉节	巫山	巫溪	石柱
普通中学生师比	2007	20.07	16.19	14.37	16.97	16.20	17.28	18.23	17.96	18.44	21.35	25.75	22.51	19.14	20.43	19.87
	2008	20.27	16.84	14.48	16.65	16.49	17.57	19.79	19.03	18.83	21.14	25.06	23.57	18.25	19.95	20.02
	2009	19.74	16.87	14.11	15.79	16.80	16.27	19.13	18.57	18.13	19.84	23.91	22.39	17.99	18.43	20.36
	2010	19.35	16.25	13.89	15.43	15.38	15.94	18.28	18.57	17.91	19.64	23.90	21.66	17.92	16.92	20.46
	2011	18.99	15.57	13.97	14.08	13.86	15.24	17.08	18.59	18.01	18.23	23.37	20.43	17.06	15.47	18.50
	2012	18.04	14.46	13.89	13.81	12.80	15.23	16.62	17.19	16.95	16.09	20.21	19.83	15.77	14.40	16.97
	2013	17.39	13.99	13.80	13.51	11.89	14.44	16.03	16.31	16.06	15.50	18.52	17.82	15.32	13.68	15.76
	2014	16.32	13.95	13.62	13.06	11.35	14.37	16.16	15.14	14.89	14.96	17.41	17.27	14.82	14.04	15.28
	2015	15.05	13.13	13.00	12.47	10.54	13.92	16.04	15.07	13.62	15.18	15.97	16.54	14.03	13.76	14.80
	2016	14.08	12.88	12.67	11.97	10.39	14.05	16.14	14.58	13.99	15.01	15.42	15.42	13.88	13.45	14.40
	年份	万州	涪陵	渝北	巴南	长寿	江津	丰都	武隆	忠县	开州	云阳	奉节	巫山	巫溪	石柱
每万人小学学校数/所	2007	1.89	1.49	1.70	1.38	1.63	3.74	2.74	3.20	5.90	5.46	5.10	5.00	5.69	6.22	5.82
	2008	1.60	1.36	1.64	0.67	1.35	3.88	2.80	2.91	5.69	4.91	5.63	4.51	5.43	5.80	5.79
	2009	1.58	1.13	1.55	0.65	1.15	4.28	2.62	2.81	5.43	4.38	5.99	4.05	5.50	5.30	4.89
	2010	1.19	1.01	0.88	0.66	0.96	1.71	2.53	2.39	3.01	3.77	4.33	3.72	4.85	5.26	4.36
	2011	1.18	0.99	0.74	0.64	0.46	1.42	2.24	2.41	2.99	3.85	3.71	3.69	4.84	5.32	4.40
	2012	1.00	0.97	0.65	0.56	0.44	1.34	2.21	2.29	3.05	3.23	2.93	3.41	4.99	5.39	4.08
	2013	0.99	0.94	0.52	0.59	0.86	1.34	2.19	2.29	3.09	2.84	2.83	3.36	5.09	5.48	4.41
	2014	0.89	0.93	0.52	0.56	0.87	1.27	2.14	2.27	2.92	2.73	2.83	3.17	4.74	5.56	4.49
	2015	0.53	0.92	0.54	0.58	0.82	0.73	2.15	2.28	1.40	2.57	2.83	3.00	4.28	4.40	4.55
	2016	0.52	0.91	0.54	0.56	0.81	0.71	1.09	1.65	1.38	0.83	1.15	1.24	1.98	1.98	1.85

表4-10(续)

指标	年份	万州	涪陵	渝北	巴南	长寿	江津	丰都	武隆	忠县	开州	云阳	奉节	巫山	巫溪	石柱
普通小学生师比	2007	20.88	16.72	16.14	15.96	18.81	21.51	22.66	15.31	20.78	22.78	25.03	25.41	25.77	15.76	18.02
	2008	20.47	15.19	15.90	15.17	17.51	21.76	22.91	14.56	19.90	22.68	22.61	24.06	27.10	14.49	17.35
	2009	19.48	14.19	15.77	14.79	16.00	18.52	20.06	13.88	18.40	20.53	22.00	22.60	23.84	12.98	15.48
	2010	18.26	13.58	15.77	14.91	14.09	18.14	20.39	13.36	17.64	20.37	21.43	20.49	21.50	12.51	15.04
	2011	17.66	14.23	15.61	14.92	14.33	17.48	21.06	13.27	17.51	19.15	18.62	19.25	20.95	12.00	15.04
	2012	17.24	15.44	15.67	15.40	14.82	17.75	20.63	13.83	19.26	18.32	16.24	18.19	18.39	12.47	15.13
	2013	17.14	15.90	16.30	16.11	15.21	18.03	20.12	14.66	20.49	18.57	15.55	16.88	18.12	12.52	15.02
	2014	17.71	17.01	16.68	16.63	14.91	18.61	19.38	15.08	21.20	18.68	15.24	16.59	17.36	12.64	14.75
	2015	18.11	17.30	17.17	17.15	14.56	18.48	18.79	15.02	19.69	18.71	14.86	16.36	16.64	12.98	14.28
	2016	18.72	18.08	17.46	17.16	13.72	18.63	17.23	14.19	19.24	18.10	14.09	15.44	15.87	12.66	13.18
	年份	万州	涪陵	渝北	巴南	长寿	江津	丰都	武隆	忠县	开州	云阳	奉节	巫山	巫溪	石柱
人均财政教育支出/元	2007	299.00	355.17	330.16	388.30	343.05	299.15	254.61	345.87	275.09	361.13	361.40	327.73	353.32	418.44	348.40
	2008	368.82	444.63	402.69	470.25	382.45	360.25	339.10	388.99	367.21	428.07	339.32	436.77	445.71	422.48	483.18
	2009	510.68	570.03	510.35	632.85	526.72	481.73	487.70	575.82	491.18	539.02	440.40	515.33	530.74	543.80	632.75
	2010	526.11	683.75	487.28	825.97	862.87	595.90	494.69	646.81	495.50	600.72	588.50	582.96	624.50	641.58	847.63
	2011	726.31	836.90	677.55	978.26	777.90	805.72	572.43	884.42	683.33	752.22	761.09	993.25	850.01	901.15	1 109.65
	2012	1 205.31	1 498.30	1 143.62	1 178.80	1 277.95	1 032.23	1 233.14	1 521.93	1 097.06	1 149.60	1 229.10	1 388.47	1 441.50	1 386.64	1 973.94
	2013	963.70	1 486.36	833.97	1 223.17	897.45	1 074.51	796.20	1 357.01	901.72	1 149.55	956.27	1 389.94	1 253.75	1 255.20	1 986.29
	2014	990.71	1 470.66	753.95	1 207.64	932.42	1 154.41	1 212.60	1 764.55	1 062.09	1 201.75	1 196.94	1 463.74	1 449.06	1 643.77	2 082.76
	2015	1 140.60	1 480.99	965.71	1 195.33	1 119.01	1 452.13	1 488.15	1 831.21	1 206.24	1 470.89	1 544.51	1 772.52	1 702.96	1 831.15	2 330.61
	2016	1 275.66	1 480.36	990.37	1 181.22	1 251.16	1 511.61	1 192.05	2 999.62	2 430.51	896.14	1 644.20	1 846.02	1 776.36	2 133.93	2 688.81

4.2.3 医疗卫生

医疗卫生是关乎每个公民切身利益的重要问题，也是构建和谐社会的重要内容，让公众享有良好的医疗卫生服务，是地方政府的一项基本职责。

1. 医疗卫生规模

在人均财政医疗卫生支出方面，从整体变化趋势来看，2007—2016 年三峡库区人均财政医疗卫生支出呈不断上升趋势，由 2007 年的 99.98 元增长至 2016 年的 1 152.56 元。2016 年三峡库区人均财政医疗卫生支出为 2007 年的 11.53 倍，重点库区人均财政医疗卫生支出为 2007 年的 12.94 倍，其增长速度远高于同期的重庆市水平（9.01 倍）和全国水平（6.32 倍）。从绝对量来看，重庆人均财政医疗卫生支出于 2011 年超过全国平均水平，三峡库区于 2016 年超过重庆市平均水平，重点库区于2010年超过三峡库区平均水平（如图4-9所示）。总体来看，2007—2016年三峡库区在医疗卫生方面投入力度较大，这对三峡库区医疗卫生条件改善起到了积极作用。

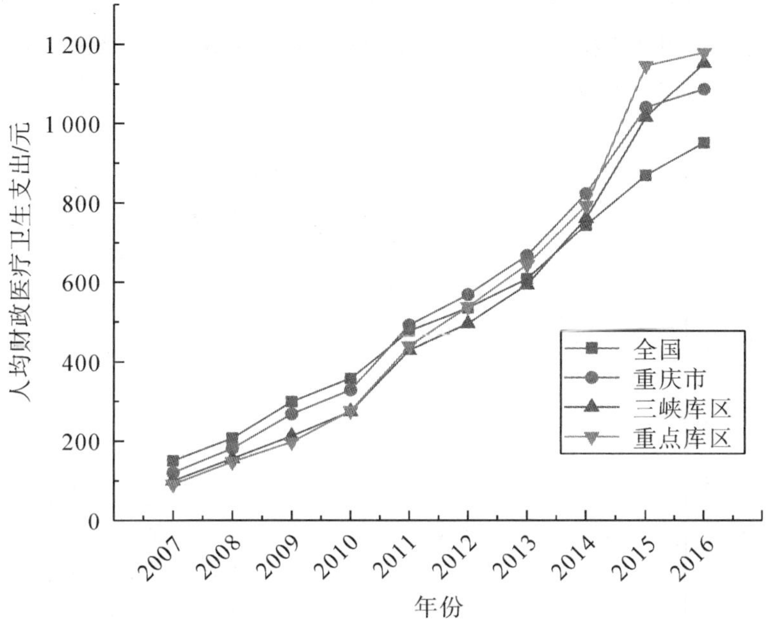

图4-9 2007—2016年三峡库区、重点库区、重庆市、全国的人均财政医疗卫生支出情况

在每万人医疗卫生机构数方面，由于统计口径的差异，2007—2010年重庆市和三峡库区每万人医疗卫生机构数明显低于全国平均水平，2011—2016年三峡库区每万人医疗卫生机构数高于重庆市平均水平。截至2016年重点库区每万人医疗卫生机构数为7.63个，三峡库区为7.47个，重庆市平均为6.54个，全国平均为7.11个（如图4-10所示）。由于各医疗卫生机构的类别和级别不同，我们不能仅凭机构数量来分析判断，不可以盲目地将三级医院、社区卫生服务中心或村卫生室“一刀切”地视为医疗机构，这是因为它们的设施设备、医疗队伍、病患容量和技术水平等存在着较大差异。从质量上来看，根据国家卫生和计划生育委员会网站公开数据，截至2018年重庆市共有11家三级甲等医院（不包括军队医院、中医院），三峡库腹地区仅2家（重庆市三峡中心医院、重庆市涪陵中心医院），可见三峡库区医疗卫生质量整体偏低，区域间基本公共卫生资源数量与质量还存在着较大差距。从医院、卫生院占全部医疗机构比重来看，三峡库区公共医疗机构资源仍然匮乏。以2016年为例，三峡库区医院、卫生院占全部医疗机构的比重仅为8%，重点库区这一比例为9%。由此可见公共医疗卫生资源在三峡库区整体医疗卫生保障体系中仍然紧缺，这也说明了私人市场资源在三峡库区医疗卫生服务中的重要作用。我们在万州区分水镇调研了解到，当地70%的城乡居民患一般疾病后更愿意选择到私人诊所就医，因此应积极构建以政府为主导，私人企业、个人和非营利性组织多元合作的医疗卫生服务体系。

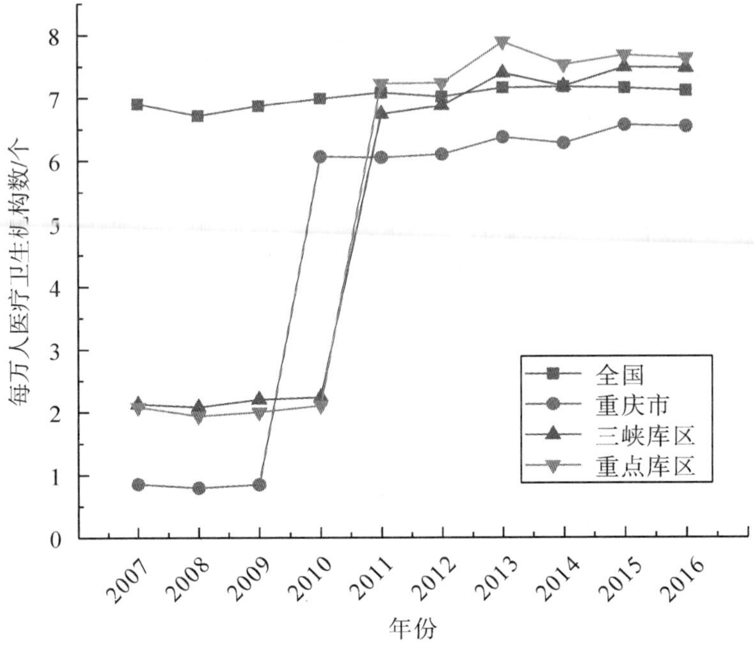

图4-10　2007—2016年三峡库区、重点库区、重庆市、全国的每万人医疗卫生机构数情况

在每万人医疗机构床位数方面，从整体变化趋势来看，2007—2016年三峡库区每万人医疗机构床位数呈不断上升趋势，由2007年的20.16张增长至2016年的50.27张。2016年三峡库区人均财政医疗卫生支出是2007年的2.84倍，其增长速度高于同期的重庆市水平（2.36倍）和全国水平（1.9倍）。从绝对量来看，重庆每万人医疗机构床位数于2010年超过全国平均水平，三峡库区和重点库区于2013年超过全国平均水平，但均低于重庆市平均水平（如图4-11所示）。总体来看，2007—2016年三峡库区在医疗卫生硬件设施方面增速较快，在绝对量上已达到了全国同期平均水平，但仍处于重庆市较低水平。

人均财政医疗卫生支出、医疗卫生机构和床位数只反映出三峡库区医疗卫生条件的一方面，从投入和硬件设备来看三峡库区医疗卫生已经达到甚至超过全国或重庆市平均水平，但三峡库区更缺乏的是医疗卫生人才，人才是医疗卫生供给和服务的主体。基于此，下文将从人才的角度对三峡库区医疗卫生供给质量状况展开分析。

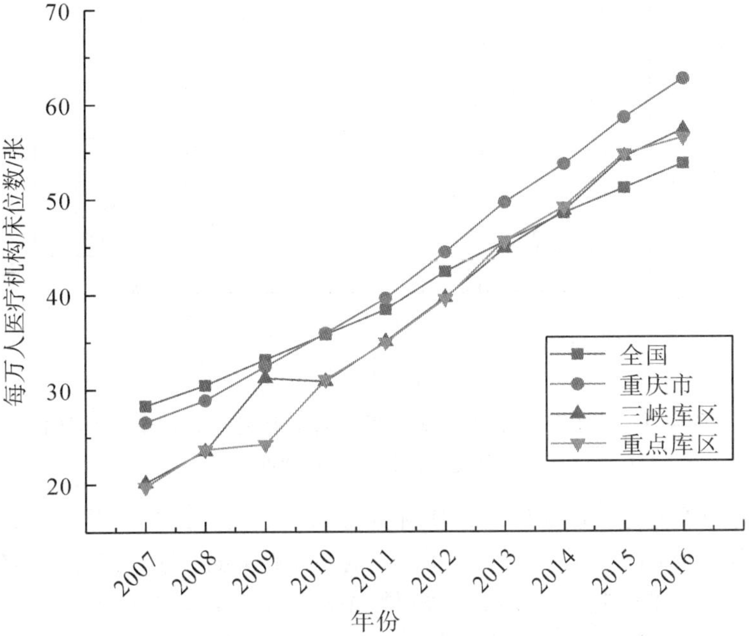

图 4-11　2007—2016 年三峡库区、重点库区、重庆市、全国的每万人医疗机构床位数情况

2. 医疗卫生质量

上文从医疗卫生的硬件条件方面进行了分析，接下来从医护人员等软实力方面展开分析。卫生技术人力资源的合理配置是医疗卫生质量的基本保障，卫生技术人员缺乏通常被认为是阻碍医疗服务实施的重要原因之一，也是医疗卫生管理改革的重要内容。

在每万人拥有卫生技术人员数方面，2007—2016 年三峡库区呈不断上升趋势，但在绝对数量方面仍然低于重庆市和全国平均水平，2007 年三峡库区每万人拥有卫生技术人员为 24. 29 人，到 2016 年增长至 47. 71 人；2007 年重庆市每万人拥有卫生技术人员较三峡库区多 5. 45 人，到 2016 年这一差距扩大为 11. 13 人（如图 4-12 所示）。由于三峡库区整体基本公共服务水平较低，以至于对高层次医疗卫生人员的吸引力不足。

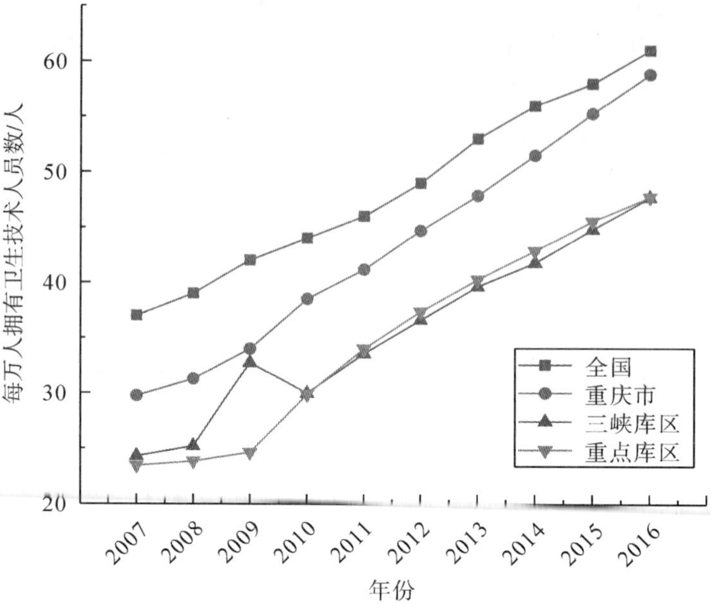

图 4-12　2007—2016 年三峡库区、重点库区、重庆市、全国的卫生技术人员人数情况

在每万人拥有执业（助理）医师数方面，从横向比较来看，三峡库区明显低于全国和重庆市平均水平，且这一绝对差距有逐年扩大趋势，2007 年三峡库区每万人拥有执业（助理）医师数相比较重庆市和全国平均水平分别少 2.24 人和 4.48 人，截至 2016 年这一绝对差距扩大至 3.24 人和 5.01 人；从纵向比较来看，2007 年三峡库区每万人拥有执业（助理）医师数为 11.52 人，重点库区为 11.59 人，截至 2016 年这一指标分别增长至 17.99 人和 18.13 人，分别上涨为 6.47 人和 6.54 人，低于同期重庆市（7.47 人）和全国（7 人）平均水平（如图 4-13 所示）。

在每万人拥有注册护士数方面，从纵向比较来看，三峡库区每万人拥有注册护士数由 2007 年的 5.98 人增长至 2016 年的 19.26 人，2016 年三峡库区每万人拥有注册护士数是 2007 年的 3.22 倍，高于同期重庆市（2.08 倍）和全国（2.99 倍）平均水平。从横向绝对量来看，三峡库区每万人拥有注册护士数仍低于重庆市和全国平均水平，2007 年三峡库区每万人拥有注册护士数仅为全国这一指标的 49.82%，为重庆市这一指标的 70.23%，截至 2016 年三峡库区每万人拥有注册护士数分别为全国和重庆市的 77.03%和 75.77%（如图 4-14 所示）。由此可见，虽然三峡库区每万人拥有注册护士数与重庆市和全国水平存在着一定的差距，但这种差距随着三峡库区医疗卫生条件的改善正在不断缩小。

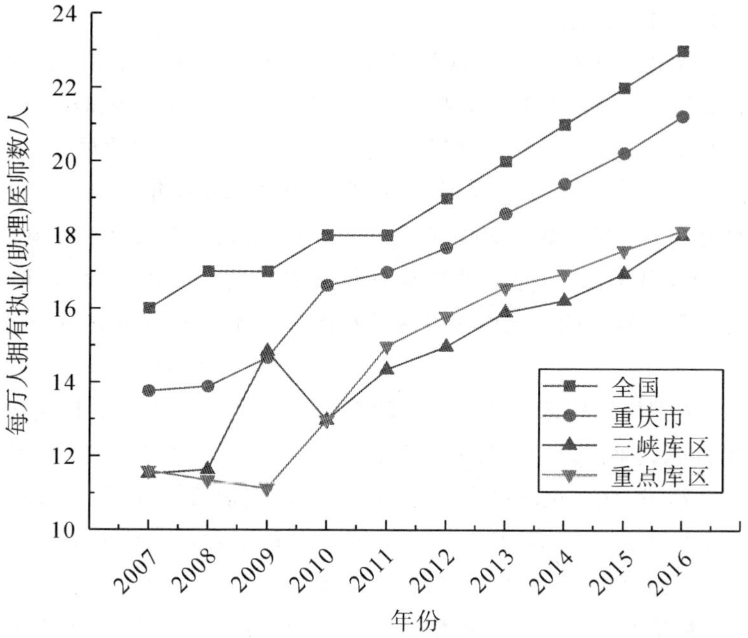

图 4-13　2007—2016 年三峡库区、重点库区、重庆市、全国的执业（助理）医师人数情况

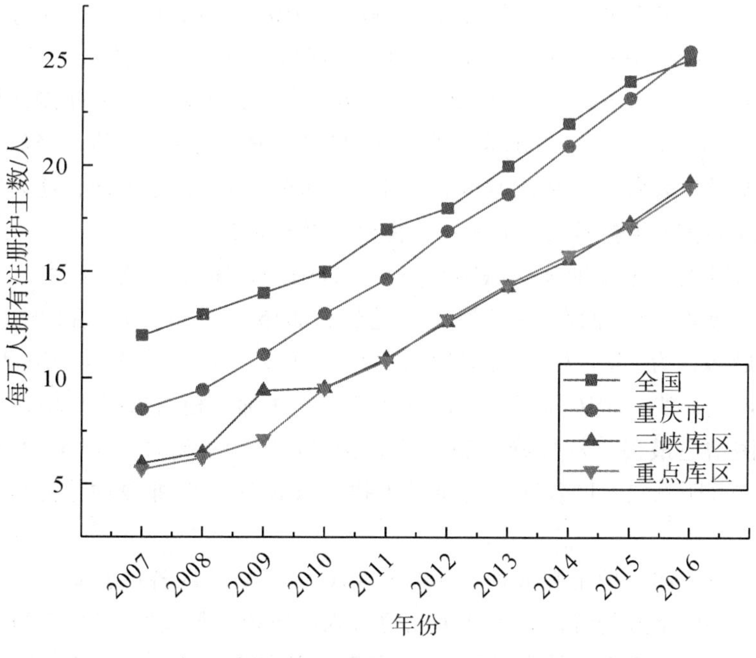

图 4-14　2007—2016 年三峡库区、重点库区、重庆市、全国的注册护士人数情况

3. 医疗卫生空间结构

在万人卫生机构数方面，2007—2016 年三峡库区各区县每万人卫生机构数均呈不断上升趋势，表明近年来三峡库区医疗卫生条件得到持续改善，其中库腹地区明显高于库尾地区。2016 年忠县每万人卫生机构数最多，达 11.89 个；渝北最少，为 4.36 个；从增速来看，2007—2016 年江津区增速最快，2016 年每万人卫生机构数是 2007 年的 6.12 倍；万州每万人卫生机构数的增速最低，为 2007 年的 2.23 倍；从变异系数来看，其由 2007 年的 0.35 下降至 2016 年的 0.25，这表明三峡库区各区县在医疗卫生机构数量方面均等化程度不断提升。

在每万人卫生机构床位数方面，2007 年巴南区每万人卫生机构床位数最多，为 30.4 张，巫溪最少，为 13.22 张，至 2016 年石柱每万人卫生机构床位数最多，为 75.01 张，巫溪最少，为 41.67 张；从增长幅度来看，2007—2016 年石柱每万人卫生机构床位数增长了 3.07 倍，而涪陵仅增长了 0.89 倍；从变异系数来看，由 2007 年的 0.28 下降至 2016 年的 0.14，这表明各区县在卫生机构数床位数量方面均等化程度不断提升。由此可见，在医疗机构数和床位数等医疗卫生硬件条件方面，三峡库区各地区整体水平均处于稳步增长中，且地区间差距不断缩小。

在每万人卫生技术人员数方面，2007—2016 年三峡库区各区县每万人卫生技术人员数均呈不断上升趋势，2016 年万州每万人卫生技术人员数最多，达 64.67 人；江津最少，为 38.42 人；从增速来看，2007—2016 年渝北增速最快，2016 年每万人卫生技术人员数相比 2007 年增长了 1.65 倍，涪陵增速最慢；从变异系数来看，由 2007 年的 0.27 下降至 2016 年的 0.16，这表明三峡库区各区县在卫生技术人员方面均等化程度正不断提升。

在每万人执业（助理）医师数方面，2007—2016 年三峡库区各区县每万人执业（助理）医师数均呈不断上升趋势，2016 年万州每万人执业（助理）医师数最多，为 25.9 人；江津最少，为 15.39 人；从增速来看，2007—2016 年巫山增速最快，2016 年每万人执业（助理）医师数相比 2007 年增长了 1.23 倍，涪陵增速最慢；从变异系数来看，由 2007 年的 0.23 下降至 2016 年的 0.17，这表明三峡库区各区县的每万人执业（助理）医师数均等化程度正不断提升。

在每万人注册护士数方面，2007—2016 年三峡库区各区县每万人注册护士数均呈不断上升趋势，2016 年万州每万人注册护士数最多，为 27.14 人；武隆最少，为 13.92 人；从增速来看，2007—2016 年奉节增速最快，2016 年每万人注册护士数相比 2007 年增长了 4.78 倍，巴南增速最慢；从变异系数来看，由 2007 年的 0.53 下降至 2016 年的 0.27，这表明三峡库区各区县在每万人注册护士数方面均等化程度不断提升。

在人均财政卫生支出方面，2007—2016 年三峡库区各区县人均财政卫生支出均呈不断上升趋势，2016 年武隆人均财政卫生支出最多，为 2 422.34 元，渝北最低，为 478.76 元；从增速来看，2007—2016 年忠县增速最快，2016 年人均财政卫生支出相比 2007 年增长了 18.54 倍，渝北增速最慢；从变异系数来看，由 2007 年的 0.18 上升至 2016 年的 0.46（如表 4-11 所示），这表明三峡库区各区县在人均财政卫生支出方面差距不断扩大，不平衡问题日益突出。

总体来看，三峡库区在医疗卫生投入方面的地区间不平衡问题日益突出，医疗卫生硬件与软件的均等化程度不断提升。

表 4-11　2007—2016 年三峡库区医疗卫生情况

	年份	万州	涪陵	渝北	巴南	长寿	江津	丰都	武隆	忠县	开州	云阳	奉节	巫山	巫溪	石柱
每万人卫生机构数/个	2007	3.68	2.16	1.30	2.98	2.15	1.37	1.88	2.85	2.25	1.34	1.20	2.51	1.65	3.01	1.58
	2008	4.38	2.18	1.18	2.76	1.97	1.65	1.84	2.97	2.07	1.33	1.07	1.25	1.39	3.02	2.15
	2009	4.42	2.31	1.65	3.32	2.04	0.58	2.12	3.62	0.78	1.13	0.95	1.19	3.11	3.48	2.32
	2010	4.56	2.25	1.88	3.34	2.29	1.41	2.02	2.93	2.34	1.46	1.38	1.46	1.37	3.16	1.69
	2011	7.74	5.80	3.12	6.68	6.44	4.99	6.79	7.98	12.70	5.27	5.99	5.85	7.68	7.47	6.59
	2012	7.67	5.42	3.42	6.46	6.50	6.17	7.59	8.32	12.74	5.25	5.33	6.05	7.86	7.79	6.60
	2013	8.32	5.31	4.22	6.38	6.43	6.21	11.01	8.50	12.26	5.68	6.32	6.19	8.00	9.23	6.82
	2014	8.38	5.58	4.43	5.91	6.62	6.15	7.58	8.73	12.39	5.65	6.34	6.22	8.07	8.79	6.91
	2015	8.10	5.93	4.32	6.40	6.17	8.54	7.66	9.00	12.15	5.83	6.86	6.49	8.39	9.44	6.99
	2016	8.22	5.46	4.36	6.54	6.06	8.38	7.81	9.62	11.89	5.87	6.66	6.75	8.39	8.87	7.22
	年份	万州	涪陵	渝北	巴南	长寿	江津	丰都	武隆	忠县	开州	云阳	奉节	巫山	巫溪	石柱
每万人卫生机构床位数/张	2007	26.36	28.63	14.08	30.40	26.80	24.34	18.89	17.05	19.38	14.61	19.08	16.72	14.32	13.22	18.45
	2008	30.08	33.53	15.55	29.01	32.43	28.82	23.96	20.97	22.19	19.16	22.53	19.84	17.91	16.31	20.51
	2009	32.65	38.95	32.21	29.74	36.38	7.90	31.92	49.64	8.29	14.50	18.76	8.54	40.16	62.67	55.81
	2010	36.43	39.43	24.31	36.93	38.71	35.43	30.35	26.38	32.78	29.70	31.83	27.28	20.62	20.19	32.43
	2011	46.13	40.07	25.19	42.38	39.89	38.27	34.95	37.07	33.75	34.05	34.86	32.25	23.56	22.10	41.08
	2012	52.06	44.40	28.82	45.37	43.98	45.50	44.21	36.66	35.88	37.72	37.99	36.64	27.27	32.73	45.47
	2013	61.42	46.42	31.83	53.46	46.56	49.48	47.80	42.27	41.00	51.42	47.38	40.61	28.82	35.32	48.18
	2014	62.53	48.90	36.62	55.03	49.99	51.68	50.66	54.47	48.40	56.07	53.39	42.36	30.99	35.64	54.25
	2015	64.61	52.28	45.43	64.51	56.10	50.18	59.54	59.16	51.23	56.57	54.66	54.51	44.32	41.36	61.89
	2016	62.64	54.18	49.12	68.07	57.22	51.47	61.39	64.97	51.83	57.73	55.66	60.41	47.73	41.67	75.01

表4-11(续)

	年份	万州	涪陵	渝北	巴南	长寿	江津	丰都	武隆	忠县	开州	云阳	奉节	巫山	巫溪	石柱
每万人卫生技术人员数/人	2007	36.90	34.08	20.81	34.36	28.57	23.57	18.37	20.40	24.38	18.76	18.05	17.94	19.04	20.78	28.35
	2008	37.27	33.39	21.96	34.19	30.92	24.51	17.53	23.70	24.36	23.30	18.08	15.94	20.65	21.77	30.38
	2009	43.02	38.69	32.35	36.04	34.13	25.44	31.87	50.10	7.26	11.76	16.85	9.65	37.91	63.49	52.42
	2010	46.29	40.25	29.81	38.95	35.55	27.15	25.08	22.71	28.28	26.61	27.06	21.02	24.26	26.49	29.90
	2011	51.47	43.02	31.38	41.99	37.55	28.78	28.58	27.40	31.28	33.50	30.25	26.62	27.37	28.96	35.46
	2012	55.82	44.47	33.11	44.81	38.83	33.11	31.69	28.82	34.67	37.04	33.12	31.09	31.01	32.63	38.92
	2013	59.83	47.37	40.69	48.12	40.74	34.31	35.11	32.28	36.37	41.12	34.64	34.48	33.21	34.79	41.49
	2014	61.23	49.52	41.01	48.30	43.76	34.72	38.90	34.59	39.54	43.94	37.30	37.73	34.94	35.08	46.21
	2015	62.44	51.83	48.28	53.24	45.10	36.47	43.33	38.10	40.16	42.22	38.76	42.32	43.50	37.49	49.21
	2016	64.67	55.06	55.18	56.61	46.70	38.42	46.49	41.24	39.50	42.97	41.03	45.98	46.37	39.64	55.82

	年份	万州	涪陵	渝北	巴南	长寿	江津	丰都	武隆	忠县	开州	云阳	奉节	巫山	巫溪	石柱
每万人执业(助理)医师数/人	2007	17.48	16.07	9.33	14.42	12.90	10.75	9.66	10.66	11.11	10.87	9.72	9.85	7.97	9.09	12.88
	2008	17.66	15.39	10.20	14.11	13.07	10.65	8.78	11.65	11.12	11.77	9.62	8.41	8.02	9.84	14.16
	2009	18.42	16.79	13.50	14.43	14.38	11.12	15.07	22.50	2.99	4.92	8.47	4.62	17.68	31.07	26.63
	2010	19.09	17.58	12.12	15.49	14.17	12.16	9.66	10.34	11.99	12.16	14.30	9.86	9.09	12.03	14.55
	2011	22.68	18.60	12.19	17.09	15.00	12.54	11.06	11.88	14.39	15.87	14.95	11.56	10.80	10.16	16.53
	2012	23.02	18.98	12.87	17.21	14.53	14.57	11.90	12.53	15.23	16.64	16.22	11.92	12.50	10.59	15.92
	2013	24.50	19.51	16.33	17.61	15.60	14.78	12.83	12.85	15.79	17.39	16.57	12.82	13.24	11.61	17.19
	2014	24.88	19.49	15.54	17.84	16.07	14.52	12.99	14.02	16.37	17.87	16.26	13.43	14.36	11.98	17.83
	2015	24.64	19.92	17.31	19.04	15.60	15.12	15.09	14.51	16.14	16.63	15.94	14.62	17.76	13.25	18.76
	2016	25.90	20.60	19.78	20.85	15.61	15.39	15.66	16.47	15.77	17.14	16.45	15.69	17.80	14.91	21.80

	年份	万州	涪陵	渝北	巴南	长寿	江津	丰都	武隆	忠县	开州	云阳	奉节	巫山	巫溪	石柱
每万人注册护士数/人	2007	12.35	8.34	5.34	12.28	8.20	5.19	3.69	4.33	5.99	3.83	3.42	3.25	4.68	3.42	5.38
	2008	12.40	8.89	5.51	12.27	9.67	5.32	3.39	4.43	6.08	6.30	3.56	3.43	5.90	3.70	6.49
	2009	15.82	12.18	10.14	14.04	11.61	2.63	8.49	15.70	1.06	3.59	4.34	2.16	9.42	19.01	10.76
	2010	18.01	13.24	9.66	15.76	12.79	8.18	8.70	5.73	8.65	8.68	6.33	5.06	7.45	5.17	9.54
	2011	19.22	14.59	10.93	17.70	14.15	8.54	9.90	7.03	9.34	10.50	7.69	7.26	7.98	6.37	12.57
	2012	22.05	15.74	12.57	19.13	15.51	10.20	11.63	7.55	10.85	13.25	9.01	9.97	9.80	7.62	14.80
	2013	24.29	17.87	15.86	20.99	16.73	10.97	13.27	9.90	11.47	15.66	10.27	11.90	10.60	8.35	16.24
	2014	25.29	19.55	16.61	21.32	18.63	11.59	15.33	10.72	12.79	17.28	11.59	13.08	11.61	8.85	19.48
	2015	25.86	20.63	21.49	24.84	19.85	12.87	17.34	12.49	13.57	16.77	12.53	16.34	14.28	9.41	21.50
	2016	27.14	22.81	25.62	26.23	20.59	14.38	19.48	13.96	14.68	17.48	13.92	18.79	17.80	10.85	25.14

表4-11(续)

	年份	万州	涪陵	渝北	巴南	长寿	江津	丰都	武隆	忠县	开州	云阳	奉节	巫山	巫溪	石柱
人均财政卫生支出/元	2007	97.66	113.37	112.86	80.65	124.15	98.36	103.96	130.83	98.11	88.31	86.35	65.68	75.32	106.91	117.26
	2008	172.63	168.97	189.65	130.46	202.99	144.94	120.10	193.01	145.68	181.82	180.53	75.99	140.58	137.25	159.10
	2009	241.50	229.16	210.96	142.35	249.79	218.01	174.71	336.06	176.50	199.22	213.60	157.32	190.62	246.71	206.59
	2010	245.48	304.44	187.55	183.62	328.38	336.68	245.46	292.54	293.44	278.08	274.86	276.39	291.86	270.71	309.64
	2011	382.04	448.90	322.70	316.23	416.00	432.50	385.02	478.62	527.81	456.39	473.82	403.60	437.97	458.22	505.66
	2012	502.20	571.80	334.14	358.23	506.66	474.98	503.34	512.24	554.47	539.33	573.51	505.89	552.27	532.46	414.63
	2013	606.64	649.67	300.37	421.99	572.67	570.32	588.94	626.22	689.87	640.83	708.81	604.09	660.75	715.28	542.90
	2014	615.08	848.60	387.12	593.21	761.93	741.79	766.07	920.80	791.91	825.60	862.01	820.48	818.63	802.83	860.72
	2015	708.60	1 425.52	510.42	687.52	789.15	992.82	1 351.33	936.83	1 356.75	1 134.88	1 069.83	1 131.21	990.74	951.59	1 201.81
	2016	748.31	1 582.15	478.76	755.40	937.06	933.50	687.96	2 422.34	1 917.66	639.18	1 152.95	1 667.99	1 037.28	1 047.53	1 280.28

4.2.4 社会保障

社会保障是基本公共服务的重要内容，一方面通过收入的再分配过程可对库区居民基本生活权利予以保障；另一方面通过培训、就业信息发布等途径可促进就业，进而提升三峡库区城乡居民收入水平。

1. 社会保障规模

在人均财政社会保障和就业支出方面，从绝对量上来看，2007—2016 年三峡库区人均财政社会保障和就业支出明显低于重庆市和全国平均水平，呈现出重庆市>全国>三峡库区>重点库区的态势，2007 年三峡库区与重庆市平均水平的差距为 211.85 元，到 2016 年这一差距扩大至 1 057.91 元，2016 年三峡库区人均财政社会保障和就业支出仅为重庆市平均水平的 49.66%，社会保障和就业的财政投入尚未达到重庆市的一半水平；从相对量上来看，三峡库区人均财政社会保障和就业支出增速也低于重庆市和全国平均水平，2007—2016 年重庆人均财政社会保障和就业支出增长了 3.26 倍，全国平均水平增长了 2.79 倍，而同期三峡库区和重点库区分别增长了 2.70 倍和 2.73 倍（如图 4-15 所示）。由此可见，三峡库区在社会保障和就业的投入方面，不管从增速还是增量方面均滞后于重庆市和全国平均水平。

在每万人社会福利收养单位床位数方面，从绝对量上来看，2007—2016 年三峡库区每万人社会福利收养单位床位数高于重庆市和全国平均水平，重点库区高于三峡库区平均水平，2007 年三峡库区每万人社会福利收养单位床位数为 24.23 张，至 2014 年增长为 61.68 张。由于 2015 和 2016 年统计口径的变动，这一指标有所下降，但仍然高于同期重庆市和全国平均水平；从相对增速

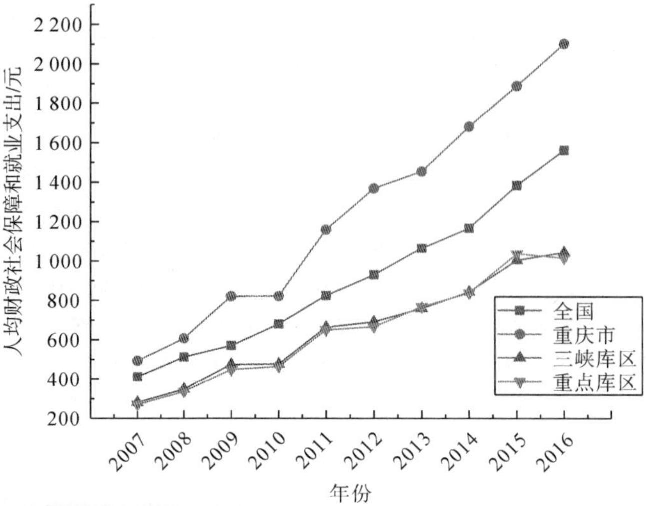

图 4-15　2007—2016 年三峡库区、重点库区、重庆市、全国的财政社会保障和就业支出情况

来看，2007—2014 年三峡库区每万人社会福利收养单位床位数增长 2.55 倍，高于同期重庆市（2.38 倍）和全国（2.19 倍）平均水平（如图 4-16 所示）。由此可见，三峡库区在福利收养单位床位数方面不管从增速还是增量方面均高于重庆市和全国平均水平。

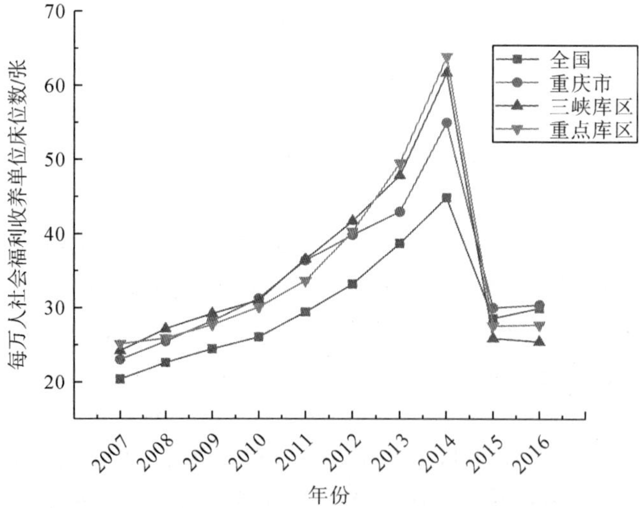

图 4-16　2007—2016 年三峡库区、重点库区、重庆市、全国的社会福利收养单位床位数情况

在城镇登记失业率方面，促进就业是政府的基本职能之一，也是保障三峡库区百万移民安稳致富的重要基础。从绝对量上来看，2007—2016 年三峡库区城镇登记失业率低于重庆市和全国平均水平，呈现出全国>重庆市>重点库区>三峡库区的态势，2007 年三峡库区城镇登记失业率为 3.78%，到 2016 年下降至 2.65%；从相对量来看，2007—2019 年三峡库区城镇登记失业率下降了 30%，重点库区下降了 29%，而同期重庆市城镇登记失业率下降了 8%，全国城镇登记失业率基本保持在 4%左右不变（如图 4-17 所示）。总体来看，虽然三峡库区社会保障和就业的投入方面低于重庆市和全国平均水平，但在社会福利收养单位床位数和城镇登记失业率方面取得了较好的成效。

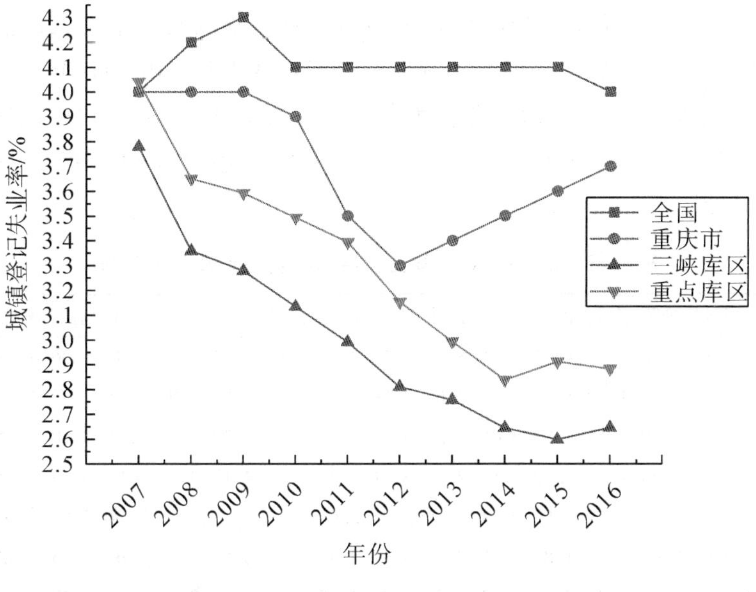

图 4-17　2007—2016 年三峡库区、重点库区、重庆市、全国的城镇登记失业率情况

2. 社会保障空间结构

在人均社会保障和就业支出方面，2007—2016 年三峡库区各区县人均社会保障和就业支出均呈上升趋势，2016 年武隆人均社会保障和就业支出最多，为 1 791.59 元，开州最低，为 501.03 元；从增速来看，2007—2016 年忠县增速最快，2016 年人均社会保障和就业支出相比 2007 年增长了 5.32 倍，渝北增速最低；从变异系数来看，由 2007 年的 0.18 上升至 2016 年的 0.30，这表明三峡库区各区县在人均社会保障和就业支出方面差距不断扩大，不平衡问题日益显著。

在城镇登记失业率方面，2007—2016 年三峡库区各区县城镇登记失业率均呈不断下降趋势，2016 年渝北城镇登记失业率最低，为 1.9%，巫溪最高，为 3.8%；从下降幅度来看，2007—2016 年石柱下降幅度最大，2016 年城镇登记失业率相比 2007 年下降了 57.92%，巴南和丰都分别上涨了 44.79%和 32.35%；从变异系数来看，由 2007 年的 0.23 上升至 2016 年的 0.25，由此可见，三峡库区各区县在城镇就业方面差距稍微有所扩大，但差距并不明显。

在每万人社会福利收养单位床位数方面，2007—2014 年三峡库区各区县每万人社会福利收养单位床位数总体呈上升趋势，由于 2015—2016 年统计口径的变化，均有所下降。2014 年巴南每万人社会福利收养单位床位数最多，为 82.97 张，石柱最少，为 26.06 张；从变异系数来看，由 2007 年的 0.24 上升至 2014 年的 0.30，到 2016 年扩大至 0.77（如表 4-12 所示），这表明三峡库区各区县在社会福利收养单位床位数方面非均等化程度严重，存在着较大的空间差异性。

表 4-12　2007—2016 年三峡库区社会保障和就业情况

	年份	万州	涪陵	渝北	巴南	长寿	江津	丰都	武隆	忠县	开州	云阳	奉节	巫山	巫溪	石柱
城镇登记失业率/%	2007	5.17	3.88	2.62	1.92	3.76	3.13	2.72	3.81	3.89	4.12	4.04	4.45	4.06	4.13	4.99
	2008	3.17	3.64	1.89	2.12	3.24	2.66	2.69	3.90	3.69	4.00	3.95	4.28	3.78	4.05	3.32
	2009	3.01	3.60	1.75	1.81	3.20	2.50	3.17	3.84	3.38	4.20	3.82	4.16	3.40	4.04	3.30
	2010	2.77	3.53	1.72	1.82	2.86	2.33	3.11	3.25	3.29	4.19	3.39	4.06	3.63	3.97	3.15
	2011	2.52	3.45	1.69	1.82	2.51	2.16	3.05	2.65	3.20	4.17	2.95	3.96	3.85	3.90	2.99
	2012	2.62	2.65	1.40	1.84	1.88	2.62	3.32	2.40	3.06	3.65	2.76	3.61	3.55	3.90	2.87
	2013	2.66	2.04	1.33	2.62	1.87	2.56	3.33	2.35	3.00	3.51	2.89	3.34	3.19	3.90	2.80
	2014	2.78	2.03	1.62	2.79	1.73	2.73	3.00	1.58	3.01	3.46	2.95	2.96	2.52	3.78	2.74
	2015	2.90	1.78	1.70	2.79	2.28	1.92	3.30	1.13	3.10	3.58	2.68	2.78	3.17	3.59	2.26
	2016	2.80	2.27	1.90	2.78	2.21	2.13	3.60	1.71	3.20	3.00	3.06	1.93	3.19	3.80	2.10

表4-12(续)

指标	年份	万州	涪陵	渝北	巴南	长寿	江津	丰都	武隆	忠县	开州	云阳	奉节	巫山	巫溪	石柱
每万人社会福利收养单位床位数/张	2007	39.72	22.46	32.43	19.21	19.67	16.41	20.11	26.67	24.64	22.22	27.70	25.21	19.06	24.61	23.29
	2008	43.40	22.68	45.66	19.18	20.97	23.92	17.85	33.78	24.44	22.66	31.66	25.23	19.18	29.26	27.62
	2009	46.11	22.61	41.35	21.81	21.88	26.18	21.13	41.41	29.30	25.32	31.60	26.52	19.08	31.76	32.17
	2010	43.23	25.96	29.10	24.45	24.94	37.80	23.84	40.74	29.36	25.91	41.81	31.40	19.19	36.44	30.93
	2011	44.87	25.55	28.58	44.14	33.76	46.86	25.91	41.03	29.48	40.97	36.82	45.98	19.39	53.85	31.21
	2012	51.43	30.46	29.92	58.14	34.20	49.15	34.93	42.32	31.27	43.44	38.35	53.70	38.87	54.55	34.80
	2013	47.11	39.01	31.33	70.94	37.36	56.75	42.66	42.36	50.59	44.70	71.18	60.56	40.12	60.01	22.65
	2014	58.16	44.28	33.69	82.97	48.45	64.34	50.40	73.46	53.90	64.88	84.53	77.39	77.36	85.27	26.06
	2015	34.32	25.64	14.49	63.92	23.03	53.86	47.38	0.87	51.84	21.01	12.79	17.30	10.19	8.95	2.92
	2016	37.44	25.47	13.87	61.54	22.99	53.08	48.04	0.87	49.60	20.94	12.02	17.73	10.34	3.34	4.41

指标	年份	万州	涪陵	渝北	巴南	长寿	江津	丰都	武隆	忠县	开州	云阳	奉节	巫山	巫溪	石柱
人均社会保障和就业支出/元	2007	327.77	348.86	298.17	317.62	366.59	299.19	247.08	301.34	240.39	232.42	204.58	236.69	334.68	241.70	227.60
	2008	464.59	376.62	335.48	407.42	458.07	338.66	328.19	380.90	277.65	292.45	268.10	314.07	371.69	307.93	317.64
	2009	563.60	543.85	420.04	482.04	681.21	500.70	473.98	508.08	460.68	382.76	384.92	339.84	440.86	553.99	378.59
	2010	557.96	503.61	350.85	555.26	664.25	490.47	481.50	596.52	430.69	448.89	425.76	363.21	505.57	458.44	326.64
	2011	781.99	685.47	553.05	844.93	766.47	695.01	596.01	829.21	637.65	646.20	595.92	557.89	700.84	591.16	480.51
	2012	791.67	727.89	542.74	842.30	925.00	693.43	672.29	866.80	661.77	628.69	626.29	492.28	730.16	652.18	521.45
	2013	853.29	809.58	445.39	774.52	927.68	760.85	739.95	969.43	762.67	735.42	690.16	677.87	872.09	715.69	654.70
	2014	895.56	854.00	511.83	831.93	944.18	876.26	825.35	1 089.20	788.30	849.55	840.40	782.47	867.58	891.21	796.89
	2015	1 082.66	1 078.79	556.10	914.21	995.16	949.40	1 063.21	1 240.35	877.61	895.11	1 110.77	935.84	1 250.53	1 093.32	1 009.81
	2016	997.50	1 099.30	620.61	881.04	996.89	940.89	792.63	1 791.59	1 518.38	501.03	1 062.75	970.52	1 173.70	1 170.00	1 137.61

4.2.5 公共文化

公共文化作为社会公共产品的重要组成部分，是传承优秀传统文化、保持民族文化多样性和构建社会主义和谐社会的重要载体。

1. 公共文化规模

广播电视节目综合人口覆盖情况对改变城乡封闭落后状况，提高三峡库区人民群众生活质量和丰富其生活方式具有重要作用。对此，国家于 1998 年提出了广播电视村村通工程；2006 年进入到第三阶段，主要围绕提高已通电自然村广播电视无线覆盖水平展开。在广播覆盖率方面，从绝对量上来看，2007—2016 年三峡库区广播覆盖率均在 91%以上，且呈逐年上升趋势，2007 年三峡库区广播覆盖率为 91.92%，至 2016 年增长至 98.36%，低于同期重庆市和全国平均水平的 98.86% 和 98.4%。总体来看，三峡库区广播覆盖率与重庆市和全国平均水平相差不大。从相对量上来看，三峡库区广播覆盖率增速高于重庆市和全国平均水平，2007—2016 年三峡库区广播覆盖率增长了 7%，高于同期重庆市（6.73%）和全国（3.14%）平均水平（如图 4-18 所示）。

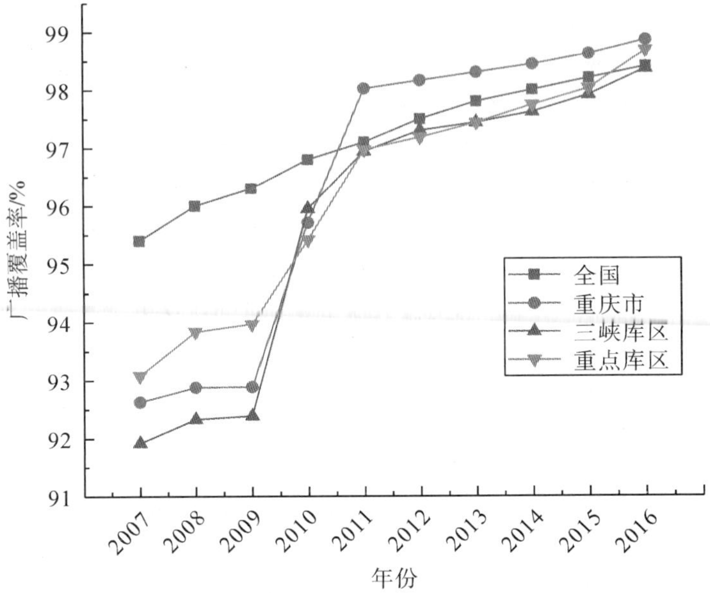

图 4-18　2007—2016 年三峡库区、重点库区、重庆市、全国的广播覆盖率情况

在电视覆盖率方面，从绝对量上来看，2007—2016 年三峡库区电视覆盖率均在 95% 以上，且呈逐年上升趋势，2007 年三峡库区电视覆盖率为 95.48%，到 2016 年增长至 98.78%，低于同期重庆市（99.19%）和全国平均水平（98.9%）。总体来看，三峡库区电视覆盖率与重庆市和全国平均水平相差不大；从相对量上来看，三峡库区电视覆盖率增速高于重庆市和全国平均水平，2007—2016 年三峡库区电视覆盖率增长了 3.46%，高于同期重庆市（3.29%）和全国（2.38%）平均水平（如图 4-19 所示）。

在人均公共图书馆藏书方面，从绝对量上来看，2007—2016 年三峡库区人均公共图书馆藏书明显低于重庆市和全国平均水平，呈现出全国>重庆市>三峡库区>重点库区的态势。2007 年三峡库区人均公共图书馆藏书为重庆市平均水平的 50.09%，为全国平均水平的 40.29%；到 2016 年为重庆市平均水平的 61.48%，为全国平均水平的 45.04%。从相对量上来看，三峡库区人均公共图书馆藏书增速高于重庆市和全国平均水平，2007—2016 年三峡库区人均公共图书馆藏书增长了1.85倍，重点库区增长了1.75倍，高于同期重庆市（1.57倍）和全国（1.66倍）平均水平（如图4-20所示）。由此可见，虽然三峡库区在人均公共图书馆藏书总量方面低于重庆市和全国平均水平，但这种差距呈不断缩小趋势。

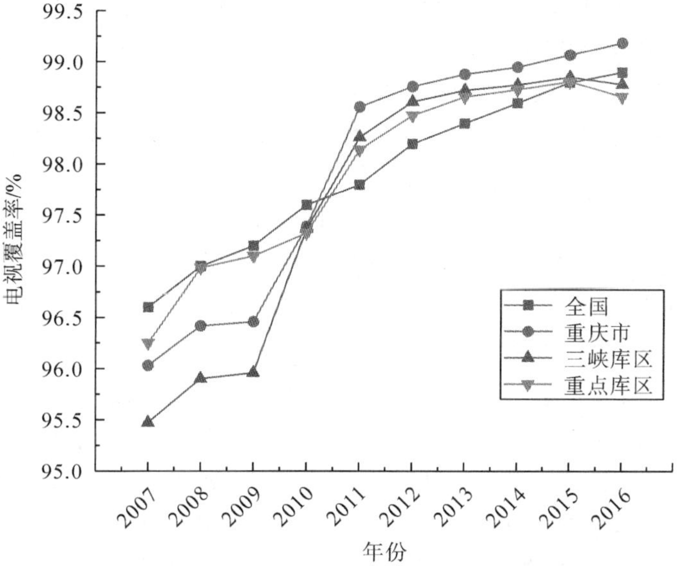

图4-19　2007—2016年三峡库区、重点库区、重庆市、全国的电视覆盖率情况

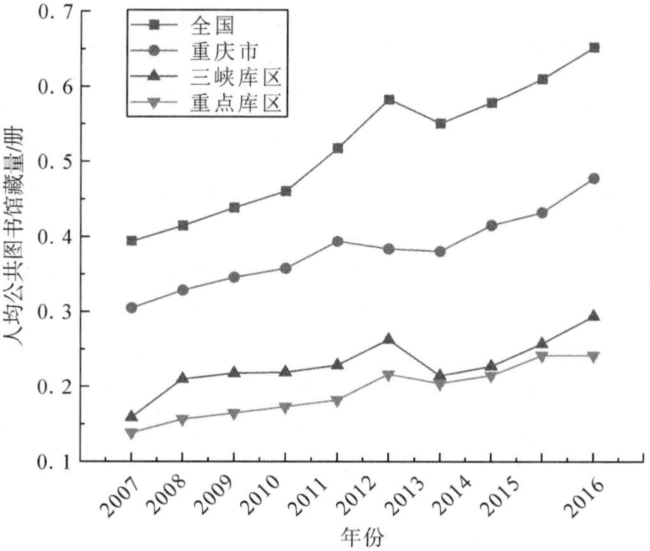

图4-20　2007—2016年三峡库区、重点库区、重庆市、全国的人均公共图书馆藏量情况

2. 公共文化空间结构

在广播覆盖率方面，2007—2016 年三峡库区各区县广播覆盖率均呈上升趋势，2016 年渝北和丰都广播覆盖率最高，均实现了 100%覆盖，巫溪最低，为 93%；从增速来看，2007—2016 年石柱增速最快，2016 年广播覆盖率相比 2007 年增长了 44.08%，长寿增速最低，为 0.12%；从变异系数来看，由 2007 年的 0.09 下降至 2016 年的 0.02，这表明三峡库区各区县在广播覆盖率方面差距正在不断缩小，地区间差距相对较小。

在电视覆盖率方面，2007—2016 年三峡库区各区县电视覆盖率均呈上升趋势，2016 年丰都电视覆盖率最高，均实现了 100%覆盖，开州最低，为 95.56%；从增速来看，2007—2016 年石柱增速最快，2016 年电视覆盖率相较 2007 年增长了 14.19%，开州增速最低，相比 2007 年下降了 0.5%。三峡库区各区县在电视覆盖率方面差距不断缩小，地区间差距相对较小。

在人均公共图书馆藏书方面，2007—2016 年三峡库区各区县人均公共图书馆藏书量均呈上升趋势，2016 年武隆人均公共图书馆藏书量最高，为 0.66 册，开州最低，为 0.07 册；从增速来看，2007—2016 年巫山增速最快，2016 年人均公共图书馆藏书量相比 2007 年增长了 22 倍，开州、渝北和涪陵呈负增长；从变异系数来看，由 2007 年的 0.97 下降至 2016 年的 0.55（如表 4-13 所示）。这表明三峡库区各区县在人均公共图书馆藏书方面差距不断缩小，但地区间仍存在较大差距。

表 4-13　2007—2016 年三峡库区公共文化情况

	年份	万州	涪陵	渝北	巴南	长寿	江津	丰都	武隆	忠县	开州	云阳	奉节	巫山	巫溪	石柱
广播覆盖率/%	2007	94.00	98.60	99.00	95.50	99.82	98.95	91.62	86.16	98.17	95.01	95.32	89.00	82.95	88.00	66.76
	2008	95.50	98.60	99.00	95.55	99.83	98.95	91.99	86.24	98.51	95.02	95.30	89.01	86.75	88.00	66.75
	2009	95.50	98.89	99.01	95.55	99.83	98.95	92.30	86.47	98.51	95.25	95.30	89.01	86.99	88.00	66.29
	2010	95.50	99.00	100.0	98.58	99.82	99.44	96.99	98.00	98.51	96.00	95.30	89.01	93.00	87.99	92.10
	2011	99.50	99.30	100.0	98.60	99.90	99.55	97.09	98.01	98.56	98.00	96.30	92.00	95.00	90.00	92.29
	2012	99.50	99.39	100.0	98.65	99.90	99.55	97.22	100.0	99.05	98.00	96.30	92.00	95.99	90.00	93.96
	2013	99.50	99.45	100.0	98.66	99.90	99.55	98.00	100.0	99.05	98.20	96.30	92.99	95.99	89.99	93.97
	2014	99.50	99.47	100.0	98.66	99.93	99.55	98.18	100.0	99.05	98.72	98.00	93.00	96.01	90.00	94.20
	2015	99.50	99.48	100.0	99.00	99.94	99.55	98.18	100.0	99.05	98.87	99.00	94.09	96.01	90.01	96.00
	2016	99.73	99.91	100.0	99.01	99.94	99.55	100.0	98.30	99.11	98.53	99.00	95.95	97.20	93.00	96.19

表4-13(续)

	年份	万州	涪陵	渝北	巴南	长寿	江津	丰都	武隆	忠县	开州	云阳	奉节	巫山	巫溪	石柱
电视覆盖率/%	2007	95.00	96.60	96.99	98.00	97.03	99.15	95.60	94.34	98.46	96.06	97.99	97.00	93.29	93.60	83.02
	2008	96.50	96.60	96.99	98.05	97.04	99.15	95.99	94.42	98.52	97.45	98.00	97.00	95.83	93.79	83.22
	2009	96.50	96.80	96.99	98.07	97.04	99.15	96.51	94.61	98.52	97.65	98.00	97.00	95.83	94.10	82.64
	2010	96.57	97.00	99.12	99.17	97.04	99.80	97.10	100.0	98.52	98.00	98.00	97.00	96.41	94.48	92.30
	2011	98.50	97.20	99.48	99.25	99.77	99.84	97.90	100.0	98.65	98.40	99.00	98.50	96.99	98.00	92.49
	2012	99.00	97.33	99.62	99.29	99.77	99.84	98.65	100.0	99.14	98.70	99.00	98.50	97.50	98.50	94.33
	2013	99.00	97.39	99.72	99.30	99.77	99.84	99.46	100.0	99.14	98.80	99.00	99.00	97.49	98.60	94.33
	2014	99.00	97.41	99.75	99.30	99.81	99.84	99.58	100.0	99.14	99.13	99.00	99.09	97.50	98.61	94.49
	2015	99.30	97.43	99.77	99.56	99.82	99.84	99.69	100.0	99.14	99.27	99.00	99.12	97.52	98.71	94.60
	2016	99.48	97.87	99.78	99.57	99.97	99.84	100.0	99.75	99.51	95.56	99.00	99.12	98.75	98.73	94.80
	年份	万州	涪陵	渝北	巴南	长寿	江津	丰都	武隆	忠县	开州	云阳	奉节	巫山	巫溪	石柱
人均公共图书馆藏书量/册	2007	0.13	0.60	0.36	0.15	0.16	0.19	0.06	0.26	0.04	0.16	0.02	0.07	0.01	0.06	0.10
	2008	0.13	0.67	0.36	0.16	0.76	0.19	0.04	0.27	0.04	0.17	0.03	0.08	0.10	0.06	0.10
	2009	0.15	0.68	0.36	0.16	0.77	0.21	0.04	0.27	0.05	0.17	0.03	0.07	0.12	0.08	0.11
	2010	0.16	0.67	0.27	0.17	0.77	0.22	0.06	0.26	0.05	0.17	0.04	0.08	0.14	0.10	0.11
	2011	0.19	0.69	0.27	0.19	0.82	0.21	0.08	0.28	0.06	0.18	0.05	0.06	0.15	0.09	0.12
	2012	0.19	0.68	0.28	0.30	0.83	0.26	0.32	0.29	0.07	0.18	0.05	0.07	0.17	0.12	0.13
	2013	0.16	0.48	0.18	0.20	0.34	0.24	0.33	0.35	0.09	0.18	0.11	0.08	0.18	0.13	0.15
	2014	0.17	0.51	0.19	0.26	0.34	0.24	0.34	0.37	0.09	0.19	0.13	0.09	0.19	0.14	0.16
	2015	0.17	0.50	0.20	0.31	0.38	0.28	0.37	0.39	0.15	0.19	0.21	0.13	0.21	0.18	0.17
	2016	0.17	0.55	0.25	0.46	0.44	0.28	0.24	0.66	0.32	0.07	0.21	0.15	0.23	0.19	0.18

4.3　三峡库区基本公共服务与经济发展关系分析

推动三峡库区经济高质量发展，是新时代下适应我国发展新变化的必然要求。党的十九大报告指出要“坚持在发展中保障和改善民生，增进民生福祉是发展的根本目的”。因此，在发展中补齐基本公共服务民生短板能够促进社会公平正义，同时补齐民生短板又能为经济持续发展发挥兜底保障作用。相较于经济增长，经济发展的内涵更为丰富，经济发展不仅包含经济指标的增长而且包含了社会民生、环境保护、精准扶贫等方面的内容（蔡昉，2013；孔凡河，2013）。习近平新时代中国特色社会主义思想强调要在发展中保障和改善民生，通过解决好人民群众最关心、最直接、最现实的利益问题，让改革发展成果更多、更公平地惠及全体人民。因此，应该理顺基本公共服务与经济发展关系，将基本公共服务领域供给侧结构性改革作为经济发展领域供给侧结构性改革的内容补充，发挥基本公共服务对经济发展的兜底作用和经济发展对基本公共服务的促进作用，着力为三峡库区经济高质量发展和供给侧结构性改革营造适宜的社会民生环境。

基本公共服务与经济发展是一种相互促进的关系，经济发展是提供更高水平、更高质量基本公共服务的前提和基础；同时更高水平、更高质量基本公共服务是经济高质量发展的基本保障和内在要求。

基本公共服务对经济发展的促进作用主要体现在以下四个方面。一是基本公共服务供给水平和质量的提高，必然会增加政府公共消费支出，进而增加对相关产业的需求，增加社会整体购买能力，从而促进经济发展。二是基本公共服务供给增加，必然会增加公共设施的建设和投资，特别是基础设施建设，增加社会整体投资水平，进而通过投资拉动经济发展，如美国20世纪30年代经济大萧条时期通过大力开展公共工程建设促进经济复苏。三是基本公共服务供给增加，必然会提高社会保障和福利水平，一方面会释放部分个人消费，增加社会总需求，另一方面会提升经济发展的资源要素水平，特别是基础教育和医疗卫生条件的改善能够提高经济创新能力和人力资源结构，助力社会分工和产业结构优化，进而推动经济高质量发展。四是基本公共服务供给增加，必然会改善经济发展环境，完善基础设施，提升生态环境质量，进而推进经济可持续发展。因此提供与经济发展相适应的基本公共服务，充分发挥基本公共服务的兜底作用，是促进三峡库区经济高质量发展的保障。

经济发展对基本公共服务供给的支撑作用主要表现在以下两个方面。一方面，随着经济发展水平的提高，政府公共财政增加，用于基本公共服务的公共财政投入增加，进而能够促进基本公共服务供给水平和质量的提高；另一方面，经济发展水平提高的重要表现是人民群众收入水平的提高。随着经济发展水平和收入水平的提高，人民群众对基本公共服务的需求数量和质量提出了新的要求，需求反作用于供给，要求调整基本公共服务供给结构，丰富供给体系，进而推动基本公共服务供给高水平、高质量发展。冯骁等（2014）、程岚和文雨辰（2018）通过实证分析也论证了经济发展对基本公共服务的提升具有重要促进作用，认为县域经济发展是地方基本公共服务供给的前提条件和基础，基本公共服务供给资源来源于公共财政，而公共财政是经济发展的作用结果。

下文将从国际经验比较、国内水平比较以及三峡库区实际情况比较三个方面比较分析三峡库区基本公共服务与经济发展相关关系，以探讨三峡库区基本公共服务供给不平衡不充分问题产生的原因。

4.3.1 国际经验比较

我们以基础教育为例，分析世界各国不同经济发展阶段基本公共服务供给的演变规律。世界银行按照人均国民收入水平（GNI）将世界各国分为四大类：高收入国家、中高收入国家、中低收入国家、低收入国家。按 2018 年的分组标准，高收入国家的 GNI 在 12 055 美元及以上；中高收入国家的 GNI 在 3 896 至 12 055 美元之间；中低收入国家的 GNI 在 996 至 3 895 美元之间；低收入国家的 GNI 在 995 美元及以下。不同收入水平国家教育公共开支占 GDP 比重如图 4-21 所示，随着国民收入水平的不断增加，教育公共支出占比 GDP 呈同比增长态势，教育公共开支占 GDP 比重呈现出高收入国家>中高等收入国家>中低等收入国家>低收入国家的差序格局，这表明经济发展与基本公共服务间存在相互匹配和相互支撑关系。

2016 年三峡库区人均国民收入为 43 517.40 元，折合成美元为 6 551.56 美元（根据当年汇率进行折算），按照世界银行分组标准，三峡库区经济发展已进入世界中高等收入国家水平。1999—2013 年，中高等收入国家教育公共开支占 GDP 比重平均为 4.06%，其中 1999 年比重为 4.21%，2013 年比重为 4.12%；低收入国家教育公共开支占 GDP 比重平均为 3.51%，其中 1999 年比重为 3.14%，2013 年比重为 3.47%。而三峡库区 2016 年公共教育支出占地区生产总值比重仅为 3.02%，不及低收入国家公共教育投入，与中高等收入国家公共教育投入更是相去甚远（如图 4-21 所示）。由此表明，三峡库区基本公共服务与经济发展脱钩，基本公共服务供给总量和供给水平明显低于经济发展水平。

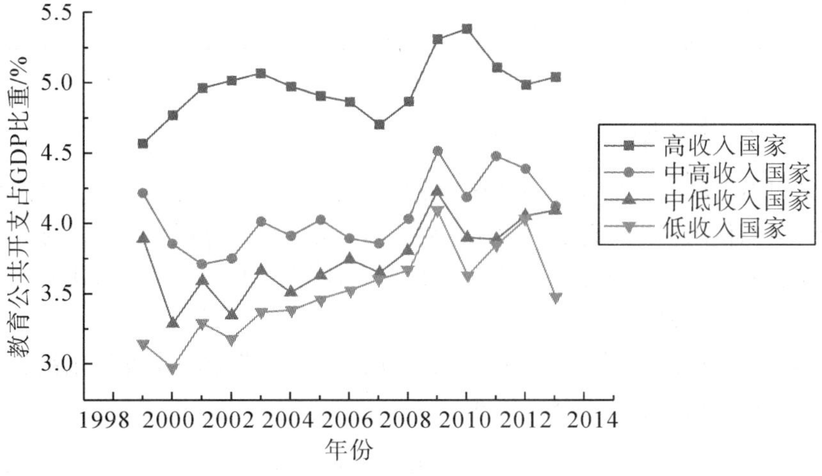

图 4-21 不同收入水平国家教育公共开支占 GDP 比重

数据来源：世界银行统计数据。

4.3.2 国内水平比较

近年来，三峡库区对公共服务领域的投入不断增加，人均公共财政支出由1997年的308.310 5元增长至2016年的7 826.157 3元。但相较于库区经济发展速度和人民美好生活需要，三峡库区基本公共服务在供给数量和供给质量上还存在明显的短板。以基本公共服务占地区生产总值比重为例，三峡库区的公共教育支出与医疗卫生支出与重庆市、全国平均水平相比还存在一定差距，如表4-14所示。三峡库区基本公共服务支出占地区生产总值比重明显低于同期重庆市和全国平均水平，基本公共服务投入水平滞后于经济发展水平。以公共教育支出为例，三峡库区2016年的公共教育支出占地区生产总值比重仅约为重庆市和全国2010年的公共教育投入水平，基本公共服务投入总量不足。

表4-14 三峡库区公共教育支出、医疗卫生支出与重庆市、全国平均水平比较

指标	年份	三峡库区	重庆市	全国
公共教育支出占地区生产总值比重/%	2007年	2.09	2.58	2.64
	2010年	2.56	3.01	3.04
	2013年	2.85	3.27	3.69
	2016年	3.02	3.24	3.78
医疗卫生支出占地区生产总值比重/%	2007年	0.78	0.82	0.86
	2010年	0.77	1.19	1.16
	2013年	1.38	1.54	1.39
	2016年	1.35	1.87	1.77

4.3.3 三峡库区情况

通过对三峡库区基本公共服务与经济发展变动情况的对比分析，以探究二者间的关系作用与匹配程度。我们主要从两个方面展开分析：首先，对三峡库区基本公共服务与经济发展均等化程度进行测算；其次，在此基础上，运用VAR模型分析其动态关系。

运用均等化指数对三峡库区基本公共服务与经济发展水平均等化程度进行了测算，均等化指数计算公式如下：

$$\text{均等化指数} = 1 - CV = 1 - \frac{s}{\bar{x}} \tag{4.1}$$

其中，CV表示变异系数，变异系数可以消除单位或平均数不同对两个或者多

个资料变异程度比较的影响，s 表示总体标准差，$\bar{x}$ 表示样本均值。均等化指数分布于 0 到 1 之间，指数值越大，均等化程度越高；反之，则越低。

1. 三峡库区基本公共服务与经济发展均等化水平

基本公共服务均等化水平，是根据表 4-5 并运用式（4.1）计算而得的；本书采用人均国内生产总值衡量地区经济发展水平，再利用人均国内生产总量进行均等化水平计算。

由均等化值可知，2007—2016 年三峡库区 15 个区县基本公共服务和经济发展均等化水平均呈不断上升趋势，基本公共服务均等化水平由 2007 年的 0.6 上升至 2016 年的 0.7，经济发展均等化水平由 2007 年的 0.46 上升至 2016 年的 0.55，经济发展水平与基本公共服务水平变动幅度和趋势基本一致，如表 4-15 所示。这表明三峡库区各区县间基本公共服务和经济发展水平差距逐渐缩小，地区间一体化水平不断提高。

表 4-15　三峡库区基本公共服务、经济发展均等化水平

年份	人均地区生产总值	基本公共服务	基础设施	基础教育	医疗卫生	社会保障	公共文化
2007	0.46	0.60	0.24	0.73	0.65	0.76	0.63
2008	0.46	0.61	0.32	0.73	0.66	0.74	0.6
2009	0.37	0.59	0.45	0.73	0.43	0.74	0.61
2010	0.44	0.66	0.51	0.72	0.69	0.76	0.65
2011	0.44	0.67	0.51	0.71	0.73	0.74	0.65
2012	0.46	0.68	0.53	0.71	0.74	0.76	0.71
2013	0.48	0.71	0.59	0.72	0.72	0.73	0.81
2014	0.50	0.72	0.6	0.71	0.76	0.73	0.81
2015	0.52	0.69	0.63	0.70	0.79	0.48	0.84
2016	0.55	0.70	0.67	0.76	0.77	0.49	0.80

就具体的基本公共服务指标来看，2007 年社会保障和基础教育均等化程度最高，其次为医疗卫生和公共文化，基础设施均等化程度最低。究其原因，三峡库区各区县在公共基础设施供给数量和质量方面具有较大差距，以高速公路为例，奉节县和巫山县 2010 年高速通车，丰都和巫溪县到 2013 年才高速通车。2016 年，三峡库区公共文化均等化程度最高，其次为医疗卫生、基础教育和基础设施，社会保障均等化水平最低。2015 年和 2016 年社会保障均等化水平呈明显变化，其原因在于 2015 年以来关于“万人社会福利收养单位床位

数”指标的统计标准有所变化，使得均等化水平突变。除社会保障外，其他基本公共服务均等化水平在2007—2016年总体呈上升趋势，这表明库区基本公共服务共享水平不断提高，特别是基础设施均等化水平提升速度较快。

此外，基本公共服务均等化程度与经济发展均等化变动趋势基本一致。基本公共服务的均等化程度是否受经济发展均等化程度影响，基本公共服务与经济发展关系如何，下文将进一步展开分析。

2. 三峡库区基本公共服务与经济发展关系分析

在测算三峡库区基本公共服务与经济发展均等化水平的基础上，通过VAR模型分析三峡库区基本公共服务供给不平衡的原因是否是经济发展的不平衡，同时验证基本公共服务均等化水平提高是否有助于经济高质量发展。

VAR模型是用模型中所有当期变量对所有变量的若干滞后变量进行回归。由于VAR模型是自回归模型的联立形式，所以我们将其称为向量自回归模型。VAR模型是用于研究多变量时间序列变量之间的动态关系，从而将单变量自回归模型推广到由多元时间序列变量组成的“向量”自回归模型，其基本结构如下：

$$Y_t = A_1 Y_{t-1} + \cdots + A_p Y_{t-p} + \varepsilon_t \tag{4.2}$$

由于VAR模型中每个方程的右侧只含有内生变量的滞后项，它们与随机误差项是不相关的，所以可以用OLS法依次估计每一个方程，得到的参数估计量都具有一致性。为消除异方差，本书对基本公共服务与经济发展均等化水平取对数展开分析。基本公共服务与经济发展均等化原始数据由式（4.1）计算，计算结果如表4-15所示。

（1）单位根检验

为识别VAR模型中可能存在的伪回归现象，我们对2007—2016年三峡库区基本公共服务均等化与经济发展均等化的数据进行单位根检验。检验序列是否平稳的通常做法是利用单位根检验中的ADF（Augmented Dickey Fuller）检验。

表4-16显示，模型指标数据的ADF单位根检验皆表明是一阶单整过程，为I（1）平稳序列，这表明被解释变量与解释变量之间的动态交互影响与脉冲响应分析不存在伪回归情况，可以进行进一步的统计分析。

表 4-16　单位根检验

变量	ADF 检验值	各显著性水平下 ADF 临界值			5%是否平稳	*P* 值
		1%	5%	10%		
LNPGDP	-0.945 1	-4.420 6	-3.259 8	-2.771 1	不平稳	0.722 4
LNBP	-3.524 3	-5.835 2	-4.246 5	-3.590 5	不平稳	0.109 5
△LNPGDP	-33.887 5	-4.803 5	-3.403 3	-2.841 8	平稳	0.000 1
△LNBP	-8.243 4	-6.292 1	-4.450 4	-3.701 5	平稳	0.002 8

（2）判定最优滞后期

在对 VAR 模型进行参数估计时，由于事先无法确定被解释变量与解释变量的滞后阶数，因此在建立 VAR 模型之前应确定最优滞后阶数。本书使用赤池信息准则（AIC）判定 PVAR 模型的最优滞后阶数，分别模拟出被解释变量与解释变量滞后一到三期时的 AIC、SC、HQ 判断准则，再根据 AIC、SC、HQ 值的收敛性，最终确定基本公共服务与经济发展的最优滞后期均为三期，如表 4-17 所示。

表 4-17　最优滞后期择定

变量	滞后期	AIC	SC	HQ
LNPGDP，LNBP	0	-5.830 4	-5.845 8	-6.021 4
	1	-6.367 6	-6.414 0	-6.940 6
	2	-9.295 0	-9.372 2	-10.250 0
	3	-116.038 2*	-116.146 4*	-117.375 3*

注：* 表示最优滞后期。

（3）模型的稳定性检验

在确定最优滞后期的基础上，对 VAR 模型变量进行稳定性检验。如果被估计的 VAR 模型所有根的模的倒数都小于 1，即位于单位圆内，则模型是稳定的。

表 4-18　基本公共服务与经济发展 VAR 模型稳定性检验

变量	Root	Modulus
LNPGDP，LNBP	0.563 016 - 0.431 909i	0.709 6
	0.563 016 + 0.431 909i	0.709 6
	-0.538 439 - 0.137 208i	0.555 6
	-0.538 439 + 0.137 208i	0.555 6

根据表 4-18 和图 4-22 可以看出，基本公共服务与经济发展特征根的模的倒数基本都小于 1，都基本位于单位圆内，因此可以认为基本公共服务与经济发展 VAR 模型是稳定的。

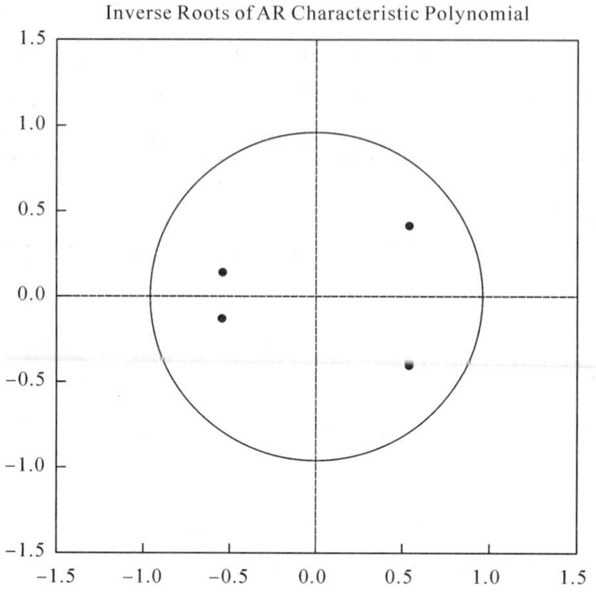

图 4-22　基本公共服务与经济发展 VAR 模型稳定性检验

（4）格兰杰因果检验

运用格兰杰因果检验方法来对基本公共服务与经济发展进行因果关系检验，以分析变量间是否存在共生影响，结果如表 4-19 所示。从检验结果可以发现，在滞后三期的情况下，基本公共服务是经济发展的格兰杰原因，但经济发展并不是基本公共服务的格兰杰原因。这表明三峡库区基本公共服务对经济发展具有较强的促进作用，但经济发展对基本公共服务的支撑作用明显不足、表现在基本公共服务供给总量不足，投入不高等方面，这也印证了近年来三峡库区经济发展速度快于重庆市和全国平均水平，但其基本公共服务发展水平明显滞后的现实情况，特别是基本公共服务供给质量有待提高。

表 4-19　基本公共服务与经济发展格兰杰因果检验

原假设	*F* 值	*P* 值
LNPGDP 非 LNBP 格兰杰原因	0. 536 9	0. 764 6
LNBP 非 LNPGDP 格兰杰原因	9. 621 6	0. 008 1

(5) 脉冲响应分析

为探索基本公共服务与经济发展互动发展的可持续性，本书运用正交脉冲响应函数，通过 500 次 MonteCarlo 模拟，得到三峡库区基本公共服务与经济发展变动后的脉冲响应路径图，其中横轴为变量响应时期，纵轴为变量响应幅度。

图 4-23 分别显示的是三峡库区基本公共服务与经济发展的相互脉冲冲击效果。从图 4-23 中可以看出，基本公共服务与经济发展间的冲击响应值均为正，这表明基本公共服务与经济发展具有相互促进关系。但从长期来看，这种相互促进关系并不可持续，长期影响并不显著。

当经济发展作为脉冲变量时，其对自身提升有显著正向影响，随着时间的推移其影响作用不断下降，这也证实了三峡库区经济发展的路径依赖效用，当期的经济发展水平对后一期甚至更长时间的经济发展具有推动作用；经济发展对基本公共服务的冲击响应值为正，其影响作用呈下降趋势，且趋近于零，表明经济发展对基本公共服务供给不具有长期促进作用。

当基本公共服务作为脉冲变量时，其对自身提升有显著正向影响，但促进作用并不具有长期可持续性，随着时间的推移基本公共服务对自身的响应路径呈“L 形”发展，到第 4 期时基本为零，这表明基本公共服务对自身不具有长期影响；基本公共服务对经济发展的冲击在第 3 期引起最大响应，之后响应值呈下降趋势，且趋近于零，这表明基本公共服务对经济发展不具有长期促进作用。

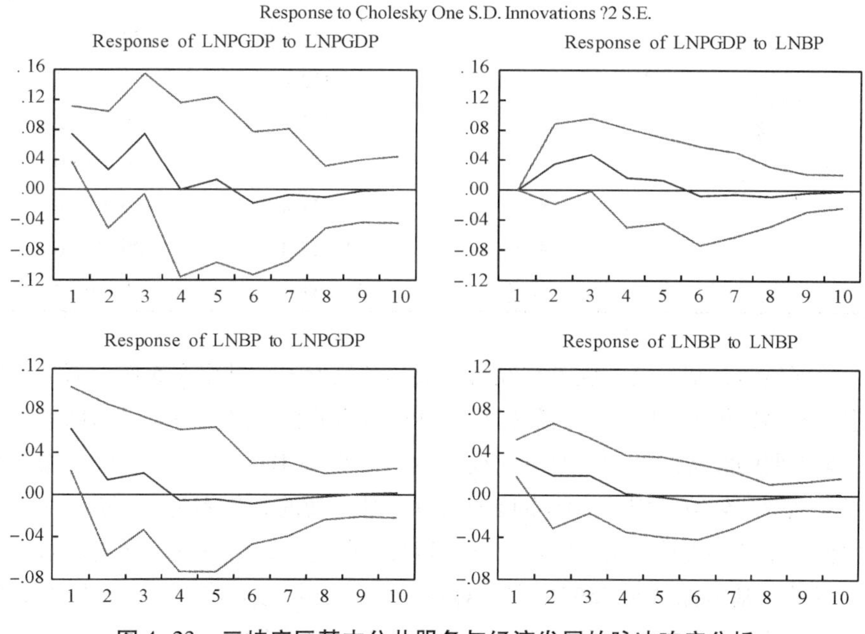

图 4-23　三峡库区基本公共服务与经济发展的脉冲响应分析

（6）方差分解

在得到脉冲响应函数的基础上，本书利用方差分解来分析冲击对不同时点基本公共服务与经济发展的主要贡献因素。方差分解结果如表 4-20 所示。

表 4-20　方差分解结果

脉冲变量	时期	LNPGDP/%	LNBP/%
LNPGDP	1	100.000 0	0.000 0
	2	83.678 4	16.321 6
	3	77.326 6	22.673 5
	4	76.008 9	23.991 1
	5	75.463 0	24.537 0
	6	75.696 4	24.303 6
	7	75.622 6	24.377 4
	8	75.455 9	24.544 1
	9	75.412 9	24.587 1
	10	75.406 1	24.593 9
LNBP	1	76.025 8	23.974 3
	2	72.249 7	27.750 4
	3	70.133 9	29.866 1
	4	70.252 6	29.747 4
	5	70.322 4	29.677 6
	6	70.272 8	29.727 2
	7	70.179 1	29.820 9
	8	70.127 4	29.872 6
	9	70.127 4	29.872 6
	10	70.131 7	29.868 3

数据显示，基本公共服务与经济发展的预测方差贡献率在 5 期后逼近稳定状态，本书以第 1、3、5 期的数据结果进行典型分析。以经济发展为脉冲变量时，第 1 期的经济发展冲击对自身变动的贡献率为 100%，对基本公共服务变动无贡献率；到第 3 期，经济发展冲击对自身变动的贡献率为 77.326 6%，对基本公共服务的贡献率为 22.673 5%；到第 5 期之后，经济发展冲击对自身变动的贡献率基本保持在 75%左右，对基本公共服务的贡献率基本保持在 24%左右。以基本公共服务为脉冲变量时，第 1 期的基本公共服务冲击对自身变动

的贡献率为 23.974 3%，相反对经济发展变动的贡献率达 76.02%；到第 3 期之后，基本公共服务冲击对自身变动的贡献率基本保持在 29%左右，对经济发展的贡献率基本保持在 70%左右。从贡献率大小上来看，经济发展的经济效益绝大部分被自身吸收；而基本公共服务的绝大部分效益被经济发展所吸收，这表明三峡库区基本公共服务对经济发展的兜底效果显著，但经济发展对基本公共服务的支撑作用有待加强，这与表 4-19 中的格兰杰因果关系检验分析结论一致。

总体来看，三峡库区基本公共服务与经济发展脱钩的现实，印证了上文分析结论：近年来三峡库区经济发展速度快于重庆市和全国平均水平，但其基本公共服务发展水平却明显滞后，特别是基本公共服务供给质量有待提高。究其原因：一方面受限于三峡库区经济发展阶段，经济发展水平限制了政府财政收入与支出水平，单靠政府供给基本公共服务水平远远不能满足人民日益增长的基本公共服务需求，因此需要改变政府主导的供给模式，在加强政府监管的同时，积极引入企业、个人、非营利性组织等社会资本，做大基本公共服务“蛋糕”；另一方面，长期以来三峡库区社会事业发展欠账很多，近年来随着库区内各区县间发展差距的不断拉大，政府间对社会事业的财政投入也存在较大的差距，这表现在基础教育、公共医疗卫生、公共基础设施、社会保障制度等社会事业方面。

因此，在三峡库区基本公共服务供给过程中，应推进基本公共服务供给侧结构性改革，通过优化基本公共服务供给结构，完善基本公共服务供给体系，提高基本公共服务供给结构对需求变化的适应性和灵活性，提高基本公共服务供给效率，提供与经济发展水平相适应的基本公共服务内容与结构，充分发挥基本公共服务对经济发展的兜底作用，保障我国经济发展向高质量阶段持续迈进。

4.4 本章小结

本章分别从横向和纵向两个方面比较了三峡库区在经济社会发展水平、基础设施、基础教育、医疗卫生、社会保障和公共文化等方面的时间变化趋势以及与重庆市和全国平均水平的差距，同时还对三峡库区基本公共服务与经济发展关系进行了分析。

从经济社会发展情况来看，2007—2016 年三峡库区在人均地区生产总值、城乡居民收入水平、城镇化水平、人均全社会固定资产投资等方面增速快于重庆市和全国平均水平，但其绝对量仍然低于重庆市和全国平均水平，特别是重点库区。究其原因在于，一方面自然因素和历史因素长期综合和效应累积致使三峡库区发展起点较低；另一方面，就经济发展内在动力而言，三峡库区产业结构变迁明显滞后于重庆市和全国同期水平，更多地依靠外在的“三驾马车”的投资，缺乏推进经济可持续发展的内在动能。因此亟须转变三峡库区经济发展结构，推动三峡库区全方位的供给侧结构性改革，优化产业结构，培育发展新动能，实现三峡库区经济的提质增效。

从基础设施、基础教育、医疗卫生、社会保障和公共文化等基本公共服务水平来看，在基本公共服务投入方面，三峡库区基础设施、基础教育、医疗卫生等方面的公共财政投入低于重庆市和全国平均水平，在社会保障等方面的投入高于重庆市和全国平均水平，这表明三峡库区基本公共服务侧重于发挥兜底作用的财政转移支付等社会保障方面，在教育、医疗、基础设施等民生性基本公共服务方面投入相对不足；在基本公共服务总量和规模上三峡库区已基本达到甚至或超过同期重庆市和全国平均水平，但在基本公共服务供给质量方面仍滞后于重庆市和全国平均水平，如等级公路占比、医护人员数量、小学生师比等均低于重庆市全国平均水平。

从纵向比较来看，2007—2016 年三峡库区经济发展水平和基本公共服务水平均呈不断上升趋势，且增速快于重庆市和全国平均水平，这说明在重庆市和全国经济持续稳定发展的大环境下，三峡库区在经济发展和基本公共服务供给方面做出了重大努力。

同时，本章通过对三峡库区内部各区县基本公共服务供给状况进行了内部空间结构分析，发现三峡库区内部各区县在基础设施、基础教育、医疗卫生和社会保障方面不平衡问题仍然突出，公共文化相对均等化程度较高，因此接下来在实证分析部分将着重从基础设施、基础教育、医疗卫生和社会保障等方面展开分析，以期有针对性地推进基本公共服务供给侧结构性改革，补齐各区县基础设施短板，进而解决三峡库区内部基本公共服务不平衡和不充分问题。

从基本公共服务与经济发展关系来看，三峡库区基本公共服务对经济发展的兜底作用效果显著，但经济发展对基本公共服务的支撑作用有待加强。从格兰杰因果分析来看，基本公共服务是经济发展的格兰杰原因，但经济发展并不是基本公共服务的格兰杰原因。从 VAR 模型来看，基本公共服务与经济发展具有相互促进关系，但这种促进关系并不具有长期性。

5 三峡库区基本公共服务供给结构分析

三峡库区要实现三峡库区移民生活水平和质量与湖北省、重庆市同期平均水平一致的目标，目前距离实现这一目标究竟还有多远，是推进三峡库区基本公共服务供给侧结构性改革的一个重要问题。基于此，本章在评价三峡库区基本公共服务供给水平的基础上，对其供给主体结构、内容结构和空间结构展开分析，以剖析其内在不平衡不充分问题，通过供给主体结构试图解决由谁供给的问题，通过供给内容结构和空间结构解决供给什么、如何供给等问题。基于此，本章主要包括以下四个方面的内容：一是基于演化博弈对基本公共服务多元合作供给主体的可行性进行论证；二是构建三峡库区基本公共服务水平评价指标体系，运用熵权 TOPSIS 法客观评价三峡库区 15 个区县基本公共服务综合水平，为后续分析提供证据支持；三是在基本公共服务供给水平评价的基础上，对当前三峡库区基本公共服务供给内容结构及其供给短板进行揭示；四是运用探索性空间数据分析方法来探讨三峡库区基本公共服务水平的空间依赖性与空间异质性。

5.1 基于演化博弈的基本公共服务供给主体结构

国内学者普遍认为，由多元主体合作供给基本公共服务一方面能够通过扩大公共资源渠道来弥补基本公共服务供给总量的不足，另一方面能够完善公共资源配置方式和供给方式来提高基本公共服务供给效率与供给质量（董明涛和孙钰，2011；刘书明，2016；戴祥玉和杜春林，2017）。但目前对多元主体合作供给基本公共服务的存在性和有效性分析仍有待进一步深入探究，基本公共服务多元供给主体能否实现合作供给的根本在于各方效用的满足程度，因此基本公共服务供给各方能否实现其效用最大化是构建多元主体合作供给的关键。本书以增进社会福利、提升人民获得感为目标，基于演化博弈视域探析基本公共服务供给各方的行动动机与实现多元合作供给的可能条件。

在进行博弈模型构建之前，我们首先要对博弈参与者进行界定。长期以来政府在基本公共服务供给过程中发挥着主导作用，承担着基本公共服务的主要责任。随着新公共服务思想的兴起，在理论与实践层面均认为应加强政府的服务职能，放开公共服务市场，引入社会资本。党的十八届五中全会明确指出要创新公共服务供给方式，广泛吸引社会资本参与公共服务供给过程，推进政府购买公共服务。基于此，本书所研究的基本公共服务供给主体主要包括两大方面：一是政府组织，二是社会资本。其中，社会资本按来源分类，主要包括私人企业、个人和非营利性组织，因此从资本来源看基本公共服务供给主体包括政府、私人企业、个人和非营利性组织四个主体。单一的、小范围的基本公共服务供给可由任何一个供给主体提供，但随着经济社会的发展和人民群众收入水平的提高，人民对基本公共服务的需求数量和质量均提出了更高的要求，这就需要多个供给主体的协调合作。然而政府、私人企业、个人和非营利性组织各方供给主体均有自己的利益诉求。鉴于个体有限理性，各供给主体在基本公共服务供给过程中均要追求自身利益最大化，进而使基本公共服务供给陷入“囚徒困境”，从而出现基本公共服务供给总量不足、结构失衡和效率不高等问题。因此，参与基本公共服务供给的各主体为实现共同目标，就需要采取合作博弈。如果能够设计一套多方共赢的合作供给机制，那么政府、私人企业、个人和非营利性组织间的多元合作供给联盟就能得到有效保障，实现在基本公共服务领域中供给主体的帕累托最优，从而增进整个社会福利和人民获得感。

从当前基本公共服务供给现状来看，政府在基本公共服务供给或合作供给中处于主导地位，在多元合作供给中处于强势地位；私人企业、个人和非营利性组织则处于相对弱势地位。如果政府要改善基本公共服务供给数量和质量，就必须考虑采取合作供给的模式。政府与私人企业、个人和非营利性组织的合作博弈可分为两个层次：一是政府在购买基本公共服务过程中委托代理双方（政府和私人企业）的双方博弈；二是基本公共服务供给的直接利益相关者与合作者间（政府、个人和非营利性组织）的三方博弈。

由于完全理性的假定在现实经济社会中难以满足，演化博弈理论认为博弈参与者只具备有限理性，通过对博弈的动态演化分析，强调一种动态的均衡。演化博弈通常包括四大要素：一是博弈参与者，即政府、私人企业、个人和非营利性组织；二是支付函数或适应度函数，即行动对应的收益；三是动态模型；四是收敛稳定性的均衡状况，如演化稳定策略。

5.1.1 研究假设与支付矩阵

1. 政府与私人企业间的双方博弈假设

本书研究的政府主体是指县乡级直接供给基本公共服务的基层政府，政府供给基本公共服务的出发点和目的是提高人民的满意度和获得感，进而提升政府公信力。从当前基本公共服务供给现状来看，由于公共产品具有较强的正外部性，私人部门往往不愿意供给基本公共服务，这就会致使市场失灵，因此需要政府来统筹基本公共服务供给。但新公共服务理论认为政府的角色作用不是掌舵或划桨而是服务，所以在供给基本公共服务过程中，政府并不需要自己组织生产，而是帮助人民表达和实现他们的共同利益。因此在基本公共服务供给过程中，政府可以采用服务外包或合作的方式与私人企业进行合作供给，如国家“十三五”规划明确提出要逐步推进政府购买公共服务、PPP 模式等。

政府与私人企业间的合作关系更多的是一种委托代理关系，政府的目标是增强公众获得感进而提升政府公信力，私人企业的目标是利润最大化。政府将基本公共服务的生产权和经营权交给私人企业，并对企业进行监督，以确保私人企业提供基本公共服务的努力程度以实现政府满足公众公共需求的行政目标。但由于政府与私人企业间的信息不对称和对公众需求的认知程度不一致，因此政府需要对私人企业的供给行为进行监督。

委托代理关系的核心问题在于双方信息不对称，最佳解决办法就是设计最优的激励机制。政府对私人企业合作供给基本公共服务有“监督”和“不监督”两种策略；面对政府的行动策略，基于利润最大化的目标，私人企业有“努力”与“不努力”两种行动策略。当政府对私人企业供给基本公共服务监督力度越大，私人企业提供的基本公共服务水平和质量也就越高，进而社会公众的满意度和获得感越高，政府公信力越强。反之如果政府对私人企业监督缺失，私人企业就会产生机会主义倾向，为谋取自身利润最大化而降低基本公共服务水平，进而降低政府公信力。通过以上分析，我们提出以下研究假设。

假设 1：政府的策略选择取决于其监督收益与监督成本的权衡，即监督收益>监督成本，政府选择“监督”策略，反之则选择“不监督”策略。

假设 2：私人企业的策略选择取决于政府的策略选择，即政府选择“监督”策略，则私人企业选择“努力”策略；政府选择“不监督”策略，则私人企业选“不努力”策略。

假设3：政府对私人企业“不努力”策略的惩罚对私人企业策略选择具有一定影响。

2. 政府与私人企业博弈的支付矩阵

从政府的角度来看，对私人企业合作供给基本公共服务选择“监督”策略所带来的预期收益能够提高基本公共服务供给效率和供给质量，提高人民群众获得感和幸福感，提升政府公信力（R_1）；其需要面对的成本是信息不对称所带来的“逆向选择”和“道德风险”，进而增加政府的监督成本（C_1）。如果政府对私人企业选择“不监督”策略所带来的损失可能是人民获得感和满意度下降，进而政府公信力下降（L_1）。从私人企业的角度来看，私人企业“努力”与政府合作供给基本公共服务所带来的收益为其经营政府项目所获得的预期收益（R_2），其成本为供给基本公共服务所付出的努力成本（C_2）。如果私人企业“不努力”与政府合作所带来的损失可能是社会形象与政府资源的损失以及面对政府“监管”所带来的惩罚（L_2），通常私人企业在与政府合作过程中能够得到政府的支持进而企业的社会公信力，如果私人企业参与基本公共服务供给则可能会损失这部分资源。

政府的预期收益：监督私人企业努力供给的收益（R_1-C_1）；监督私人企业不努力供给的收益（$R_1+L_2-C_1$）；不监督私人企业努力供给的收益（R_1）；不监督私人企业不努力的收益（L_1）。私人企业的预期收益：私人企业努力供给政府监督的收益（R_2-C_2）；私人企业努力供给政府不监督的收益（R_2-C_2）；私人企业不努力供给政府监督的收益（R_2-L_2）；私人企业不努力供给政府不监督的收益 R_2。根据政府与私人企业的预期收益，我们可以得出政府与私人企业博弈的支付矩阵（如表5-1所示）。其中，R_1、R_2、C_1、C_2、L_1、L_2均大于0。从表5-1可知，如果对私人企业“不努力”的惩罚大于其努力成本，同时大于政府监督成本时（$L_2>C_2$且$L_2>C_1$），私人企业的条件策略为（努力/监督），（不努力，不监督）；政府的条件策略为（不监督/努力），（监督/不努力），则不存在纳什均衡解。如果对私人企业“不努力”的惩罚大于其努力成本，但小于政府监督成本时（$L_2>C_2$且$L_2<C_1$），私人企业的条件策略不变；政府的条件策略为（不监督/努力），（不监督/不努力），其纳什均衡解为（不努力，不监督），则会陷入囚徒困境。如果对私人企业“不努力”的惩罚小于其努力成本，但大于政府监督成本时（$L_2<C_2$且$L_2>C_1$），私人企业的条件策略为（不努力/监督），（不努力，不监督）；政府的条件策略为（不监督/努力），（监督/不努力），其纳什均衡解为（不努力，监督）。如果对私人企业“不努力”的惩罚小于其努力成本，同时也小于政府监督成本时（$L_2<C_2$且$L_2<C_1$），

私人企业的条件策略为（不努力/监督），（不努力，不监督）；政府的条件策略为（不监督/努力），（不监督/不努力），其纳什均衡解为（不努力，不监督），则会陷入囚徒困境。由此可见，政府与私人企业的理性选择结局从整体上看并非是最有效率的，在政府与私人企业合作供给基本公共服务时，针对私人企业的信息不对称应先行动，提前做好监管措施，同时加大对私人企业不努力行为的惩处，如政府购买服务管理办法等，在此情况下私人企业的条件策略为（努力/监管），这样才能提高社会福利和人民群众基本公共服务获得感。

表 5-1　政府与私人企业博弈的支付矩阵

		政府	
		监督	不监督
私人企业	努力	$(R_2-C_2，R_1-C_1)$	$(R_2-C_2，R_1)$
	不努力	$(R_2-L_2，R_1-L_1-C_1+L_2)$	$(R_2，R_1-L_1)$

3. 政府、个人和非营利性组织的三方博弈假设

政府和个人作为基本公共服务的供需双方，是基本公共服务供给的直接利益相关者。新公共服务理论认为公共利益最大化是公共服务供给的根本目标。非营利性组织是弥补基本公共服务供给市场失灵与政府失效的重要组成部分，在公共管理中发挥着十分重要的作用。政府供给基本公共服务必须以公众需求为导向，由于个人公共需求偏好表达不完全，个人在公共需求中不能完全显示自身真实偏好，这种“搭便车”现象往往会误导政府基本公共服务供给决策。当个人参与到基本公共服务供给中，在其预期收益与成本权衡过程中能够较大程度显示个人真实的需求偏好，从而提高政府供给基本公共服务的质量，提高个人基本公共服务满意度和政府公信力。同时，非营利性组织将携手政府与个人，推动基本公共服务平衡充分供给。当前我国各种形式的非营利性组织逐渐成为社会公众表达意愿、维护权益、协调关系最为广泛和直接的形式，如中国红十字会、消费者权益保护协会、中华环保联合会等，因此非营利性组织参与基本公共服务供给能够提升社会公众福利水平，进而提升政府公信力。

因此政府作为基本公共服务的供给方，其行动策略是“投入”或“不投入”，政府投入基本公共服务的方式包括自己供给和向私人企业购买，其行动目的是提高人民群众获得感和幸福感，进而提升政府公信力。个人作为基本公共服务的直接使用方和受益方，其行动策略是“参与”或“不参与”，其行动目的是满足自身效用最大化。非营利性组织作为市场与政府两大部门的补充，

在基本公共服务供给过程中其行动策略是“合作”或“不合作”，其行动目的是实现自身组织价值提升社会形象。

通过以上的供给主体策略分析，我们提出以下研究假设。

假设4：基于演化博弈理论，政府、个人和非营利性组织在提供基本公共服务过程中均为有限理性。

假设5：在政府主导下，个人和非营利性组织会选择参与合作供给基本公共服务。

假设6：政府、个人和非营利性组织均不能完全了解其他供给方同期的行动策略。

假设7：个人和非营利性组织是否参与合作的依据是：收益与成本的权衡，即收益>成本，个人和非营利性组织选择参与合作，反之则选择不参与合作。

4. 政府、个人和非营利性组织博弈的支付矩阵

对政府来说，政府的收益为政府公信力（R_1）。政府公信力主要来自政府与个人、非营利性组织三方（$R_1=R_{11}+R_{13}+R_{14}$）。其中，政府选择“投入”策略本身能够增加基本公共服务投入，进而提升政府公信力（R_{11}）；个人参与一方面能够增加基本公共服务数量，如农村基本公共服务，另一方面自下而上的基本公共服务供给能够提高供需匹配度和供给质量，进而提升公众获得感和满意度，最终提升政府公信力（R_{13}）；非营利性组织合作供给能够增加基本公共服务供给数量，进而提升政府公信力（R_{14}）。政府需要面对的成本为投入基本公共服务需要的资金和资源成本（C_1）。如果政府选择“不投入”策略，其不需要付出成本，但可能带来的损失是在社会公众中的形象为不作为，失去政府公信力（L_1）。

对个人来说，个人的收益为基本公共服务获得感提升（R_3）。个人基本公共服务获得感来同样来自政府、个人和非营利性组织三方面（$R_3=R_{33}+R_{31}+R_{34}$）：其中个人参与供给基本公共服务本身能增加基本公共服务供给总量，满足自身公共需求（R_{33}）；政府选择“投入”策略，政府投入基本公共服务能够完善和提升基本公共服务水平，进而提升个人获得感（R_{31}）；同时如果非营利性组织选择“合作”策略，非营利性组织合作供给基本公共服务能够增加基本公共服务供给数量和质量，进而提升个人获得感（R_{34}）。其支付的成本为参与成本与机会成本（C_3），如果个人选择“不参与”策略，则不需要支付成本，但其会损失掉自身所提供的那部分基本公共服务所带来的获得感以及个人需求的机会成本（L_3）。

对非营利性组织来说，非营利性组织的收益为自身组织价值实现和社会形象提升（R_4），如中国青年志愿者协会通过城乡发展、扶贫开发等项目对特殊困难群体所提供公益性服务，既体现了中国青年志愿者协会的组织宗旨又提升了其社会影响力和形象。非营利性组织的收益来自政府和个人两方面（$R_4=R_{41}+R_{43}$），政府作为非营利性组织的主管部门，非营利性组织与政府合作供给基本公共服务能够获得政府的资金和政策支持，实现非营利性组织的自身价值（R_{41}）；非营利性组织合作供给基本公共服务往往能得到个人的好评和称赞，提升非营利性组织社会形象（R_{43}）。其承担的成本为供给基本公共服务所付出的资金和努力成本（C_4），如果非营利性组织选择“不合作”策略，但可能带来的损失是失去政府的支持与个人对非营利性组织的社会形象（$L_4=L_{41}+L_{43}$），如瑞典非营利性组织约2/3的资金来自政府，如果非营利性组织与政府合作，可能会损失部分政府支持（L_{41}），同时社会公众会对非营利性组织产生信任危机（L_{43}）。

由上可知政府、个人和非营利性组织三方博弈，各方有两种策略行动，故博弈策略组合共8种，各种策略组合及各方对应的预期收益如表5-2所示。

表5-2　政府、个人和非营利性组织博弈的支付矩阵

策略组合	预期收益		
	政府	个人	非营利性组织
投入，参与，合作	$R_{11}+R_{13}+R_{14}-C_1$	$R_{33}+R_{31}+R_{34}-C_3$	$R_{41}+R_{43}-C_4$
投入，参与，不合作	$R_{11}+R_{13}-C_1$	$R_{33}+R_{31}-C_3$	$-L_{41}-L_{43}$
投入，不参与，合作	$R_{11}+R_{14}-C_1$	$R_{31}+R_{34}-L_3$	$R_{41}+R_{43}-C_4$
投入，不参与，不合作	$R_{11}-C_1$	$R_{31}-L_3$	$-L_{41}$
不投入，参与，不合作	$R_{13}-L_1$	$R_{33}-C_3$	$-L_{43}$
不投入，参与，合作	$R_{13}+R_{14}-L_1$	$R_{33}+R_{34}-C_3$	$R_{43}-C_4$
不投入，不参与，不合作	$-L_1$	0	0
不投入，不参与，合作	$R_{14}-L_1$	$R_{34}-L_3$	$R_{43}-C_4$

5.1.2　动态模型构建及其演化稳定策略

对第i个供给主体采取第j种策略行动的期望收益用E_{ij}表示。其中$i=g$，e，p，n分别表示政府、私人企业、个人和非营利性组织。其中，$j=1$，2分别表示各供给主体的两种策略，在政府与私人企业的双方博弈中1分别表示“监督”“努力”策略，反之则用2表示；在政府、个人和非营利性组织主体的三方博弈中1分别表示"投入""参与""合作"策略，反之则用2表示。下面具体分析两种演化博弈模型及演化稳定策略。

1. 政府与私人企业的复制动态方程

由上文可知，政府选择"监督"时收益为 E_{g1}，政府选择"不监督"策略时收益为 E_{g2}；私人企业选择"努力"策略时收益为 E_{e1}，私人企业选择"不努力"策略时收益为 E_{e2}。现假定政府选择"监督"策略的概率为 x，故选择"不监督"策略的概率为 $1-x$；私人企业选择"努力"策略的概率为 y，选择"不努力"的概率为 $1-y$。由支付矩阵可计算出政府和私人企业不同策略下的期望收益。

（1）政府

政府选择"监督"时的期望收益如下：

$$E_{g1}=y(R_1-C_1)+(1-y)(R_1-L_1-C_1+L_2)=R_1-C_1+(1-y)(L_2-L_1) \tag{5.1}$$

政府选择"不监督"时的期望收益如下：

$$E_{g2}=yR_1+(1-y)(R_1-L_1)=R_1-L_1+yL_1 \tag{5.2}$$

政府的平均期望收益如下：

$$E_g=xE_{g1}+(1-x)E_{g2} \tag{5.3}$$

由此得到政府监督私人企业供给基本公共服务的动态复制方程

$$U_g=\mathrm{d}x/\mathrm{d}t=x(E_{g1}-E_g)=x(1-x)(E_{g1}-E_{g2})=x(1-x)(L_2-C_1-yL_2) \tag{5.4}$$

（2）私人企业

同理，私人企业选择"努力"时的期望收益如下：

$$E_{e1}=x(R_2-C_2)+(1-x)(R_2-C_2)=R_2-C_2 \tag{5.5}$$

私人企业选择"不努力"时的期望收益如下：

$$E_{e1}=x(R_2-L_2)+(1-x)R_2=R_2-xL_2 \tag{5.6}$$

私人企业的平均期望收益如下：

$$E_e=yE_e+(1-y)E_e \tag{5.7}$$

私人企业努力供给基本公共服务的动态复制方程如下：

$$U_e=\mathrm{d}x/\mathrm{d}t=y(E_{e1}-E_e)=y(1-y)(E_{e1}-E_{e2})=y(1-y)(C_2-xL_2) \tag{5.8}$$

动态博弈过程中，博弈双方选择博弈策略的概率 x、y，与时间 t 相关，其中 $x(t)$、$y(t)$ 取值区间为［0，1］，由此有政府与私人企业双方博弈的动态复制微分方程组解域为［0，1］×［0，1］。当 $U_g(x)=0$、$U_e(y)=0$ 时，表示政府与私人企业各自行动策略的演化博弈稳定状态。故两个方程求解

两个未知数均衡解 $E=(x、y)$。

$$L_2-C_1-yL_2=0 \tag{5.9}$$

$$C_2-xL_2=0 \tag{5.10}$$

得到

$$y=(L_2-C_1)/L_2 \tag{5.11}$$

$$x=C_2/L_2 \tag{5.12}$$

对方程 U_g、U_e分别求偏导，可得

$$U_g'(x)=(L_2-C_1-yL_1)(1-2x) \tag{5.13}$$

$$U_g'(y)=(C_2-xL_2)(1-2y) \tag{5.14}$$

当 $U_g'(x)<0$、$U_e'(y)<0$ 时，$x=C_2/L_2$，$y=(L_2-C_1)/L_2$分别表示演化过程中政府和私人企业应采取的稳定策略。

2. 政府与私人企业演化博弈的稳定性分析

我们首先对政府演化稳定策略进行讨论。

$U_g(x)=0$ 表示政府监督企业供给基本公共服务的稳定状态。由上文分析可知，当 $y=(L_2-C_1)/L_2$时，必然有 $U_g(x)=0$。由式（5.4）可知，当 $y\neq(L_2-C_1)/L_2$时，当且仅当 $x=0$ 和 $x=1$ 两个均衡解。求偏导得到 $U_g'(x)=(L_2-C_1-yL_2)(1-2x)$；当 $y<(L_2-C_1)/L_2$ 时，有 $U_g'(x)|_{x=0}>0$、$U_g'(x)|_{x=1}<0$，只有当 $U_g'(x)<0$ 时才代表政府行动的稳定策略，故在此情况下 $x=1$ 为稳定均衡点，表明政府选择“监督”策略为演化稳定策略；当 $y>(L_2-C_1)/L_2$时，有 $U_g'(x)|_{x=0}<0$、$U_g'(x)|_{x=1}>0$，故在此情况下 $x=0$ 为稳定均衡点，表明政府选择“不监督”策略为演化稳定策略。

然后，我们对私人企业演化稳定策略进行讨论。

$U_e(y)=0$ 表示私人企业努力供给基本公共服务的稳定状态，由上文分析可知，当 $x=C_2/L_2$时，必然有 $U_e(y)=0$。由式（5.8）可知，当 $x\neq C_2/L_2$时，当且仅当 $y=0$ 和 $y=1$ 两个均衡解。求偏导得到 $U_g'(y)=(C_2-xL_2)(1-2y)$；当 $x<C_2/L_2$时，有 $U_e'(y)|_{y=0}>0$、$U_e'(y)|_{y=1}<0$，故在此情况下 $y=1$ 为稳定均衡点，表明私人企业选择“努力”策略为演化稳定策略；当 $x>C_2/L_2$时，有 $U_e'(y)|_{y=0}<0$、$U_e'(y)|_{y=1}>0$，故在此情况下 $y=0$ 为稳定均衡点，表明私人企业选择“不努力”策略为演化稳定策略。

由于政府与私人企业初始策略的不同，会产生不同的稳定演化稳定策略。但在基本公共服务供给过程中，如果政府选择“监督”策略的初始决策概率 $x>0$，那么当 $x\rightarrow1$ 时，政府选择“监督”策略为演化稳定策略，同时私人企业选择“努力”的概率 y 增大，此时趋向于政府监督私人企业努力供给基本公

共服务。同样私人企业选择“努力”策略的初始决策概率 $y>0$，那么当 $y\to 1$ 时，私人企业选择“努力”策略为演化稳定策略的条件为政府对私人企业的监督惩罚大于私人企业努力供给的成本。

由此可见，优化政府对私人企业参与供给基本公共服务的监督机制，突出对其不努力供给的有效惩罚，能够提高基本公共服务供给效率和社会公众获得感，增进社会福利和政府公信力。如政府通过法律、行政手段加大对私人企业供给基本公共服务违约的适当罚金，以保证基本公共服务私人企业供给与政府服务目标和社会公众基本公共服务需求相一致。

3. 政府、个人和非营利性组织的复制动态方程

在政府、个人和非营利性组织三方博弈中，政府选择“投入”策略的收益为 E_{g1}，政府选择“不投入”策略的收益为 E_{g2}；个人选择“参与”策略的收益为 E_{p1}，个人选择“不参与”策略的收益为 E_{p2}；非营利性组织选择“合作”策略的收益为 E_{n1}，非营利性组织选择“不合作”策略的收益为 E_{n2}。现假设政府选择“投入”策略的概率为 α，因此选择“不投入”策略的概率为 $1-\alpha$；个体选择“参与”策略的概率为 β，选择“不参与”策略的概率为 $1-\beta$；非营利性组织选择“合作”策略的概率为 γ，选择“不合作”策略的概率为 $1-\gamma$。由政府、个人和非营利性组织三方博弈的支付矩阵可计算出政府、个人和非营利性组织在不同策略下的期望收益。

（1）政府

政府选择“投入”策略的期望收益如下：

$$E_{g1}=\beta\gamma(R_{11}+R_{13}+R_{14}-C_1)+\beta(1-\gamma)(R_{11}+R_{13}-C_1)+(1-\beta)\gamma(R_{11}+R_{14}-C_1)+(1-\beta)(1-\gamma)(R_{11}-C_1)=R_{11}-C_1+\gamma R_{14}-2\beta\gamma C_1 \tag{5.15}$$

政府选择“不投入”策略的期望收益如下：

$$E_{g2}=\beta\gamma(R_{13}+R_{14}-L_1)+\beta(1-\gamma)(R_{13}-L_1)+(1-\beta)\gamma(R_{14}-L_1)+(1-\beta)(1-\gamma)(-L_1)=\beta R_{13}+\gamma R_{14}-L_1 \tag{5.16}$$

政府的平均期望收益如下：

$$E_g=\alpha E_{g1}+(1-\alpha)E_{g2} \tag{5.17}$$

由此得到政府投入基本公共服务的动态复制方程为

$$\begin{aligned}U_g&=\mathrm{d}\alpha/\mathrm{d}t=\alpha(E_{g1}-E_{g})=\alpha(1-\alpha)(E_{g1}-E_{g2})\\&=\alpha(1-\alpha)[R_{11}-C_1+L_1-\beta(2\gamma C_1-R_{13})]\end{aligned} \tag{5.18}$$

（2）个人

个人选择“参与”策略的期望收益如下：

$$E_{p1}=\alpha\gamma(R_{33}+R_{31}+R_{34}-C_3)+\alpha(1-\gamma)(R_{33}+R_{31}-C_3)+(1-\alpha)\gamma(R_{33}+R_{34}-C_3)+(1-\alpha)(1-\gamma)(R_{33}-C_3)=R_{33}-C_3+\alpha R_{31}+\gamma R_{34} \quad (5.19)$$

个人选择“不参与”策略的期望收益如下：

$$E_{p2}=E_{p1}=\alpha\gamma(R_{31}+R_{34}-L_3)+\alpha(1-\gamma)(R_{31}-L_3)+(1-\alpha)\gamma(R_{34}-L_3)$$
$$=\alpha\gamma L_3+\alpha R_{31}+\gamma R_{34}-\alpha L_3-\gamma L_3 \quad (5.20)$$

个人的平均期望收益如下：

$$E_p=\beta E_{p1}+(1-\beta)E_{p2} \quad (5.21)$$

个人参与基本公共服务供给的动态复制方程如下：

$$U_p=\mathrm{d}\beta/\mathrm{d}t=\beta(E_{p1}-E_{p})=\beta(1-\beta)(E_{p1}-E_{p2})$$
$$=\beta(1-\beta)[R_{33}-C_3+\gamma(L_3-\alpha L_3)+\alpha L_3] \quad (5.22)$$

（3）非营利性组织

非营利性组织选择“合作”策略的期望收益如下：

$$E_{n1}=\alpha\beta(R_{41}+R_{43}-C_4)+\alpha(1-\beta)(R_{41}+R_{43}-C_4)+(1-\alpha)\beta(R_{43}-C_4)+(1-\alpha)(1-\beta)(R_{43}-C_4)$$
$$=R_{43}-C_4+\alpha R_{41} \quad (5.23)$$

非营利性组织选择“不合作”策略的期望收益如下：

$$E_{n2}=\alpha\beta(-L_{41}-L_{43})+\alpha(1-\beta)(-L_{41})+(1-\alpha)\beta(-L_{43})$$
$$=-\alpha L_{41}-\beta L_{43} \quad (5.24)$$

非营利性组织的平均期望收益如下：

$$E_n=\gamma E_{n1}+(1-\gamma)E_{n2} \quad (5.25)$$

非营利性组织合作供给基本公共服务的动态复制方程如下：

$$U_n=\mathrm{d}\gamma/\mathrm{d}t=\gamma(E_{n1}-E_{n})=\gamma(1-\gamma)(E_{n1}-E_{n2})$$
$$=\gamma(1-\gamma)[R_{43}-C_4+\beta L_{43}+\alpha(R_{41}+L_{41})] \quad (5.26)$$

动态博弈过程中，政府、个人和非营利性组织三方博弈选择博弈策略的概率 α、β、γ，与时间 t 相关，其中 $\alpha(t)$、$\beta(t)$、$\gamma(t)$ 取值区间为 [0, 1]，由此有政府、个人和非营利性组织三方博弈的动态复制微分方程组解域 [0, 1] × [0, 1] × [0, 1]。当 $U_g(x)=0$、$U_e(y)=0$ 时，表示政府与私人企业各自行动策略的演化博弈稳定状态。

因此，由三个方程求解三个未知数均衡解 $E=(\alpha、\beta、\gamma)$。

$$R_{11}-C_1+L_1-\beta(2\gamma C_1-R_{13})=0 \quad (5.27)$$

$$R_{33}-C_3+\gamma(L_3-\alpha L_3)+\alpha L_3=0 \quad (5.28)$$

$$R_{43}-C_4+\beta L_{43}+\alpha(R_{41}+L_{41})=0 \quad (5.29)$$

得到

$$\alpha = \frac{C_4 - R_{43} - \beta L_{43}}{R_{41} + L_{41}} \tag{5.30}$$

$$\beta = \frac{R_{11} - C_1 + L_1}{2\gamma C_1 - R_{13}} \tag{5.31}$$

$$\gamma = \frac{R_{33} - C_3 + \alpha L_3}{\alpha L_3 - L_3} \tag{5.32}$$

在此基础上对动态复制微分方程 U_g、U_e分别求偏导：

$$U'_g(\alpha) = (1 - 2\alpha)[R_{11} - C_1 + L_1 - \beta(2\gamma C_1 - R_{13})] \tag{5.33}$$

$$U'_p(\beta) = (1 - 2\beta)[R_{33} - C_3 + \gamma(L_3 - \alpha L_3) + \alpha L_3] \tag{5.34}$$

$$U'_n(\gamma) = (1 - 2\gamma)[R_{43} - C_4 + \beta L_{43} + \alpha(R_{41} + L_{41})] \tag{5.35}$$

当 $U'_g(\alpha)<0$、$U'_p(\beta)<0$、$U'_n(\gamma)<0$ 时，α、β、γ 值分别表示演化过程中政府、个人和非营利性组织应采取的稳定策略。

4. 政府、个人和非营利性组织演化博弈的稳定性分析

由演化博弈的性质可知，当且仅当 $U'_g(\alpha)<0$、$U'_p(\beta)<0$、$U'_n(\gamma)<0$ 时，政府、个人和非营利性组织所选择的策略为演化稳定策略。

（1）政府演化稳定策略分析

当 $R_{11}-C_1+L_1-\beta(2\gamma C_1-R_{13})=0$ 为政府行动策略的均衡点，表示稳定状态的分界线。当 $R_{11} - C_1 + L_1 - \beta(2\gamma C_1 - R_{13}) > 0$ 时，有 $U'_g(\beta)|_{\alpha=0} > 0$、$U'_g(\alpha)|_{\alpha=1} < 0$，则表明政府选择“投入”策略为演化稳定策略，选择“不投入”策略为不稳定策略；反之，若 $R_{11} - C_1 + L_1 - \beta(2\gamma C_1 - R_{13}) < 0$时，有 $U'_g(\alpha)|_{\alpha=1} > 0$、$U'_g(\alpha)|_{\alpha=0} < 0$，则表明政府选择“不投入”策略为演化稳定策略，选择“投入”策略为不稳定策略。当 $0<\alpha<1$ 时，政府所选策略的稳定状态取决于二次曲线 $R_{11} - C_1 + L_1 - \beta(2\gamma C_1 - R_{13}) = 0$ 的形态。

（2）个人演化稳定策略分析

当 $R_{33}-C_3+\gamma(L_3-\alpha L_3)+\alpha L_3=0$ 为个人行动策略的均衡点，表示稳定状态的分界线。当 $R_{33} - C_3 + \gamma(L_3 - \alpha L_3) + \alpha L_3 > 0$ 时，有 $U'_p(\beta)|_{\beta=0} > 0$、$U'_p(\beta)|_{\beta=1} < 0$，则表明个人选择“参与”策略为演化稳定策略，选择“不参与”策略为不稳定策略；反之，若 $R_{33} - C_3 + \gamma(L_3 - \alpha L_3) + \alpha L_3 < 0$ 时，有 $U'_p(\beta)|_{\beta=1} > 0$、$U'_p(\beta)|_{\beta=0} < 0$，则表明个人选择“不参与”策略为演化稳定策略，选择“参与”策略为不稳定策略。当 $0<\beta<1$ 时，个人所选策略的稳定状态取决于二次曲线 $R_{33} - C_3 + \gamma(L_3 - \alpha L_3) + \alpha L_3 = 0$ 的形态。

（3）非营利性组织演化稳定策略分析

当 $R_{43}-C_4+\beta L_{43}+\alpha(R_{41}+L_{41})=0$ 为非营利性组织行动策略的均衡点，表

示稳定状态的分界线。当 $R_{43}-C_4+\beta L_{43}+\alpha(R_{41}+L_{41})>0$ 时，有 $U'_n(\gamma)|_{\gamma=0}>0$、$U'_n(\gamma)|_{\gamma=1}<0$，则表明非营利性组织选择“合作”策略为演化稳定策略，选择“不合作”策略为不稳定策略；反之，若 $R_{43}-C_4+\beta L_{43}+\alpha(R_{41}+L_{41})<0$ 时，有 $U'_n(\gamma)|_{\gamma=1}>0$、$U'_n(\gamma)|_{\gamma=0}<0$，则表明非营利性组织选择“不合作”策略为演化稳定策略，选择“合作”策略为不稳定策略。当 $0<\gamma<1$ 时，非营利性组织所选策略的稳定状态取决于二次曲线 $R_{43}-C_4+\beta L_{43}+\alpha(R_{41}+L_{41})=0$ 的形态。

由此可知，在政府、个人和非营利性组织三方博弈中，各方所选择策略的稳定性除取决于自身之外还受到其他博弈参与者策略选择及预期收益的影响。在三方博弈模型中，政府处于基本公共服务供给的主导地位，其投入数量对个人与非营利性组织是否参与合作供给有较大影响；个人与非营利性组织处于从属地位，其策略的取舍决定于政府的策略行动。

在基本公共服务供给过程中，如果政府选择“投入”策略的初始决策概率 $\alpha>0$，那么当 $\alpha\to1$ 时，政府选择“投入”策略为演化稳定策略，同时个人与非营利性组织选择“参与”“合作”的概率 β、γ 增大，此时趋向于政府与个人、非营利性组织三方合作供给基本公共服务。同样个人选择“参与”策略的初始决策概率 $\beta>0$，那么当 $\beta\to1$ 时，个人选择“参与”策略为演化稳定策略的条件为 $R_{43}-C_4>0$，即个人参与基本公共服务所带来的使用收益大于其支付的成本，则个人会参与基本公共服务供给。如果非营利性组织选择“合作”策略的初始决策概率 $\gamma>0$，那么当 $\gamma\to1$ 时，非营利性组织选择“合作”策略为演化稳定策略的条件为 $R_{33}-C_3>0$，即非营利性组织所获得的收益大于非营利性组织支付的成本，则非营利性组织会合作供给基本公共服务。

鉴于此，对于构建基本公共服务的多元主体合作供给机制，政府首先应加大基本公共服务投入，其投入途径包括自身供给和与私人企业合作供给。其中，在向私人企业购买或外包基本公共服务时，应加强对私人企业的监管。其次应减少个人参与基本公共服务供给的经济负担，鼓励个人基于自身需求参与基本公共服务供给，因为只有个人参与供给的收益大于成本时，个人才愿意参与供给，而个人参与基本公共服务供给对公共需求表达和提高基本公共服务供给质量尤为重要。最后，非营利性组织只有在个人或社会公众获得感提升时，才能实现其自身价值，才会积极合作供给基本公共服务。

5.2　三峡库区基本公共服务供给内容结构

结构失衡是当前三峡库区基本公共服务供给所面临的主要问题。本书通过构建基本公共服务供给评价指标体系，运用用熵权 TOPSIS 法综合评价方法对2007—2016 年三峡库区基本公共服务供给水平进行评价，并在此基础上对三峡库区基本公共服务供给内容结构展开分析，同时运用面板回归模型对三峡库区基本公共服务供给水平的影响因素进行分析，以探求提高三峡库区基本公共服务供给水平的路径。

5.2.1　指标体系构建

1. 指标选取的原则

本书认为设计三峡库区基本公共服务评价指标体系应包括以下五项基本原则。

第一，科学性原则。在设计基本指标体系时要充分反映基本公共服务水平、绩效及覆盖率，从不同角度全面、系统地反映政府提供基本公共服务的全貌；指标设计还要体现其动态变化，要随着衡量对象属性的变化不断调整，从而改进和充实指标体系；在确定单个指标时要考虑指标的名称、含义和口径范围，能够真实、可靠、准确反映特定研究对象。

第二，系统性原则。基本公共服务是一个系统，这个系统可以全面反映社会成员的公共需求。因此，在设计指标体系时，应遵循系统性原则，考虑到反映基本公共服务的各项内容，同时注意指标之间、指标内部一级指标与二级指标之间的相互衔接和补充关系。

第三，层次性原则。在合理范围内，政府可以根据不同地区财政能力水平或者不同需求的紧迫程度，为社会公众提供不同层次的基本社会公共服务。因此，应根据社会经济发展的不同阶段，制定基本社会公共服务供给的阶段性目标，相应的评价指标体系也应实施动态调整。

第四，可操作性原则。指标体系设计的目的在于应用，它既对政府基本服务提供现状及效果进行评估，又可以对政府基本公共服务体系建设提供指导，因此指标的选取要注重针对性和可操作性，明确该指标的时空特点，尽量选取概念清晰、数据易得、计算简便的指标，这样才能够达到应用的目的。

第五，针对性原则。基本公共服务内容丰富，指标众多，指标内涵、外延及口径范围不同，本书以推进三峡库区基本公共服务供给侧结构性改革为研究目标，在指标的选取过程中要考虑三峡库区的特殊性和差异性。由于三峡库区所面临的经济基础、社会和生态环境的复杂性，与其他地区基本公共服务的需求和供给有所区别，因此要有针对性地设计评价指标体系，突出三峡库区在推进基本公共服务过程中的重点和难点问题，为其基本公共服务供给提供方向。

2. 指标体系的构建

基于指标选取的原则，本书参考常修泽（2007）、丁元竹（2008）、刘成奎等（2011）、徐琴（2012）、曾红颖（2012）、杨光（2015）关于基本公共服务指标评价体系的构建，借鉴《中共中央关于构建社会主义和谐社会若干重大问题的决定》《中华人民共和国国民经济与社会发展第十三个五年规划纲要》《“十三五”推进基本公共服务均等化规划》等文件，从基础设施、基础教育、医疗卫生、社会保障和公共文化5个一级指标共17个二级指标来反映三峡库区各区县的基本公共服务水平。有关学者还融入了环境保护和公共安全等指标，鉴于本书在数据获取上的局限性，暂不考虑这类指标。三峡库区基本公共服务水平评价指标体系如表5-3所示。

表5-3　三峡库区基本公共服务水平评价指标体系

一级指标	二级指标	
基础设施（X1）	公路密度	X11
	等级公路占比	X12
	高速公路密度	X13
基础教育（X2）	万人普通中学学校数	X21
	普通中学生师比 *	X22
	万人小学学校数	X23
	小学生师比 *	X24
医疗卫生（X3）	万人医院、卫生院机构数	X31
	万人卫生机构床位数	X32
	万人卫生技术人员数	X33
	万人执业（助理）医师数	X34
	万人注册护士数	X35
社会保障（X4）	万人社会福利收养单位床位数	X41
	城镇登记失业率 *	X42

表5-3(续)

一级指标	二级指标	
公共文化（X5）	广播覆盖率	X51
	电视覆盖率	X52
	人均公共图书馆藏书	X53

注：“＊”表示逆向指标，其他为正向指标。

（1）基础设施（X1）。“要致富先修路”，道路交通是三峡库区经济发展的重要基础设施，是实现库区互联互通的重要基础。本书从总量和质量两个方面评价库区基础设施状况，选用公路密度（X11）衡量三峡库区道路交通基础设施的总体规模，选用等级公路占比（X12）、高速公路密度（X13）衡量三峡库区道路基础设施质量。高速公路对地方经济社会发展具有重要意义，自2013年以来三峡库区各区县都已贯通高速公路。

（2）基础教育（X2）。关于基础教育的范围，各个国家的规定并不一致。在我国，基础教育的范围主要包括幼儿园教育、小学教育、普通中学教育（初中、高中）。1977年，联合国教科文组织指出：“基础教育是向每个人提供并为一切人所共有的最低限度的知识、观点、社会准则和经验”的教育。中华人民共和国成立以来，我国向人民群众提供的“最低限度”教育经历了不断演进的过程。中华人民共和国成立初期，我国提出要全面普及小学教育；1986年《中华人民共和国义务教育法》提出实施九年义务教育，强调义务教育是关系民族素质提高和国家兴旺的大事；2017年教育部等四部门发布《高中阶段教育普及攻坚计划（2017—2020年）》，逐步将高中阶段纳入基础教育范畴。因此，本书对基础教育的范围界定为小学和普通中学教育（初中、高中）教育，采用万人普通中学学校数（X21）和万人小学学校数（X23）衡量三峡库区基础教育硬件水平，采用普通中学生师比（X22）和小学生师比（X24）衡量三峡库区基础教育软件水平。需要注意的是，教育基础设施改善的一个重要标志是从以往的大班教学方式逐步转为小班教学方式，而生师比反映的是每位专职中小学老师所分摊的学生人数，属于逆向指标。

（3）医疗卫生（X3）。2009年3月17日，国务院发布的《中共中央 国务院关于深化医药卫生体制改革的意见》提出了着眼于实现人人享有基本医疗卫生服务的基本原则和目标，最终促进基本公共卫生服务逐步均等化。本书选择万人医院、卫生院机构数（X31）和万人卫生机构床位数（X32）衡量三峡库区医疗卫生硬件条件，选择万人卫生技术人员数（X33）、万人执业（助理）医师数（X34）和万人注册护士数（X35）衡量三峡库区医疗卫生软件条件。

（4）社会保障（X4）。推进三峡库区基本公共服务供给侧结构性改革的本质是要实现库区居民生活富裕，提高库区居民民生保障水平。关于医疗保险，城乡统筹的居民医疗保险制度与新型农村合作医疗制度并存，使得医疗保障在统计数据上缺乏统一性；关于养老保险，2015 年 1 月 1 日起新型农村养老保险和城镇居民养老保险将正式合并为城乡居民基本养老保险，养老保险在统计数据上缺乏一致性；针对农村特定人群特殊困难群体的转移性支出，发挥着社会保障的兜底作用，但其指标属性无法确定，故本书不选用该指标。鉴于此，本书选择万人社会福利收养单位床位数（X41）衡量三峡库区社会保障水平，选用城镇登记失业率（X42）衡量三峡库区就业保障水平，但随着就业保障条件的改善，城镇登记失业率会逐步下降，属于逆向指标。

（5）公共文化（X5）。推进三峡库区基本公共服务供给侧结构性改革应坚持物质文明和精神文明一起抓，提升三峡库区城乡居民精神风貌，不断提高库区社会文明程度。三峡库区特别是农村地区，居民受教育水平相对较低，广播电视仍然是茶前饭后的主要娱乐方式，我们根据三峡库区实地调研了解到，98%的库区居民看电视频率较高。此外，随着经济社会的发展和乡村振兴战略的推进，农家书屋、公益书屋等书籍阅读也逐渐丰富了库区人民的文化生活。因此本书选用广播覆盖率（X51）和电视覆盖率（X52）衡量三峡库区广播电视公共文化水平，选用人均公共图书馆藏书（X53）衡量三峡库区书籍阅读等公共文化水平。

5.2.2 评价方法与数据说明

关于基本公共服务综合评价方法，常用的综合评价方法有综合指数法、秩和比（RSR）法、TOPSIS 法、层次分析（AHP）法、多元统计分析法（如主成分分析、聚类分析、因子分析等）、模糊评价法、灰色系统评价方法等。由于综合指数法、秩和比（RSR）法、层次分析（AHP）法对信息利用不完全，而常用的灰色系统评价方法所求出的关联度总为正值，不能全面反映事物之间的关系，且对指标的选择有严格的要求。因此，本书选用 TOPSIS 法。TOPSIS 法对原始数据的利用比较充分，信息损失少，但其评价结果易受变动因素的影响。为使评价结果具有一致性，本书在此基础上对各评价指标进行赋权，以求评价结果的合理科学性。权重的形式有绝对数权重与比重权重，确定权重的方法主要分为主观赋权法和客观赋权法。其中，主观赋权法主要是根据专家经验的主观判断而确定权重，主要有层次分析法、德尔菲法、模糊评价法等；客观分析法则是依据各指标间的相关关系或变异系数而得到指标权重，主要有熵值法、变异系数法、主成分分析法等。由于主观分析法易受人为因素的干扰，因此本书选用客观赋权法确定指标权重。同时由于变异系数法对指标本身的经济意义不够重视，主成分分析法对主要指标的依赖程度较大，因此本书选择熵值法对三峡库区基本公共服务供给评价指标体系进行客观赋权。基于此，本书采用熵权 TOPSIS 法测算出 2007—2016 年三峡库区 15 个区县的基本公共服务水平（熊兴 等，2018）。

TOPSIS 法是一种广泛运用于多目标决策的评价方法，其主要原理是基于评价对象与其理想化目标的距离进行排序。但当评价的环境或自身条件发生变化会造成最优解和最劣解的变化，致使评价结果不具有一致性。因此，本书在此基础上运用熵值法和指标值的变异程度确定各评价指标的客观权重，通过对指标进行客观赋权，有效地消除变动因素的影响，使得评价结果更具有可比性。

假定决策问题有 n 个评价方案，同时有 m 个评价指标，其原始评价值构成的决策矩阵为 $X=(X_{ij})_{m*n}$。由于指标体系存在正向指标与逆向指标，需要首先对评价指标进行同趋势化处理，本书采用规范化方法进行标准化处理，从而得到极值一致化矩阵。其计算公式如下：

$$x_{i1}^{*}=\frac{1}{x_{i1}}(i=1,\ 2,\ \cdots,\ m) \tag{5.36}$$

在得到极值一致化矩阵的基础上，对同趋势化后的数据矩阵进行标准化处理，得到矩阵 $z=(z_{ij})_{m*n}$，计算公式如下：

$$z_{ij}=\frac{x_{ij}^{*}}{\sqrt{\sum_{i=1}^{m}x_{ij}^{*\ 2}}}(i=1,\ 2,\ \cdots,\ m;\ j=1,\ 2,\ \cdots,\ n) \tag{5.37}$$

计算指标 j 的信息熵值 e 和信息效用值 d，计算公式如下：

$$e_j=-k\sum_{i=1}^{m}y_{ij}\ln y_{ij}，\ 其中\ y_{ij}=\frac{z_{ij}}{\sum_{i=1}^{m}z_{ij}}(0\leqslant y_{ij}\leqslant 1),\ k=\frac{1}{\ln m} \tag{5.38}$$

$$d_j=1-e_j \tag{5.39}$$

计算评价指标 j 的权重，计算公式如下：

$$w_j=\frac{d_j}{\sum_{j=1}^{n}d_j}，\ 其中\ w_j\in[0,\ 1]，\ \sum_{j=1}^{n}w_j=1 \tag{5.40}$$

根据评价指标权重计算加权矩阵，计算公式如下：

$$R=(r_{ij})_{m*n}，\ 其中\ r_{ij}=w_j*z_{ij}(i=1,\ 2,\ \cdots,\ m;\ j=1,\ 2,\ \cdots,\ n) \tag{5.41}$$

确定正理想解 s_j^+ 和负理想解 s_j^-，计算公式如下：

$$s_j^+ = \{s_1^+, s_2^+, \cdots, s_j^+, \cdots s_n^+\}，其中 s_j^+ = \max(r_{1j}, r_{2j}, \cdots, r_{kj}, \cdots, r_{nj}) \tag{5.42}$$

$$s_j^- = \{s_1^-, s_2^-, \cdots, s_j^-, \cdots s_n^-\}，其中 s_j^- = \max(r_{1j}, r_{2j}, \cdots, r_{kj}, \cdots, r_{nj}) \tag{5.43}$$

计算评价对象到正理想解 s_j^+ 和负理想解 s_j^- 的欧氏距离，计算公式如下：

$$D_i^+ = \sqrt{\sum_{j=1}^{n} (S_{ij}^+ - r_{ij})^2} \tag{5.44}$$

$$D_i^- = \sqrt{\sum_{j=1}^{n} (r_{ij} - S_{ij}^-)^2} \tag{5.45}$$

计算各评价对象与最优解的相对接近度 C_i，计算公式如下：

$$C_i = \frac{D_i^-}{D_i^+ + D_i^-}，其中 C_i \in [0, 1]\ (i = 1, 2, \cdots, m) \tag{5.46}$$

C_i 越接近 1，表示该评价对象越接近最优评价水平。

在无特殊指明的情况下，本书研究的三峡库区是指三峡库区重庆段，包括万州区、涪陵区、渝北区、巴南区、长寿区、江津区、丰都县、武隆区、忠县、开州区、云阳县、奉节县、巫山县、巫溪县、石柱县 15 个区县，数据来源为历年《重庆统计年鉴》和各区县统计公报。

5.2.3 三峡库区基本公共服务水平评价

根据上述熵权 TOPSIS 法计算 2007—2016 年三峡库区 15 个区县基本公共服务综合评价得分。其计算过程如下，首先对原始数据进行同趋势化和标准化处理；其次运用熵值法确定各指标权重，求得各指标权重矩阵；最后运用 TOPSIS 法求得各区县基本公共服务综合评价得分。

1. 权重确定

各指标权重的确定是测算三峡库区基本公共服务供给水平的关键。具体赋权方法如下：在确定各指标权重过程中，采用逐级累计求权，先运用熵值法对二级指标进行赋权，得到一级指标权重矩阵，在此基础上对一级指标再进行熵值法赋权，求得一级指标权重矩阵。本书选取 2007 年、2010 年、2013 年、2016 年的样本期节点进行指标权重赋值，结果描述见表 5-4。

表 5-4　三峡库区基本公共服务各级指标权重

	指标	2007 w_j	2010 w_j	2013 w_j	2016 w_j
一级指标	X1	0.279	0.170	0.269	0.246
	X2	0.155	0.157	0.159	0.244
	X3	0.306	0.245	0.160	0.193
	X4	0.151	0.219	0.185	0.138
	X5	0.109	0.210	0.228	0.179
二级指标	X11	0.257	0.271	0.315	0.244
	X12	0.268	0.333	0.300	0.360
	X13	0.475	0.396	0.385	0.396
	X21	0.198	0.234	0.207	0.195
	X22	0.140	0.155	0.223	0.180
	X23	0.368	0.306	0.355	0.333
	X24	0.294	0.306	0.216	0.292
	X31	0.154	0.177	0.191	0.215
	X32	0.210	0.207	0.169	0.141
	X33	0.247	0.196	0.230	0.222
	X34	0.158	0.200	0.188	0.216
	X35	0.231	0.220	0.222	0.205
	X41	0.494	0.344	0.521	0.555
	X42	0.506	0.656	0.479	0.445
	X51	0.290	0.339	0.328	0.285
	X52	0.244	0.228	0.230	0.330
	X53	0.465	0.433	0.442	0.385

从一级指标来看，2007—2016 年基础设施在三峡库区基本公共服务供给中占有较大的权重，基础教育的权重呈上升趋势，医疗卫生的权重呈下降趋势，社会保障和公共文化的权重呈现上升后下降趋势。从 2016 年一级指标平均值来看，基础设施在三峡库区基本公共服务中占有较大的权重（0.246），表明基础设施在当前三峡库区基本公共服务供给过程中十分重要，事实证明基础设施建设是三峡库区经济社会发展的重要依托。近年来，三峡库区道路、电信、供电等基础设施建设取得了较大的突破，三峡库区居民生活生产条件有了较大改善。但由于现有的基础设施条件和投入不能满足人民群众日益增长的基础设施需求、历史欠账较多、管护机制缺乏等，三峡库区基础设施总体上依然

薄弱。基础教育在三峡库区基本公共服务中的权重为0.226，医疗卫生在三峡库区基本公共服务中的权重为0.193，这表明教育和医疗这两大民生基本公共服务在三峡库区基本公共服务供给过程中也比较重要。近年来三峡库区医疗卫生建设力度加强和普及义务教育的巩固，医疗卫生和基础教育条件得到较大改善，三峡库区群众就近就医、入学较为便利，但“看病难、看病贵”“入学难”等问题仍然存在。公共文化（0.179）与社会保障（0.138）权重相对较低，表明公共文化与社会保障在库区基本公共服务供给中的重要程度相较于其他指标来说更低。随着三峡库区经济社会的发展，三峡库区居民收入水平不断提高，人们对未来生活的社会保障和精神层面的公共文化需求越来越强烈。由此看来，运用熵值法对各一级指标进行客观赋权符合各指标的现实经济意义。

从二级指标来看，在基础设施中，高速公路密度和等级公路占比等代表基础设施质量的项目在基础设施建设过程中显得比较重要，因此其占有较大权重，而代表基础设施规模的公路密度权重相对较小。在基础教育中，小学教育的权重大于中学教育的权重，这表明小学基础教育相比中学基础教育对三峡库区居民更为重要。在医疗卫生中，卫生技术人员、执业（助理）医师、注册护士等医疗卫生软件条件相对权重较大，而卫生机构床位数等硬件条件权重相对较小，这表明医疗卫生质量相比较数量对三峡库区居民来说更为重要。在社会保障中，由于库区城镇登记失业率相对较低，低于同期重庆市和全国平均水平，这表明三峡库区在就业方面相对做得较好。在社会养老方面，三峡库区大多是家庭养老和以地养老，但三峡库区成坝以来，人多地少的矛盾日益突出，养老服务机构在社会保障中的权重相对较大。在公共文化方面，随着信息化建设的推进，到2016年三峡库区电视、广播节目覆盖率基本达到了98%以上，因此在公共文化中的权重相对较小，公共图书馆藏书在公共文化中的权重相对较大。

2. 基本公共服务水平评价

本书通过表5-3建立三峡库区15个区县的判断矩阵，再根据表5-4各级指标的熵值和权重，运用上述熵权TOPSIS法分级累计求得2007—2016年三峡库区各区县一级指标综合得分和基本公共服务综合评价得分，其结果如表5-5所示。

表 5-5　2007—2016 年三峡库区基本公共服务综合评价得分

	年份	万州	涪陵	渝北	巴南	长寿	江津	丰都	武隆	忠县	开州	云阳	奉节	巫山	巫溪	石柱
基本公共服务	2007	0.525	0.491	0.522	0.679	0.623	0.311	0.2	0.262	0.382	0.254	0.251	0.174	0.151	0.33	0.365
	2010	0.51	0.567	0.501	0.61	0.642	0.425	0.277	0.376	0.361	0.28	0.358	0.167	0.218	0.359	0.346
	2013	0.425	0.598	0.583	0.625	0.69	0.389	0.353	0.44	0.382	0.298	0.392	0.296	0.294	0.342	0.286
	2016	0.502	0.52	0.559	0.594	0.644	0.536	0.387	0.556	0.513	0.288	0.353	0.408	0.463	0.49	0.326
社会保障	2007	0.494	0.333	0.734	0.539	0.310	0.375	0.473	0.429	0.374	0.289	0.416	0.303	0.248	0.336	0.201
	2010	0.410	0.171	0.573	0.535	0.311	0.473	0.252	0.315	0.237	0.078	0.301	0.140	0.127	0.193	0.865
	2013	0.494	0.512	0.533	0.704	0.521	0.616	0.332	0.497	0.474	0.333	0.656	0.517	0.323	0.448	0.259
	2016	0.554	0.529	0.490	0.724	0.516	0.807	0.508	0.445	0.581	0.351	0.258	0.514	0.216	0.032	0.434
基础教育	2007	0.285	0.442	0.460	0.443	0.357	0.441	0.431	0.536	0.611	0.561	0.476	0.440	0.486	0.718	0.706
	2010	0.256	0.512	0.390	0.437	0.439	0.355	0.459	0.500	0.424	0.433	0.464	0.367	0.446	0.736	0.647
	2013	0.214	0.379	0.314	0.354	0.418	0.320	0.426	0.400	0.388	0.442	0.468	0.443	0.608	0.798	0.662
	2016	0.145	0.298	0.232	0.286	0.500	0.545	0.426	0.591	0.365	0.285	0.517	0.467	0.632	0.786	0.661
公共文化	2007	0.450	0.936	0.695	0.496	0.520	0.552	0.402	0.504	0.452	0.492	0.426	0.405	0.298	0.356	0.120
	2010	0.395	0.821	0.582	0.508	0.865	0.553	0.401	0.559	0.449	0.438	0.369	0.216	0.311	0.117	0.198
	2013	0.514	0.837	0.544	0.540	0.747	0.614	0.701	0.766	0.447	0.502	0.396	0.300	0.410	0.258	0.241
	2016	0.563	0.751	0.624	0.775	0.777	0.637	0.625	0.884	0.653	0.324	0.551	0.446	0.505	0.383	0.240
医疗卫生	2007	0.743	0.685	0.152	0.711	0.545	0.342	0.176	0.230	0.327	0.117	0.231	0.115	0.117	0.286	0.407
	2010	0.716	0.662	0.276	0.612	0.582	0.371	0.284	0.235	0.380	0.301	0.381	0.191	0.133	0.343	0.467
	2013	0.753	0.504	0.303	0.527	0.387	0.248	0.272	0.233	0.258	0.399	0.269	0.214	0.117	0.337	0.446
	2016	0.785	0.509	0.519	0.566	0.360	0.367	0.380	0.421	0.261	0.266	0.228	0.404	0.377	0.350	0.429
基础设施	2007	0.290	0.182	0.820	0.567	0.791	0.289	0.179	0.222	0.377	0.348	0.285	0.293	0.216	0.209	0.214
	2010	0.382	0.363	0.729	0.587	0.846	0.329	0.166	0.427	0.397	0.325	0.366	0.388	0.429	0.389	0.386
	2013	0.416	0.536	0.737	0.645	0.763	0.325	0.312	0.379	0.509	0.362	0.407	0.421	0.425	0.357	0.381
	2016	0.588	0.560	0.788	0.673	0.746	0.333	0.286	0.406	0.652	0.229	0.290	0.382	0.398	0.430	0.318

总体来看，三峡库区基本公共服务水平呈持续上升趋势，由 2007 年的 0.368 上升至 2016 年的 0.473；同时三峡库区各区县间基本公共服务差异呈现出不断缩小趋势，基本公共服务均等化水平不断提升，2007 年、2010 年、2013 年和 2016 年三峡库区基本公共服务水平的变异系数分别为 0.448、0.351、0.314、0.257（如表 5-6 所示）。近年来，随着重庆市和三峡库区政府对推进基本公共服务均等化的重视，三峡库区已初步构建起较为全面的基本公共服务供给体系，各类基本公共服务设施不断改善，人民群众获得感、幸福感得到进一步提升。以基础设施为例，至 2013 年三峡库区所有区县实现高速公

路通达，至 2015 年渝北公路 100%达到等级公路水平，截至 2016 年年底三峡库区行政村公路通达率达到 100%。

分指标来看，在基本社会保障方面，2007—2016 年整体呈上升趋势，平均值由 2007 年的 0.390 上升至 2016 年的 0.464，这表明近年来三峡库区的社会保障条件得到逐步改善，社会保障水平不断提高。具体来看，2007 年渝北社会保障水平最高（0.734），石柱最低（0.201）；2016 年江津社会保障水平最高（0.807），巫溪最低（0.032）。2007—2016 年，三峡库区社会保障差距不断扩大，表 5-6 中的变异系数可以印证这一点。

表 5-6　2007—2016 年三峡库区基本公共服务水平变异系数

年份	基本公共服务	社会保障	基础教育	公共文化	医疗卫生	基础设施
2007 年	0.448	0.340	0.239	0.381	0.649	0.592
2010 年	0.351	0.631	0.251	0.463	0.446	0.387
2013 年	0.314	0.263	0.333	0.356	0.451	0.310
2016 年	0.257	0.417	0.400	0.310	0.337	0.383

在基础教育方面，2007—2016 年整体呈下降趋势，平均值由 2007 年的 0.493 下降至 2016 年的 0.449，这表明三峡库区近年来基础教育呈下降趋势，特别是教师人才缺失严重。具体来看，2007—2016 年巫溪、石柱、巫山等经济发展水平较低地区的基础教育水平相对最高，万州、涪陵、渝北、巴南等经济较发达地区基础教育水平反而较低。从绝对数量上来看，2007—2016 年巫溪、石柱、巫山等地区中小学生师比确实要高于库区其他区县，究其原因在于年巫溪、石柱、巫山等地区人口相对较少，从人均基础教育供给数量上来看具有一定优势。此外，基础教育的变异系数在样本期间内由 0.239 提高至 0.400，这表明三峡库区各区县的教育基础设施呈现出趋异特征，整体非均等化程度相对较高。

在基础设施方面，2007—2016 年整体呈上升趋势，平均值由 2007 年的 0.352 上升至 2016 年的 0.472，这表明三峡库区近年来基础设施条件得到逐步改善，库区互联互通水平不断提高。具体来看，2007 年和 2016 年渝北基础设施水平最高（0.820 和 0.788），2010 年和 2013 年长寿基础设施水平最高（0.846 和 0.763），2007 年、2010 年和 2013 年丰都最低（0.179、0.166、0.312），2016 年开州最低（0.229）。2007—2013 年，基础设施的变异系数呈下降趋势，2016 年有所回升，但总体趋势不断变小，这表明三峡库区基础设施整体表现为趋同态势。随着三峡库区交通基础设施互联互通水平的提升，各区县在基础设施数量和规模方面的供给差距相对较小，更多的差距体现在基础设施供给质量上。例如，在等级公路占比方面，至2016年开州等级公路占比仅为48%，而渝北至2015年这一指标就实现了100%；在高速公路方面，巫山和巫溪高速公路密度仅为0.015千米/平方千米和0.006千米/平方千米，而同期的巴南和渝北达到了0.092千米/平方千米和0.082千米/平方千米。

在医疗卫生方面，2007—2016年整体呈上升趋势，平均值由2007年的0.346上升至2016年的0.415，这表明近年来三峡库区的医疗卫生条件得到逐渐改善，医疗卫生水平不断提高。具体来看，2007—2016年万州医疗卫生水平均为最高（0.743、0.716、0.753和0.785），2007年奉节医疗卫生水平最低（0.115），2010年和2013年巫山最低（0.133和0.117），2016年云阳最低（0.228）。2007—2013年，医疗卫生的变异系数呈下降趋势，由2007年的0.649下降至2016年的0.337，这表明三峡库区医疗卫生整体表为表现为趋同态势。

在公共文化方面，2007—2016年整体呈上升趋势，平均值由2007年的0.474上升至2016年的0.583，这表明近年来三峡库区的公共文化条件得到逐渐改善，公共文化水平不断提高。具体来看，2007年和2013年渝北公共文化水平最高（0.936和0.865），2010年长寿公共文化水平最高（0.837），2016年武隆最高（0.884）。2007年、2013年和2016年石柱公共文化水平最低（0.12、0.241、0.24），2010年巫溪最低（0.117）。2007—2013年，公共文化的变异系数呈先上升后下降趋势，2007年变异系数为0.381，至2010年上升至0.463，但随后至2016年下降至0.310，但总体趋势不断变小，这表明三峡库区公共文化整体表现为趋同态势。

从均等化程度来看，2007—2016年三峡库区基本公共服务均等化水平不断提高，变异系数由2007年的0.448下降去2016年的0.257（如表5-6所示）。但不同类别基本公共服务均等化程度有所差异：2007—2016年三峡库区基础设施、医疗卫生和公共文化变异系数呈下降趋势，表明其均等化程度不断提高；基础教育和社会保障变异系数呈上升趋势，表明其均等化程度不断下降。其中，2016年三峡库区社会保障变异系数最大，表明其均等化程度较低，其次是基础教育、基础设施、医疗卫生，区域间公共文化均等化程度最高。

5.2.4 三峡库区基本公共服务供给结构的时序分析

随着地区经济发展水平和居民收入水平的日益提高，人民群众对基本公共服务的需求也不断升级，这就要求在供给端完善供给体系的动态调整机制，实现供需相匹配。基于此，本小节从时间维度考察三峡库区基本公共服务供给结构，通过分析不同时间段、不同区县的基本公共服务供给短板，有针对性、因地制宜地实现三峡库区基本公共服务精准供给，以求提高三峡库区基本公共服务供给效率和质量。本部分将各区县同期各类基本公共服务供给水平最低的那方面界定为基本公共服务供给短板。由于各区县自然地理、人口、经济发展等条件的差异，其基本公共服务供给结构以及供给短板在时序上呈现出动态变化的态势，其结果如表 5-7 所示。

表 5-7　2007 年、2010 年、2013 年、2016 年三峡库区各区县基本公共服务短板

区县	2007 年	2010 年	2013 年	2016 年
万州区	基础教育	基础教育	基础教育	基础教育
涪陵区	基础设施	社会保障	基础教育	基础教育
渝北区	医疗卫生	医疗卫生	医疗卫生	基础教育
巴南区	基础教育	基础教育	基础教育	基础教育
长寿区	社会保障	社会保障	医疗卫生	医疗卫生
江津区	基础设施	基础设施	医疗卫生	公共文化
丰都县	医疗卫生	基础设施	医疗卫生	基础设施
武隆区	基础设施	医疗卫生	医疗卫生	基础设施
忠　县	医疗卫生	社会保障	医疗卫生	医疗卫生
开州区	医疗卫生	社会保障	社会保障	基础设施
云阳县	医疗卫生	社会保障	医疗卫生	医疗卫生
奉节县	医疗卫生	社会保障	医疗卫生	基础设施
巫山县	医疗卫生	社会保障	医疗卫生	社会保障
巫溪县	医疗卫生	公共文化	公共文化	社会保障
石柱县	公共文化	公共文化	公共文化	医疗卫生
三峡库区	医疗卫生	社会保障	医疗卫生	医疗卫生

总体来看，2007 年、2010 年、2013 年和 2016 年三峡库区基本公共服务供给短板分别为：医疗卫生、社会保障、医疗卫生和医疗卫生。随着时间的推移，三峡库区基本公共服务供给短板有所不同，总的来看医疗卫生与社会保障仍然是当前三峡库区基本公共服务供给短板，特别是医疗卫生。以三级甲等医院数量为例，截至 2018 年重庆市共有 11 家三级甲等医院（不包括军队医院、中医院），三峡库区仅有 2 家（重庆市三峡中心医院、重庆市涪陵中心医院）。

但由于不同区县资源禀赋与基本公共服务供给侧重点的差异，其基本公共服务供给短板也有所差异。

分地区来看，2007 年、2010 年、2013 年、2016 年基础教育是万州和巴南基本公共服务供给的短板；涪陵基本公共服务供给的短板在于基础设施、社会保障和基础教育；渝北基本公共服务供给的短板在于医疗卫生和基础教育；长寿基本公共服务供给的短板在于社会保障和医疗卫生；江津基本公共服务供给的短板在于基础设施、医疗卫生和公共文化；丰都基本公共服务供给的短板在于基础设施和医疗卫生；武隆基本公共服务供给的短板在于基础设施和医疗卫生；忠县基本公共服务供给的短板在于社会保障和医疗卫生；开州基本公共服务供给的短板在于基础设施、社会保障和医疗卫生；云阳基本公共服务供给的短板在于社会保障和医疗卫生；奉节基本公共服务供给的短板在于基础设施、社会保障和医疗卫生；巫山基本公共服务供给的短板在于社会保障和医疗卫生；巫溪基本公共服务供给的短板在于公共文化、社会保障和医疗卫生；石柱基本公共服务供给的短板在于公共文化和医疗卫生。

总体来看，库尾地区基础教育是其短板，库腹地区基础设施和医疗卫生是其短板。要补齐各区县基本公共服务供给短板，应针对各区县实际情况，有针对性地精准供给，实现三峡库区基本公共服务供给的精细化，以提高基本公共服务供给效率和质量。

5.3 三峡库区基本公共服务供给结构的空间分析

基本公共服务的可及性是实现发展成果更多更公平惠及全体人民的基础。本书认为，对三峡库区基本公共服务空间分布与空间特征的分析有利于提升三峡库区基本公共服务的共享性与可及性。

5.3.1 研究方法

在上文三峡库区基本公共服务供给水平测度的基础上，运用基尼系数和探索性空间数据分析法（ESDA）对 2007—2016 年三峡库区基本公共服务均等化水平和时空演变进行分析。

1. 基尼系数

基尼系数是反映数据离散程度的一个重要指标，它描述的是居民收入分配差异状况。其计算方法是将总体人口分成若干比重相等的等分组 N，并得到相应等分组财富（或收入）的均值 y_i。本书借鉴武力超等（2014）的方法，运用基尼系数衡量三峡库区基本公共服务均等化程度。用基尼系数直接测度三峡库区基本公共服务水平的公式如下：

$$G = \frac{1}{\mu N(N-1)} \sum_{i>j}^{N} \sum_{j=1}^{N} |y_i - y_j| \quad (5.47)$$

其中，G 表示基本公共服务基尼系数，N 表示三峡库区区县个数，y_i 和 y_j 表示区县 i 和 j 的基本公共服务水平，μ 表示三峡库区所有区县基本公共服务平均水平。

2. 探索性空间数据分析法（ESDA）

本书运用探索性空间数据分析法来揭示三峡库区区域间基本公共服务水平的空间依赖性与空间异质性，探讨基本公共服务发展的空间扩散过程和区域差异特征。1977 年 Tukey J. W. 在《探索性数据分析》一书中指出模型构建应基于数据的真实分布，EDA 分析方法强调描述统计在建模中的作用。探索性空间数据分析（ESDA）是在 EDA 的思想上从空间的角度探析空间数据的特殊性，将地理空间与数据空间相联系，强调经济活动在空间上的相关性。探索性空间数据分析的主要方法是运用 Moran 指数对空间单元的经济社会属性进行全局和局域空间相关性分析。全局空间相关是分析空间数据在整个系统内的分布特征，一般运用 Moran's I 指数来测度，计算公式如下：

$$I = \frac{\sum_{i=1}^{n} \sum_{j \neq i}^{n} w_{ij}(x_i - \bar{x})(x_j - \bar{x})}{S^2 \sum_{i=1}^{n} \sum_{j=1}^{n} w_{ij}} \quad (5.48)$$

其中，
$$S^2 = \frac{1}{n} \sum_{i=1}^{n} (x_i - \bar{x})^2, \quad \bar{x} = \frac{1}{n} \sum_{i=1}^{n} x_i \quad (5.49)$$

Moran's I $\in [-1, 1]$，当 Moran's I 指数小于 0 时，表示空间负相关；大于 0 时，表示空间正相关；等于 0 时，表示不相关。n 为空间单元数量；x_i、x_j 分别为在区域 i 和 j 基本公共服务水平，w_{ij} 为区域 i 和 j 的邻接空间权重矩阵，采用后相邻赋值方法并行标准化，相邻为 1，不相邻为 0。

局部空间相关是分析空间数据在局部子系统内的分布特征，本书运用局部空间自相关指数（LISA）来确定三峡库区基本公共服务具体空间聚集区域，并运用热点分析（Getis-Ord Gi*）来识别具有统计显著性的热点和冷点的空间聚类。其具体公式如下：

$$I_i = Z_i \sum_{j=1}^{n} w_{ij} Z_j \quad (5.50)$$

$$G_i^* = \frac{\sum_{j=1}^{n} w_{ij}x_j}{\sum_{i=1}^{n} x_i} \tag{5.51}$$

其中，Z_i、Z_j 为标准化的观测值，w_{ij} 为空间权重矩阵。

5.3.2　空间结构分析

1. 基本公共服务的空间分布

从区域来看，2016年三峡库区基本公共服务水平整体呈现出“库尾高，库腹低”的空间格局，重庆主城周边区县整体的基本公共服务水平高于远郊区县的基本公共服务水平（如图5-1所示）。究其原因，重庆主城周边地区受重庆主城区经济扩散作用，经济发展水平较高，且地势较为平坦，基本公共服务提供较为集中，其基本公共服务整体水平较高，特别是渝北区和巴南区，其本身就是重庆主城区；相反，地处渝东北库腹地区的区县，远离重庆主城区，受到的辐射影响较小，经济发展滞后，其基本公共服务水平整体偏低。由于地方经济财政能力是基本公共服务供给的基础，经济发展程度越高的地区，其基本公共服务水平也越高。

分指标来看，基本公共服务水平高的地区，其相应的基础设施水平也相对较高。通过线性回归分析，我们可以得到在1%的显著性水平下，基础设施与基本公共服务水平呈高度正向关系。在社会保障方面，三峡库区呈现出“两头低、中间高”的空间特征。由于近年来，国家和重庆市大力普及和巩固义务教育，三峡库区基础教育的地区差距在逐渐缩小，仅仅从数量上来看，地处远郊的库腹地区基础教育水平相对较高。库腹地区由于其地理位置较为偏远，远离主城核心区域，人才引进困难，硬件和软件基础配套设施相对滞后，其医疗卫生条件和公共文化水平较低。

进一步地，从2007—2016年三峡库区各区县基本公共服务排名来看，巴南、长寿、渝北、涪陵这几个主城及周边区县排名一直处于库区前列，奉节、巫山、云阳、开州、石柱、丰都等远郊区县排名靠后。2007年在平均水平线以上的区县有万州、涪陵、渝北、巴南、长寿、忠县6个区县；2010年在平均水平线以上的区县有6个区县，其中忠县跌出，江津进入；2013年在平均水平线以上的区县下降至5个，其中万州和江津跌出，武隆进入；2016年在平均水平线以上的区县增长至9个有万州、涪陵、渝北、巴南、长寿、江津、武隆、忠县、巫溪。就2007和2016年这两年三峡库区区县基本公共服务排名变动情况来看，万州、涪陵、巴南、忠县、开州、云阳、巫溪、石柱8个区县排名有所下降，特别是石柱和万州；排名上升的区县有渝北、长寿、江津、丰都、武隆、奉节、巫山7个区县，如表5-8所示。

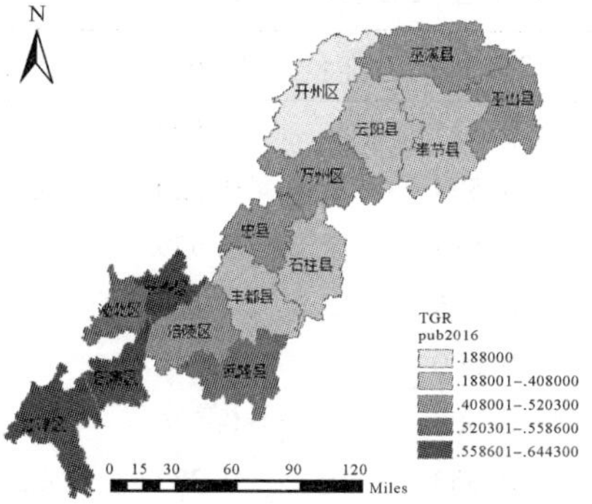

a. 基本公共服务

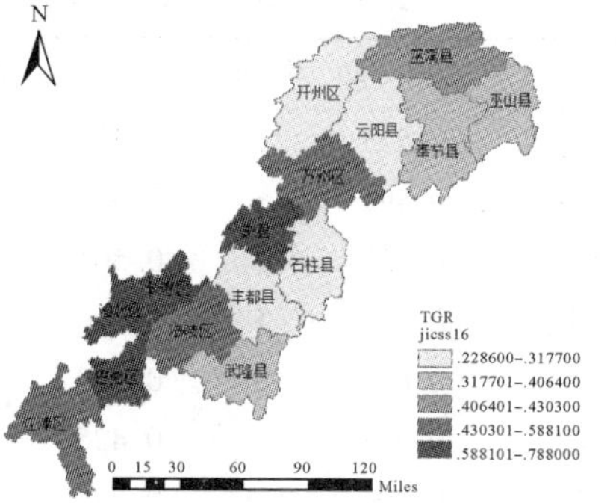

b. 基础设施

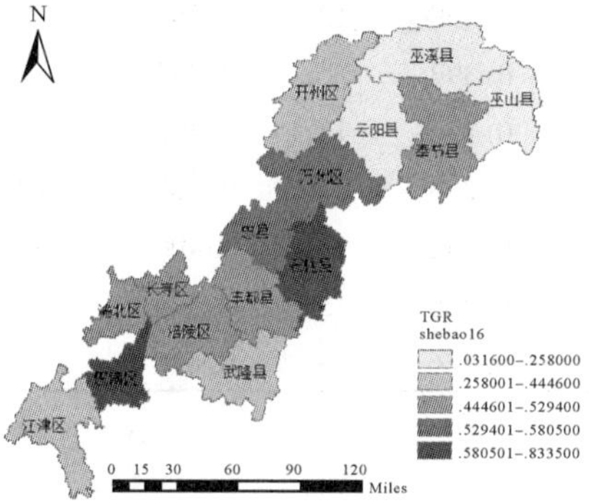

c. 社会保障

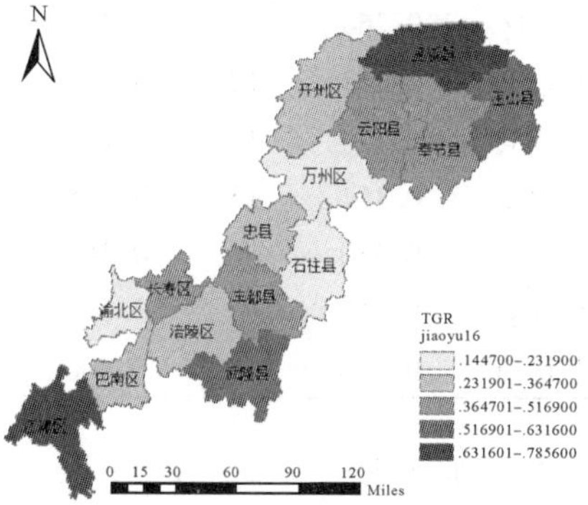

d. 基础教育

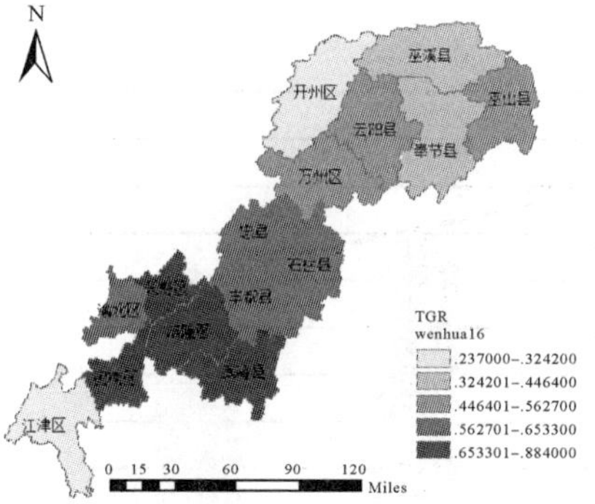

e. 公共文化

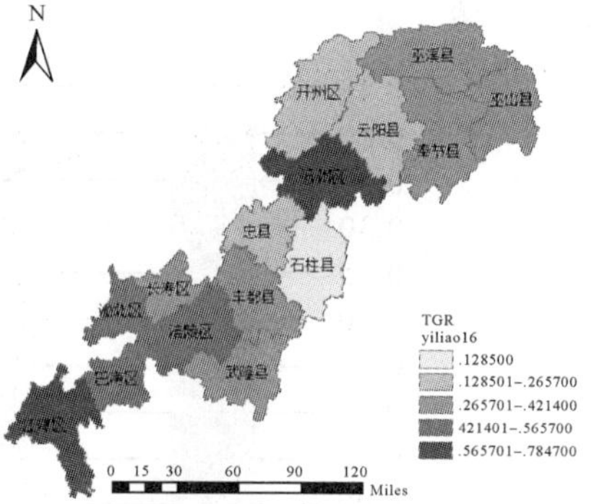

f. 医疗卫生

图 5-1　2016 年三峡库区基本公共服务空间格局

表 5-8　2007—2016 年三峡库区基本公共服务水平排名

区县	2007 年	排名	2010 年	排名	2013 年	排名	2016 年	排名
万州区	0.525	3	0.510	4	0.425	6	0.502	8
涪陵区	0.491	5	0.567	3	0.598	3	0.520	6
渝北区	0.522	4	0.501	5	0.583	4	0.559	3
巴南区	0.679	1	0.610	2	0.625	2	0.594	2
长寿区	0.623	2	0.642	1	0.690	1	0.644	1
江津区	0.311	9	0.425	6	0.389	8	0.536	5
丰都县	0.200	13	0.277	13	0.353	10	0.387	12
武隆区	0.262	10	0.376	7	0.440	5	0.556	4
忠　县	0.382	6	0.361	8	0.382	9	0.513	7
开州区	0.254	11	0.280	12	0.298	12	0.288	15
云阳县	0.251	12	0.338	10	0.392	7	0.353	13
奉节县	0.174	14	0.167	15	0.296	13	0.408	11
巫山县	0.151	15	0.218	14	0.294	14	0.463	10
巫溪县	0.330	8	0.359	9	0.342	11	0.490	9
石柱县	0.365	7	0.346	11	0.286	15	0.326	14
平均值	0.368	—	0.400	—	0.426	—	0.476	—

2. 基尼系数

在测度 2007—2016 年三峡库区基本公共服务供给水平的基础上，运用基尼系数公式计算反映三峡库区区域间基本公共服务均等化水平，结果如图 5-2 所示。

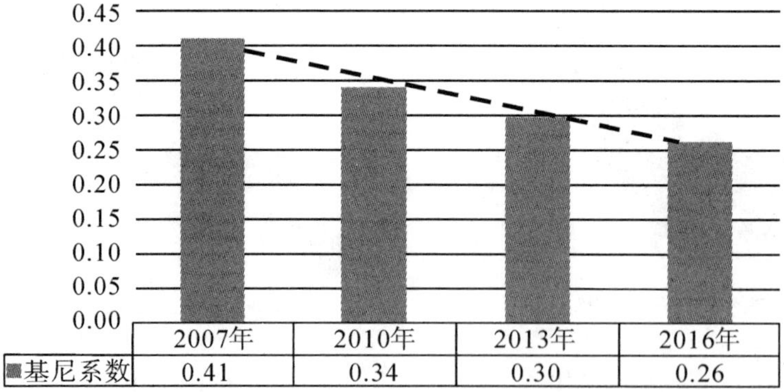

图 5-2　2007—2016 年三峡库区基本公共服务基尼系数

总体来看，2007—2016 三峡库区基本公共服务地区间均等化水平的基尼系数呈现出下降趋势，由 2007 年的 0.41 至 2016 年下降至 0.26。按照联合国有关组织关于基尼系数的规定，三峡库区基本公共服务均等化水平由差距较大变为比较平均阶段①。这表明随着国家和重庆市财政机制的不断完善，三峡库区公共服务财政投入的不断增加，以及关于社会民生问题的重视，三峡库区各区县人民群众能够享受到大体一致的社会福利与基本公共服务，三峡库区基本公共服务均等化程度较高。从空间结构来看，基本公共服务高的区域如渝北、巴南、长寿、涪陵等区县往往在空间上相邻或相近，同样在基本公共服务较低地区的奉节、巫山、巫溪等地区也存在这种情况，那么基本公共服务是否存在空间相关性呢？下文将对此问题展开深入分析。

3. 全局空间相关分析

运用 Open GeoDa 9.5 软件对 2007—2016 年三峡库区基本公共服务水平及其五大方面的全局空间相关系数 Moran's I 指数进行计算，并采用蒙特卡罗模拟方法对 Moran's I 指数进行显著性检验。结果如表 5-9 所示。

表 5-9　各指标全局 Moran's I 指数

指标	年份	Moran's I 指数	P-VALUE	指标	年份	Moran's I 指数	P-VALUE
X	2007	0.460	0.011	X3	2007	0.067	0.248
	2010	0.478	0.008		2010	0.129	0.162
	2013	0.683	0.001		2013	0.003	0.302
	2016	0.322	0.027		2016	-0.045	0.429
X1	2007	0.527	0.004	X4	2007	-0.017	0.363
	2010	0.442	0.015		2010	0.186	0.079
	2013	0.519	0.004		2013	0.267	0.058
	2016	0.435	0.014		2016	0.359	0.018
X2	2007	-0.141	0.386	X5	2007	0.186	0.081
	2010	-0.186	0.275		2010	0.560	0.002
	2013	0.155	0.121		2013	0.549	0.003
	2016	0.114	0.167		2016	0.268	0.064

① 按照联合国有关组织规定：基尼系数低于 0.2 表示绝对平均；0.2~0.3 表示比较平均；0.3~0.4 表示相对合理；0.4~0.5 表示差距较大；0.5 以上表示收入差距悬殊。

总体来看，2007—2016 年三峡库区基本公共服务的 Moran'I 指数在 1%的显著性水平下均为正值，且均在 0.3 以上，这表明三峡库区各区县基本公共服务具有较大的空间正相关性。其原因在于基本公共服务具有空间溢出效应，某地区基本公共服务水平提高，对周边地区基本公共服务水平有正向促进作用。一方面，在政绩考核的驱动下，地区间基本公共服务具有一定的竞争关系，促使当地政府要提高其基本公共服务水平；另一方面，随着要素流动成本和交易成本的降低以及信息获取的便捷，居民可以选择“用脚投票”，人口向基本公共服务水平较高地区集聚，这使得周边地区居民可以享受部分该地区基本公共服务的溢出。例如，如果某地区的医疗卫生服务水平明显高于周边地区的医疗卫生服务水平，那么周边居民在就医时也会选择医疗服务水平较高地区。

分指标来看，基础设施和公共文化在 10%的显著性水平下存在较高的空间相关性，究其原因在于随着高铁、高速公路、航空等交通基础设施的发展，三峡库区各区县基础设施互联互通成效显著，极大地缩小了各区县的相对距离；由于文化并不受行政区划限制，容易产生空间相关性，如巫山与巫溪两地文化差异较小，能够相互产生正的空间相关性。2007—2016 年社会保障由不存在显著的空间相关性转变为具有显著的空间正相关性，其原因在于虽然社会保障具有一定的地域差异，但在竞争型地方政府条件下，周边区县社会保障水平的提高，也将促进当地社会保障水平的提升，因此基本社会保障也具有较强的空间溢出效应。基础教育和医疗卫生并不存在显著的空间相关性，究其原因在于当前在义务教育阶段还存在户籍制度的排他性，虽然进城务工人员随迁子女在流入地就学问题得到一定程度的解决，但由于划片区招生入学和户籍制度的限制，随迁子女并不能享受到当地优质的教育资源。教育资源在三峡库区各区县间的流动和共享程度较低，这也造成了学区房的存在；在医疗卫生方面，距离成本的限制，使得区域间医疗卫生共建共享推进速度缓慢。

4. 局部空间相关分析

运用 Open GeoDa 9.5 软件绘制出 2007—2016 年三峡库区基本公共服务水平在 5%显著水平下的 LISA 集聚图，如图 5-3 所示。

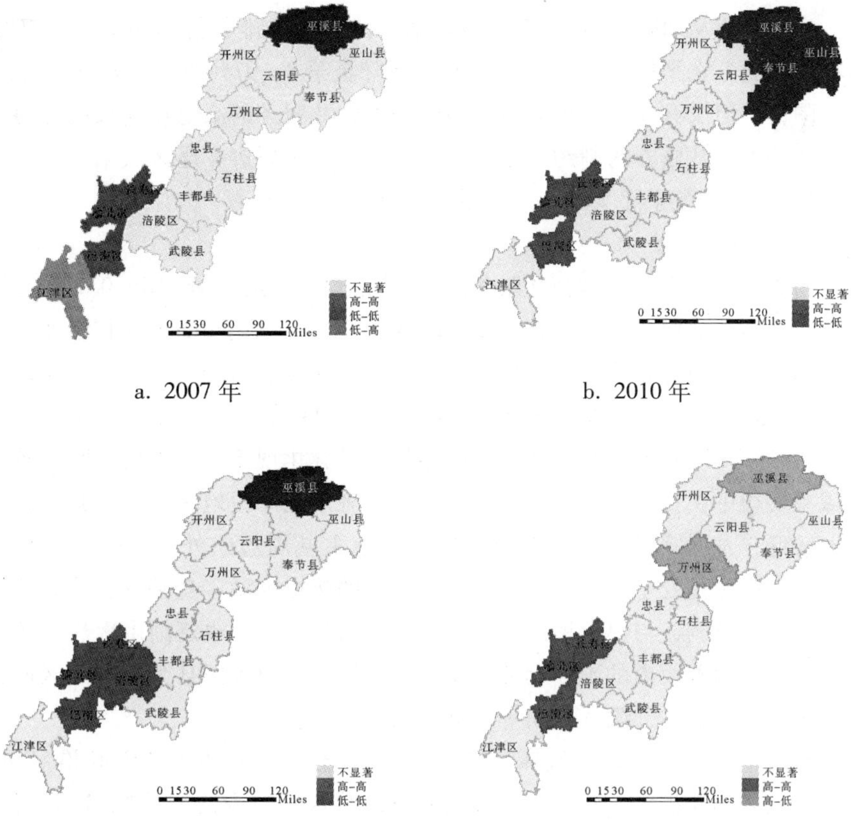

a. 2007 年　　b. 2010 年

c. 2013 年　　d. 2016 年

图 5-3　2007—2016 年三峡库区基本公共服务水平的 LISA 聚集图

从集聚数量上看，2007 年、2013 年、2016 年三峡库区基本公共服务在 5%的显著性水平下存在显著空间集聚的区县平均个数为 5 个，2010 年为 6 个。其中，2007 年高-高显著空间集聚的区县为 3 个，低-低显著空间集聚的区县为 1 个；2010 年高-高显著空间集聚区县为 3 个，低-低显著空间集聚区县为 3 个；2013 年高-高显著空间集聚区县为 4 个，低-低显著空间集聚区县为 1 个；2016 年高-高显著空间集聚区县为 3 个，高-低显著空间集聚区为 2 个。在空间分布上，2007—2016 年高-高显著集聚区主要分布在巴南、渝北、长寿区域，2013 年涪陵也进入到这高-高集聚区；低-低集聚区主要分布在渝东北库腹地区；低-高集聚区分布在江津，究其原因在于江津临近重庆主城，其基本公共服务水平受重庆主城辐射；高-低集聚区主要分布在万州，万州作为重庆第二大城市，地处库腹核心区域，其自身基本公共服务水平相对较高，但受周边区县的影响，其集聚效果不显著，最终呈现出“独树一帜”的高-低局面，这一事实可以从2007—2016年万州区基本公共服务排名得到印证，2007年其基本公共服务水平排名前3，至2016年下降至第8，万州处于周边低水平地区的包围，不但没有成为渝东北库腹地区基本公共服务的高点反而长期受周边落后地区基本公共服务的制约。总体来看，重庆主城周边库尾区域基本公共服务空间高-高集聚效果显著，远郊区县呈现低-低集聚显著。

5. 冷热点分析

为探究三峡库区基本公共服务的冷热点地区，运用Arc GIS10.1进行长江经济带基本公共服务的热点分析（Getis-Ord Gi*），基于Jenks最佳自然断裂法对局部统计量由高到低区分成热点、次热点、次冷点与冷点4类，生成2007—2016年三峡库区基本公共服务空间格局的热点区域图，如图5-4所示。总体来看，三峡库区基本公共服务存在明显的两极分化现象，基本公共服务较高的区域主要集中在重庆主城周边库尾地区，而渝东北库腹地区基本公共服务水平相对较低，发展缓慢。冷热点分布呈重庆市主城周边向外逐渐变冷趋势，渝北、长寿以明显处于三峡库区基本公共服务的热点区域，受基本公共服务的空间溢出效应影响，与热点地区相邻的巴南、涪陵、江津也逐渐由次热点转变为热点区域，随着距离的不断延伸，忠县、石柱、万州等区县为次冷点区域，巫山、巫溪、奉节、云阳、开州等区县为冷点区域。

从时空演变来看，三峡库区2007—2016年基本公共服务空间格局热点、次热点区域不断扩大，整体基本公共服务冷热水平“由冷变热”，这表明三峡库区基本公共服务水平呈不断上升趋势，这与前文基本公共服务水平分析一致。2007—2010年冷热点变化主要表现在渝东北库腹地区，巫溪、开州、云阳由次冷点变为冷点；2010—2013年冷热点变化为巴南和涪陵由次热点变为热点，丰都、武隆和万州由次冷点变为次热点，巫溪、开州、云阳又由冷点变回次冷点；2013—2016年冷热点变化为江津由次热点变为热点，奉节由冷点变为次冷点，巫山由冷点变为次热点，巫溪由次冷点变为次热点，而开州和云阳由次冷点变为冷点。总体来看，三峡库区热点和次热点区域不断增多，由2007年的5个增长至2016年的10个，三峡库区整体基本公共服务不断改善，这表明三峡库区基本公共服务存在“俱乐部趋同”现象。2007—2016年渝北、长寿、忠县、石柱的冷热点状况并未发生变化，反映出基本公共服务存在一定的路径依赖效应，前一期的基本公共服务水平对当前及后一期基本公共服务水平有一定影响。

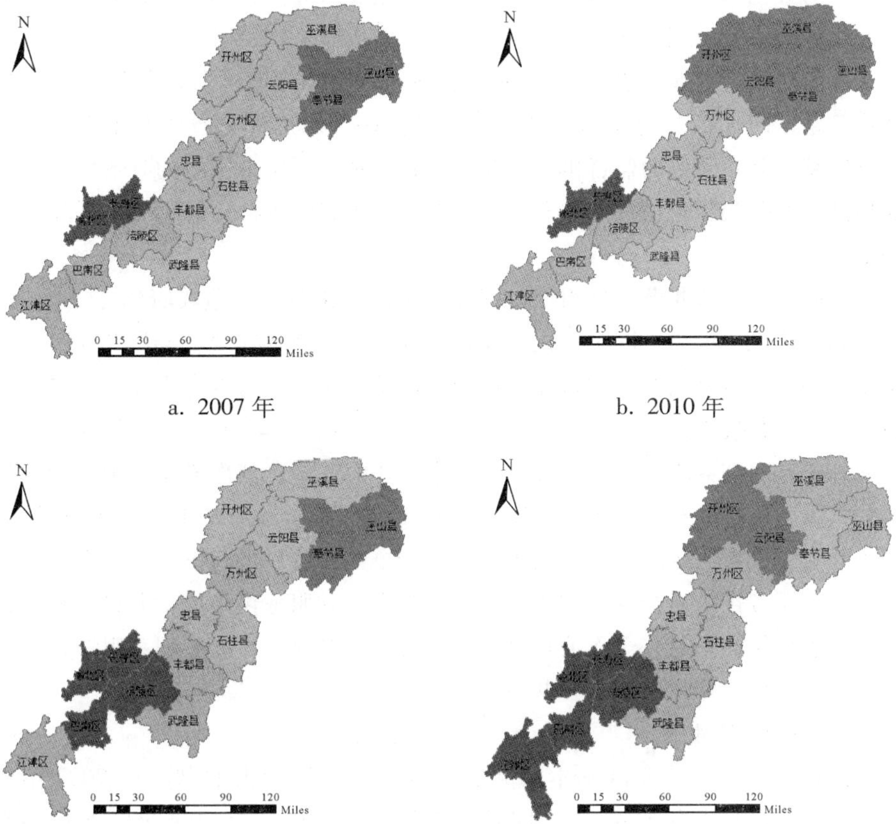

a. 2007 年　　b. 2010 年

c. 2013 年　　d. 2016 年

图 5-4　2007—2016 年三峡库区基本公共服务水平空间格局热点图

5.4　本章小结

本章主要从供给主体结构、供给内容结构和供给空间结构三方面对三峡库区基本公共服务供给结构展开分析；基于博弈视角分析了三峡库区政府与私人企业，政府与个人、非营利性组织的多元主体合作供给基本公共服务的可能性；基于三峡库区重庆段 15 个区县 2007—2016 年的相关指标数据，构建三峡库区基本公共服务水平评价指标体系，运用熵权 TOPSIS 法对库区基本公共服务水平的展开评价，并在此基础上寻找三峡库区基本公共服务供给短板；运用基尼系数和探索性空间数据分析法（ESDA）对 2007—2016 年三峡库区基本公共服务均等化水平和时空演变进行了分析。主要研究内容和结论如下。

1. 关于供给主体结构

政府与私人企业存在稳定的演化策略，即政府选择“监督”策略为演化稳定策略，同时私人企业选择“努力”的策略。通过优化政府对私人企业参与供给基本公共服务的监督机制，突出对私人企业不努力供给的有效惩罚，能够提高基本公共服务供给效率和社会公众获得感，增进社会福利总水平和政府公信力。

政府、个人和非营利性组织也存在稳定的演化策略，即政府选择“投入”策略为演化稳定策略，同时个人与非营利性组织选择选择“参与”“合作”的策略。构建基本公共服务的多元主体合作供给机制，政府首先应加大基本公共服务投入，其投入方式包括自身供给和与私人企业合作，其中在向私人企业购买或外包基本公共服务时，应加强对私人企业的监管；其次应减少个人参与基本公共服务供给的经济负担，鼓励个人基于自身需求参与基本公共服务供给，因为只有个人参与供给的收益大于成本时，个人才愿意参与供给，而个人参与基本公共服务供给对公共需求表达和提高基本公共服务供给质量尤显重要；最后非营利性组织只有在个人或社会公众获得感提升时，才能实现其组织自身价值，才会积极合作供给基本公共服务。

2. 关于供给水平

总体来看，三峡库区基本公共服务水平呈不断上升趋势，由2007年的0.368上升至2016年的0.473；同时三峡库区区域间基本公共服务差异呈不断缩小趋势，基本公共服务均等化水平不断提升，2007年、2010年、2013年和2016年三峡库区基本公共服务水平的变异系数分别为0.448、0.351、0.314、0.257，可见三峡库区各区县基本公共服务水平的地区差距呈不断缩小趋势。

分指标来看，2016年三峡库区各区县社会保障变异系数最大，这首先表明其均等化程度较低。其次，基础教育、基础设施、医疗卫生，区域间公共文化均等化程度最高。

3. 关于供给内容结构

总体来看，2007年、2010年、2013年和2016年三峡库区基本公共服务供给短板分别为：医疗卫生、社会保障、医疗卫生和医疗卫生。随着时间的变动，三峡库区基本公共服务供给短板有所不同，总体来看医疗卫生与社会保障仍然是当前三峡库区基本公共服务供给短板。

分区域来看，库尾地区基础教育是其短板，库腹地区基础设施和医疗卫生是其短板。要补齐各区县基本公共服务供给短板，应针对各区县实际情况，有针对性的精准供给，实现库区基本公共服务供给的精细化，以提高基本公共服务供给效率和质量。

4. 关于供给空间结构

从区域来看，三峡库区基本公共服务水平整体呈现出“库尾高、库腹低”的空间格局，重庆主城周边区县整体基本公共服务水平高于远郊区县。

总体来看，2007—2016 年三峡库区基本公共服务地区间均等化水平的基尼系数呈下降趋势，由 2007 年的 0.41 至 2016 年下降至 0.26，按照联合国有关组织关于基尼系数的规定，三峡库区基本公共服务均等化水平由差距较大变为比较平均阶段，三峡库区基本公共服务均等化程度较高。

在空间相关方面，2007—2016 年三峡库区基本公共服务的 Moran'I 指数在 1%的显著性水平下均为正值，且均在 0.3 以上，这表明三峡库区各区县基本公共服务具有较大的空间正相关性。其中，2007—2016 年基础设施和公共文化在 10%的显著性水平下存在较高的空间相关性，社会保障由不存在显著的空间相关性转变为具有显著的空间正相关性，基础教育和医疗卫生并不存在显著的空间自相关。

在空间集聚方面，重庆主城周边库尾区域基本公共服务空间高-高集聚效果显著，远郊区县低-低集聚效果显著。冷热点分析验证了这一结论，冷热点分布呈重庆市主城周边向外逐渐变冷趋势，基本公共服务较高的区域主要集中在重庆主城周边库尾地区，而渝东北库腹地区基本公共服务水平相对较低，发展缓慢。

从时空演变来看，三峡库区 2007—2016 年基本公共服务空间格局热点、次热点区域不断扩大，整体基本公共服务冷热水平“由冷变热”，表明三峡库区基本公共服务水平呈不断上升趋势，这与前文基本公共服务水平分析一致。

6 三峡库区基本公共服务供给效率分析

基本公共服务供给应坚持公平优先，兼顾效率。基本公共服务在供给结果方面应注重公平，实现全社会成员共享；但在供给过程中，由于公共资源有限，在公共资源投入一定的情况下如何实现更高水平、更高质量的基本公共服务产出，这就需要提高基本公共服务供给效率。当前三峡库区基本公共服务供给效率不高与总量不足和结构失衡相互交叉和相互影响，供给结构失衡会导致供给效率偏低，而供给效率不高又会导致总量供给不足。因此提高三峡库区基本公共服务供给效率是推进库区基本公共服务供给侧结构性改革的重要着力点。本章基于统计资料数据，运用三阶段 DEA 方法对库区基本公共服务供给效率进行测算，旨在从投入产出视角分析库区基本公共服务供给效率。

6.1 研究方法

数据包络分析法（DEA，data envelopment analysis）最早是由 Charnes、Coopor 和 Rhodes 于 1978 年提出的。DEA 主要借助数学规划与统计数据将每个决策单元（DMU，decision making unit）投影到 DEA 的生产前沿面上，再根据对比各个决策单元偏离 DEA 生产前沿面水平的程度来测度其相对有效性。三阶段 DEA 模型是学者 Fried 等人于 2002 年针对传统 DEA 模型所提出的一种改良模型，这种模型的最大优点就是能够剔除外部环境因素与随机误差对效率所造成的影响。因此，用三阶段 DEA 所测算出的效率值比传统 DEA 所测算的效率值更具有真实性。三阶段 DEA 模型的构建包括以下三个阶段。

第一阶段：传统的 DEA 模型阶段。传统的 DEA 模型大致可以分为规模报酬不变的 CCR 模型和规模报酬可变的 BCC 模型。据分析，CCR 模型并不完全与本书实际情况一致，因此文本选择采用以投入为导向的 BCC 模型进行分析。鉴于 BCC 模型如今已经是学术界一个比较通用模型，其相关的数学原理已十分明了，所以本书这里不再做更多的描述，具体模型可以详细参考 Coelli 等于 2008 年发表的文章。

第二阶段：构建相似 SFA 模型。Fried 等（2002）提出，第一阶段 DEA 分析所得出的投入产出松弛变量主要是由环境因素、管理效率与统计噪音三个因素的影响所造成的。但由于传统 DEA 并没有对这三个因素进行剥离分析，而是将所有的影响都默认为是由于决策单元的无效率所导致的，这样就使得所测出的效率并不完全准确。所以在第二阶段通过构建相似随机前沿模型有助于观察上述三个因素的影响。将第一阶段中以投入导向 BCC 模型的分析结果作为第二阶段的研究基础，依次对每个决策单元投入的松弛变量进行 SFA 分析。若有 m 个区县的基本公共服务供给的投入产出数据作为决策单元，各决策单元有 n 项投入，外部环境变量的数量为 q，于是我们可以建立关于外部环境变量与松弛变量之间的回归关系方程：

$$S_{ij}=f^{m}\ (z_j;\ \delta^{i})\ +v_{ij}+u_{ij}\quad i=1,\ 2,\ \cdots,\ n;\ j=1,\ 2,\ \cdots,\ m \qquad (6.1)$$

在上述方程里，S_{ij} 表示第 j 个省市第 i 个基本公共服务供给投入的松弛变量值；z_j 表示第 q 个外部环境变量 z_{1j}，z_{2j}，$\cdots$，z_{qj}；δ^{i} 代表外部环境变量的系数，需要运用回归方程才可以估计出来；$f^{m}(Z_j;\ \delta^{i})$ 代表外部环境变量对基本公共服务供给的投入松弛变量的影响，通常用 $f^{m}(Z_j;\ \delta^{i})=\delta^{i}Z_j$ 来表示。$e_{ij}=v_{ij}+u_{ij}$ 代表混合误差项，$u_{ij}\geq 0$ 代表管理无效率；v_{ij} 代表随机干扰项，u_{ij} 反映的是统计噪音，v_{ij} 假设服从截断正态分布，即 $v_{ij}\sim N(0,\ \sigma_{vi}^{2})$；$v_{ij}$ 与 为独立且不相关。特别地，当 $r=\sigma_{ui}^{2}/(\sigma_{ui}^{2}+\sigma_{vi}^{2})$ 的值接近于 1 时，管理因素所造成的影响占据主导地位；相反，若当 $r=\sigma_{ui}^{2}/(\sigma_{ui}^{2}+\sigma_{vi}^{2})$ 的值接近于 0 时，则表明随机误差所造成的影响占据主导地位。为了剔除不同环境变量与统计噪音所带来的影响，选择最有效的决策单元的投入量为投入标准，对于那些处在相对较好的外部环境或运气较佳的决策单元通过增加投入来作调整。调整公式可表示如下：

$$\hat{x}=x_{ij}+(\max\{\delta_j^{z}\}-\delta^{i}z_j)+(\max\{\hat{v}\}-\hat{v}_{ij}) \qquad (6.2)$$

其中，等号右边的第一个括号里所表示的是将每个决策单元调整到共同的外部环境变量中，第二个括号表示将各个决策单元的随机误差调整到一样的水平，这样可以使得各决策单元面临一样的经营环境与运气。

第三阶段：调整后的 DEA 模型。将第二阶段所获得的经过调整后的投入

数据 $\hat{x}_{ij}$ 替换第一阶段中原始投入数据 x_{ij}，产出数据保持不变，再次运用 BCC 模型进行数据运算，便可以得到在排除外部环境变量与统计噪音后的真实效率值。

6.2 变量选择与数据来源

6.2.1 变量选择

1. 投入变量与产出变量的选取

由第 4 章可知，基础教育、医疗卫生和社会保障是三峡库区基本公共服务供给短板，因此本书选择基础教育、医疗卫生和社会保障三个方面对库区基本公共服务供给效率展开分析。本书借鉴邓宗兵等（2014）、陈刚和赖小琼（2015）、刘玮琳和夏英（2018）等学者关于基本公共服务投入产出指标的选择，将政府公共财政投入作为投入变量，将人员、设施等作为产出变量。具体投入与产出指标选择如下（如表 6-1 所示）。

（1）投入指标

投入指标主要包括三峡库区各区县政府在基本公共服务过程中的财力资本投入。其中，基础教育投入用三峡库区各地方政府公共财政教育支出衡量；医疗卫生用三峡库区各地方政府公共财政卫生支出衡量；社会保障用三峡库区各地方政府公共财政社会保障和就业支出衡量。

（2）产出指标

产出指标主要反映三峡库区各区县所在行政区域范围内基本公共服务供给成果，主要包括相关工作服务人员与设备设施等人力、物力方面的产出。其中基础教育方面的产出指标包括普通中学专任教师数、普通中学在校学生数、小学专任教师数、小学在校学生数等；医疗卫生方面的产出指标包括卫生机构床位数、执业（助理）医师数、注册护士数等；社会保障方面的产出指标包括社会福利收养单位床位数等。

2. 外部性环境变量的选取

外部性环境变量的选择应该包括对基本公共服务供给效率产生影响但又不受到样本主观可控范围的因素。通过梳理相关文献可以发现，这些因素包括三峡库区各区县政府经济发展水平、财政水平、人口分布等方面。格兰德（1982）认为公共服务差异具有普遍性，Arnott 和 Gersovitz（1986）认为造成基本公共服务差异的原因在于提供公共服务的成本存在差异，而 Michael

Lipton（1977）、Moore（1993）认为城乡基本公共服务差异的原因在于在权力结构中城市与农村群体的相对权重存在差异。国内关于基本公共服务均等化影响因素的研究主要从经济发展水平、财政投入水平、城镇化及城镇人口规模方面分析了其对基本公共服务收敛性的影响（豆建民和刘欣，2011）。赵怡虹等（2009）认为地方政府财政能力是影响基本公共服务水平的最重要因素。李晓园（2010）通过对江西和湖南的调研分析发现行政环境、政府人力资源、政府回应和行政文化是提升县级政府公共服务能力的主要影响因素。汤苍松（2013）认为经济发展水平与城市治理强度是影响我国中心城市基本公共服务能力的重要因素。刘军等（2015）分析了经济增长、城镇化水平、基本公共服务投资水平和政府公共服务偏好对基本公共服务供给的影响。基于此，本书选择经济发展水平、财政能力、人口密度和城镇化水平作为外部性环境变量（如表 6-1 所示）。

表 6-1　三峡库区基本公共服务供给效率评价指标体系

投入指标	公共财政教育支出/万元、公共财政卫生支出/万元、公共财政社会保障和就业支出/万元
产出指标	社会福利收养单位床位数（张）、普通中学专任教师数（人）、普通中学在校学生数（人）、小学专任教师数（人）、小学在校学生数（人）、卫生机构床位数（张）、执业（助理）医师数（人）、注册护士数（人）
环境变量	人均地区生产总值/元、财政自给能力（财政收入/支出）、城镇化率/%、人口密度（人/平方千米）

在经济发展水平方面，发展经济是政府的重要职能，也是保障政府执行其他职能的经济基础，因此本书选择人均地区生产总值来衡量地区经济发展水平。在财政能力方面，地区财政能力是提供基本公共服务的保障与基础，地方财政能力越强的地区更有机会和实力提供更高水平的基本公共服务，因此本书选择财政自给能力即财政收入与财政支出的比重来衡量地区财政能力。在人口密度方面，各地区公民享受大致相当的公共产品与服务是实现基本公共服务均等化目标的实质要求，各地区人口越多基本公共服务需求越多，但同时基本公共服务的集中供给成本优于分散供给，因此本书选择人口密度即常住人口与行政面积的比重来衡量三峡库区各区县人口分布情况。在城镇化水平方面，城镇化是一个国家或地区社会、经济发展水平的重要标志，也是人类社会走向文明和进步不可逾越的历史过程，因此本书借鉴黄亚平等（2013）、李优树等（2013）的研究经验，运用城镇化率即城镇人口与常住总人口的比重来衡量地区城镇化水平。

6.2.2 数据来源

本节所使用的全部数据资料均来自 2008—2017 年《重庆统计年鉴》以及各区县历年统计年鉴和统计公报。

6.3 实证分析

6.3.1 第一阶段 DEA 实证结果

使用 DEAP2.1 软件对三峡库区 15 个区县基本公共服务供给效率水平与所处的规模报酬状态进行分析，结果如表 6-2 所示。从表 6-2 中可以看出，在不考虑外部环境变量以及随机因素的影响下，总体来看，三峡库区各区县基本公共服务供给的平均综合技术效率、纯技术效率与规模效率分别为 0.769、0.855、0.899。从区域层面来看，万州、渝北、巴南、丰都、开州 5 个区县基本公共服务供给效率较高，三项效率值均为 1，表明其处于技术效率前沿面。其余区县基本公共服务供给效率均有所下降，其中江津、巫溪、石柱 3 个区县综合技术效率较低的原因来自于规模效率的下降，其纯技术效率值均为 1；涪陵、长寿、武隆、忠县、云阳、奉节、巫山 7 个区县三项效率值均小于 1，在纯技术效率或规模效率方面均存在不同程度的可改进空间。从规模报酬来看，涪陵、江津、忠县、云阳、奉节 5 个区县处于规模报酬递减状况；长寿、武隆、巫山、巫溪、石柱 5 个区县处于规模报酬递增阶段。总体来看，当前三峡库区基本公共服务供给效率还不够高，急须采取相应的措施来提高。

表 6-2 三峡库区基本公共服务供给效率值（第一阶段）

地区	crste1	vrste1	scale1	rts
万州区	1.000	1.000	1.000	—
涪陵区	0.702	0.782	0.898	drs
渝北区	1.000	1.000	1.000	—
巴南区	1.000	1.000	1.000	—
长寿区	0.766	0.799	0.958	irs
江津区	0.853	1.000	0.853	drs
丰都县	1.000	1.000	1.000	—

表6-2(续)

地区	crste1	vrste1	scale1	rts
武隆区	0.336	0.338	0.994	irs
忠　县	0.544	0.710	0.767	drs
开州区	1.000	1.000	1.000	—
云阳县	0.593	0.831	0.713	drs
奉节县	0.550	0.657	0.837	drs
巫山县	0.671	0.704	0.953	irs
巫溪县	0.825	1.000	0.825	irs
石柱县	0.687	1.000	0.687	irs
平均值	0.769	0.855	0.899	—

注：crste1 表示第一阶段的综合技术效率（不考虑规模收益是的技术效率），vrste1 表示第一阶段的纯技术效率（考虑规模收益时的技术效率），scale1 表示第一阶段的规模效率（考虑规模收益时的规模效率），crste1 = vrste1×scale1；irs 表示规模报酬递增，drs 表示规模报酬递减，—表示规模报酬不变。

6.3.2 第二阶段相似 SFA 模型回归结果

在第二阶段，我们将第一阶段所测算出的各决策单元的各投入变量的松弛变量（径向松弛与非径向松弛之和）作为被解释变量（如表 6-3 所示），把上述设定的经济发展水平、财政自给能力、人口密度和城镇化水平 4 个外部环境变量作为解释变量。运用 Frontier4.1 软件对被解释变量和解释变量做相似 SFA 回归，回归结果详见表 6-4。总体来看，经济发展水平、财政自给能力、人口密度和城镇化水平均分别对教育投入、卫生投入、社会保障和就业投入松弛变量有显著影响，且均通过 1%显著性水平检验。这表明从总体上看，外部环境变量对库区各基本公共服务的投入冗余产生了显著性的影响。同时 3 个模型 γ 值均在 0.9 以上，且在 1%水平下显著，这表明各决策单元的管理效率是影响三峡库区基本公共服务供给效率的主导因素。在这里需要特别提到的是，该阶段只是在构建相似 SFA 模型已达到分离出管理无效的目的，而并非建立真正意义上的 SFA 模型。因此，不可以由于值接近于 0 或 1 就判定不适合用相似 SFA 回归模型进行分解。这里绝大部分的相似 SFA 回归值都接近于 1，这说明管理因素的无效率超过了随机因素的无效率，在三个投入松弛变量中占据主导作用。

表 6-3 第二阶段投入松弛变量计算结果

地区	教育投入（松弛变量）	卫生投入（松弛变量）	社会保障和就业投入（松弛变量）
万州区	0	0	0
涪陵区	-16 032. 737	-89 169. 109	-20 926. 328
渝北区	0	0	0
巴南区	0	0	0
长寿区	0	-13 673. 016	-20 065. 663
江津区	0	0	0
丰都县	0	0	0
武隆区	0	-10 187. 766	-3 650. 361
忠　县	-15 323. 988	-34 691. 877	-13 002. 484
开州区	0	0	0
云阳县	-44 813	-30 157	-38 152
奉节县	-29 721. 679	-48 362. 279	-11 719. 113
巫山县	-3 167. 857	0	-3 880. 301
巫溪县	0	0	0
石柱县	0	0	0

表 6-4 第二阶段 SFA 回归结果

项目	教育投入（松弛变量）	卫生投入（松弛变量）	社会保障和就业投入（松弛变量）
常数项	-6. 13E+03*** （-6. 11E+03）	-1. 74E+03*** （-1. 61E+03）	-3. 87E+03*** （-3. 87E+03）
经济发展水平	-3. 93E-01*** （-1. 25E+02）	-1. 64E+00*** （-3. 84E+01）	-2. 51E-01** （-3. 04E+00）
财政自给能力	8. 36E+04*** （8. 36E+04）	6. 86E+04*** （6. 79E+04）	1. 83E+04*** （1. 83E+04）
人口密度	-1. 80E+01*** （-1. 52E+02）	1. 06E+01*** （4. 55E+00）	-8. 23E+00*** （-5. 97E+00）
城镇化率	8. 44E+01*** （4. 43E+01）	1. 03E+03*** （4. 42E+01）	2. 79E+02*** （2. 79E+02）
σ^2	3. 49E+08***	9. 26E+08***	2. 90E+08***
gamma	0. 999***	0. 999***	0. 999***
LR 单边误差检验	7. 39***	5. 64***	0. 940***

注：***、**、* 分别表示在 1%、5%、10%显著性水平上显著；括号内的数为对应估计的 t 统计量。

（1）经济发展水平。经济发展水平与基础教育、医疗卫生、社会保障和就业的投入松弛变量相关系数均为负数。这表明随着三峡库区地方经济发展水平提高，其可以减少在基础教育、医疗卫生、社会保障和就业方面的投入冗余与浪费，即三峡库区各区县地方经济发展水平的提高会提升库区基本公共服务供给效率。

（2）财政自给能力。财政自给能力与基础教育、医疗卫生、社会保障和就业的投入松弛变量相关系数均为正数。这表明，三峡库区各区县财政自给能力的提高增加了基础教育、医疗卫生、社会保障和就业投入冗余与浪费，即库区地方政府财政自给能力的提高会降低库区基本公共服务供给效率。上述实证结果与预期结果相反，其原因与我国公共服务基层治理体系相关。国外学者Bardhan和Barankay等（2005）认为若忽略了地区间层级差异，地方财政自主性对于公共产品供给水平的影响的估计结果将出现偏差，甚至出现符号相反情况。本节关于政府财政自给能力与基本公共服务供给效率的实证结果与左翔（2011）等运用市辖区层面数据分析结果基本一致。

（3）人口密度。人口密度与基础教育、社会保障和就业的投入松弛变量相关系数均为负数。这表明，三峡库区人口密度的提高，会减少对基础教育、社会保障和就业投入的冗余与浪费，即人口密度的提高会提高库区基础教育和社会保障的供给效率。人口密度与医疗卫生的投入松弛变量相关系数均为正数，表明随着三峡库区人口密度的提高，会增加卫生投入冗余与浪费，即人口密度的提高会降低三峡库区医疗卫生的供给效率。究其原因在于基本公共服务的集中供给能够减少基本公共服务供给成本，但人口集中到一定程度又会造成公共资源的拥堵，如“公地的悲剧”，接下来对城镇化水平的分析证明了这一点。

（4）城镇化水平。城镇化水平与基础教育、医疗卫生、社会保障和就业的投入松弛变量相关系数均为正数。这表明三峡库区各区县城镇化水平的提高，会增加基础教育、医疗卫生、社会保障和就业投入冗余与浪费，即库区城镇化水平的提高会降低库区基本公共服务供给效率。究其原因，一方面城镇人口增加，另一方面城镇基础设施等基本公共服务有待完善，使得库区城镇水平的提高短时间内对库区基本公共服务供给效率具有抑制作用。三峡库区由于受三峡大坝回水淹没影响，农村失地农民增加，进而提高了库区城镇化水平；同时由于库区城镇淹没较多，水库淹没线以下有万州和涪陵两个城市的一部分被淹，被全淹或基本被全淹的县城有8个，被淹的集镇和场镇有116个，这使得三峡库区部分城市和城镇完全重新建设，如开州等。

综上来看，各外部环境变量对不同决策单元的影响效果有所差异，这极有可能会导致部分面临较好经营环境或运气的区县具有较理想的效率表现，而另外一部分面临欠佳经营环境或运气的区县，其基本公共服务供给效率表现较差。所以，不剔除环境因素的效率评价结果是不恰当的，必须通过对原投入变量进行调整，使得三峡库区所有的区县处于相同的经营环境和运气中，观察其真实的效率水平。

6.3.3 第三阶段投入调整后的 DEA 实证结果

在第三阶段中，将通过调整后的投入产出值与原始的产出值重新代入 DEA-BCC 模型，运用 DEAP2.1 软件对三峡库区各区县基本公共服务投入产出效率进行测算，得到第三阶段各个决策单元的效率值以及规模报酬状况，具体数值详见表 6-5。

表 6-5 三峡库区基本公共服务供给效率值（第三阶段）

地区	crste1	vrste1	scale1	rts
万州区	1.000	1.000	1.000	—
涪陵区	0.660	0.782	0.845	drs
渝北区	1.000	1.000	1.000	—
巴南区	1.000	1.000	1.000	—
长寿区	0.761	0.811	0.938	irs
江津区	0.883	1.000	0.883	drs
丰都县	1.000	1.000	1.000	—
武隆区	0.334	0.336	0.995	irs
忠　县	0.531	0.710	0.748	drs
开州区	1.000	1.000	1.000	—
云阳县	0.571	0.831	0.687	drs
奉节县	0.522	0.657	0.794	drs
巫山县	0.707	0.787	0.898	irs
巫溪县	0.800	1.000	0.800	irs
石柱县	0.610	1.000	0.610	irs
平均值	0.759	0.861	0.880	—

注：crste3 表示第三阶段的综合技术效率（不考虑规模收益是的技术效率），vrste3 表示第三阶段的纯技术效率（考虑规模收益时的技术效率），scale3 表示第三阶段的规模效率（考虑规模收益时的规模效率），crste3 = vrste3×scale3；irs 表示规模报酬递增，drs 表示规模报酬递减，—表示规模报酬不变。

总体来看，对比表 6-2 和表 6-5 可以发现，在剔除了本书所选择的外部环境变量与随机因素影响之后，各决策单元的基本公共服务供给效率水平发生了明显的变化。这表明三峡库区基本公共服务供给效率确实受到经济发展水平、财政自给能力、人口密度和城镇化水平等环境变量的影响，且在剔除外部环境因素与随机因素之后实际供给效率更低。

各区县效率差异对比如下。①综合技术效率：第三阶段三峡库区基本公共服务供给的综合技术效率平均值比第一阶段的综合技术效率平均值下降了大约 0.01。具体来看，在调整后的万州、渝北、巴南、丰都、开州三项效率值均为 1，较第一阶段并没有发生变化，这表明其仍处于技术效率前沿面上，没有受到环境因素和运气的影响；江津和巫溪在第三阶段的综合技术效率有所上升，这说明未经调整的数值受到不利的外部环境因素与运气的影响比较大，所测出的真实效率值偏低；其余 8 个区县在调整后综合效率值均出现了不同幅度的下降，这说明未经调整的数值受到有利的外部环境因素与运气的影响比较大，所测出的真实效率值偏高。②纯技术效率：纯技术效率主要是指基本公共服务管理与技术方面的效率，总体来看，三峡库区第三阶段基本公共服务供给的纯技术效率平均值比第一阶段上升了大约 0.006；调整后的纯技术效率有 13 各区县与第一阶段保持不变，其中纯技术效率为 1 的区县有万州、渝北、巴南、丰都、开州、江津、巫溪和石柱 8 个区县；长寿和巫山纯技术效率分别增长 0.012 和 0.083，武隆纯技术效率下降了 0.002。③规模效率：总体来看，三峡库区第三阶段基本公共服务供给的规模效率平均值比第一阶段下降了大约 0.009；调整后的规模效率除位于前沿面的 5 个区县规模效率没有发生变化外，其余 10 个区县均呈不同程度的变化，其中武隆和江津规模效率分别增长 0.001 和 0.03，其他 8 个区县呈下降状态，石柱下降幅度最大，为 0.077。

调整后各区县基本公共服务供给效率分析。①调整后各区县基本公共服务供给效率中，万州、渝北、巴南、丰都、开州 5 个区县综合技术效率处于生产前沿面，涪陵、长寿、江津、武隆、忠县、云阳、奉节、巫山、巫溪、石柱 10 个区县在纯技术效率和规模效率方面均存在不同程度的改进。综合技术效率高于三峡库区平均水平的区县有 8 个，分别为万州、渝北、巴南、丰都、开州、长寿、江津和石柱。②调整后将各区县间按效率值 0.8 为界定范围，将三峡库区各区县基本公共服务供给效率分为四种类型，如图 6-1 所示。将同时拥有高纯技术效率值与高规模效率值的区县称为“双高”型；将同时拥有低纯技术效率值与低规模效率值的区县称为“双低”型；另外两种类型分别为高纯技术效率、低规模效率和低纯技术效率、高规模效率。可以看出，“双高”

型的区县有万州、渝北、巴南、丰都、开州、长寿、江津、巫溪，占比53.333%；“高纯技术效率、低规模效率”型的区县有云阳，占比6.667%；“双低”型的区县有忠县，占比6.667%；“低纯技术效率、高规模效率”型的区县有武隆、石柱、巫山、涪陵和奉节，占比33.333%。可以看出，三峡库区仍有2/3区县的综合技术效率有待提高，纯技术效率和规模效率有待提高和改进。

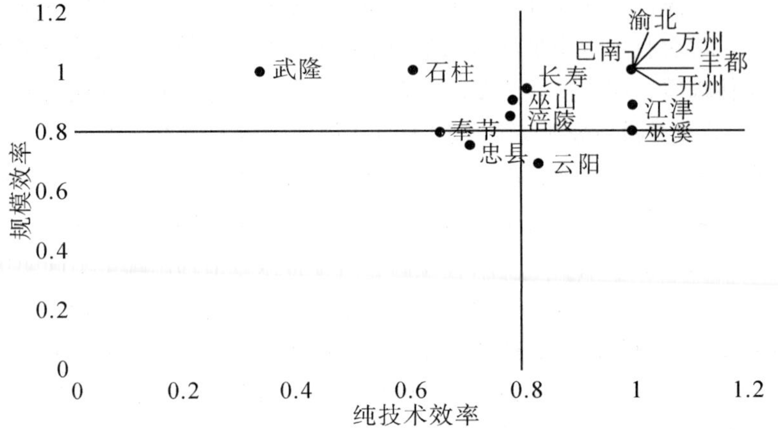

图6-1　调整后三峡库区各区县纯技术效率和规模效率

6.3.4　超效率DEA分析

基于上文分析可知，调整前的第一阶段和调整后的第三阶段基本公共服务供给效率均有万州、渝北、巴南、丰都、开州5个区县处于效率前沿面，三项效率值均为1。鉴于此，本书使用DEA-SOLVER Pro5软件基于超效率DEA模型对这5个处于生产前沿面的区县展开进一步的有效区分（如表6-6所示）。

表6-6　调整前后基本公共服务投入产出的超效率得分

地区	调整前综合技术效率	排名	调整后综合技术效率	排名
万州	1.036	4	1.008	5
渝北	1.024	5	1.116	2
巴南	1.069	3	1.079	3
丰都	1.070	2	1.072	4
开州	1.313	1	1.294	1

注：对基本公共服务供给无效的区县，超效率DEA得到的效率值和之前的效率值相同，故不再赘述。

由超效率 DEA 分析可知，调整前的超效率 DEA 得分由高至低分别为开州、丰都、巴南、万州和渝北，其超效率得分值分别为 1.313、1.070、1.069、1.036 和 1.024；调整后的超效率 DEA 得分由高至低分别为开州、渝北、巴南、丰都和万州，其超效率得分值分别为 1.294、1.116、1.079、1.072 和 1.008。基于超效率得分含义可知，万州、渝北、巴南、丰都和开州 5 个区县在调整前后可以在分别增加基本公共服务初始投入 3.6%和 0.8%、2.4%和 11.6%、6.9%和 7.9%、7%和 7.2%、31.3%和 29.4%的基础上仍处于有效生产前沿面上。

6.4 本章小结

基于以上关于三峡库区 15 区县三阶段 DEA 和超效率 DEA 实证结果，可以得到以下结论。

首先，基本公共服务投入产出效率受外部环境影响较大。在剔除经济发展水平、财政自给能力、人口密度和城镇化水平等外部环境影响后三峡库区基本公共服务综合技术效率总体有所下降。

其次，影响三峡库区基本公共服务供给综合技术效率的主要因素为规模效率。通过对基本公共服务投入产出综合技术效率进行分析可知，大部分区县调整后的基本公共服务规模效率低于纯技术效率，纯技术效率为 1 的区县有 8 个，规模效率为 1 的区县有 5 个。

再次，三峡库区大部分区县基本公共服务投入产出效率不容乐观。研究发现，三峡库区 15 个区县中有三分之二的区县基本公共服务投入产出的纯技术效率和规模效率均有待提高，仅有 5 个区县基本公共服务投入产出效率较为理想。云阳属于“高纯技术效率、低规模效率”型，提高基本公共服务的规模效率来是提高其基本公共服务供给效率的方向；忠县属于“双低”型，提高基本公共服务纯技术效率和规模效率是提高其基本公共服务供给效率的出路；武隆、石柱、巫山、涪陵和奉节 5 个区县属于“低纯技术效率、高规模效率”型，提高基本公共服务纯技术效率是提高其基本公共服务供给效率的方向。

最后，基本公共服务投入产出有效的区县也存在较大差别。由超效率 DEA 分析可知，即使同处基本公共服务投入产出前沿面的区县也存在较大差别，调整后处于有效生产前沿面的 5 个区县中，基本公共服务投入产出效率排名分别为开州、渝北、巴南、丰都和万州。

7 三峡库区基本公共服务供给满意度分析

实现更高质量的基本公共服务均等化是基本公共服务供给侧结构性改革的阶段性目标。“高质量”如何体现？古典经济学将使用价值与交换价值相混淆，特别是货币成为交换价值的代表后，将质量与价格挂钩，认为高质量与高价格相一致；但马克思的商品二重性从本源上回答了高质量的实质，认为在社会分工后生产者的目的在于获得交换价值，消费者的目的在于获得使用价值，交换价值能否实现在于使用价值，因此供求双方的关注点落脚于使用价值上，即商品的有用性（金培，2018）。基于此，质量的本质是能够满足实际需要的使用价值特性，随着经济社会发展和人民收入水平的提高，需求的水平和质量不断升级变化，那么高质量的基本公共服务均等化必然能够更好满足人民群众不断增长的真实需要。

习近平总书记提出“坚持以人民为中心”的发展思路，把满足人民群众美好生活需要作为当前发展的目标，正是基于马克思的商品二重性从本质上把握了高质量发展的内涵和外延。基于理论依据和实践经验，本章遵循质量与使用价值相关联的逻辑基础，对基本公共服务的满意度进行了实地调研并展开了实证分析。三峡库区人民群众的基本公共服务满意度越高，表明所提供的基本公共服务更好地满足了三峡库区人民的实际生活需要，也说明了基本公共服务供给质量越高；反之则相反。具体来看，本章基于三峡库区基本公共服务满意度调研问卷，在对三峡库区基本公共服务供给满意度评价的基础上分析了基本公共服务满意度的影响因素。

7.1 三峡库区基本公共服务满意度评价

基本公共服务满意度是一种主观上的心理感受。基本公共服务满意度的测量主要采用问卷调研的方法。公众对基本公共服务打分直接体现基本公共服务满意度水平。通常，基本公共服务满意度涵盖基础设施、教育、医疗、社会保障、环境保护、公共文化、公共安全等方面（张会萍 等，2011；蒋小杰和赵春盛，2013；谢星全，2017）。有的学者通过访谈、座谈的形式了解居民对基本公共服务的满意度情况（马秀玲和张宾，2016）。

为了解三峡库区居民基本公共服务满意度，笔者于2018年1—3月对三峡库区万州区、云阳县、开州区、巫溪县、忠县5个区县关于基本公共服务满意度进行了实地问卷调研。此次调研共发放问卷900份，收回有效问卷829份，有效率为92.11%。为使调研效果的真实可靠性，调研对象为年满18周岁以上的无沟通障碍的城乡居民，调研方法采用匿名评价方式。问卷调研内容包括城乡居民基本生活状况、基础教育、医疗卫生、基础设施、社会保障和环境保护等方面，下文分别具体阐述。被调查者对所在地基本公共服务满意度打分使用五级量表计（1代表“非常不满意”；5代表“非常满意”，分数越高则越满意）。

7.1.1 基本情况

对调研样本的个体特征基本情况统计结果如表7-1所示。

在调研地点分布方面，受访者城乡分布基本均衡，农村居民占比（53.44%）略高于城镇居民（46.56%），其中农村地区发放问卷443份，城镇地区发放问卷386份。

在年龄方面，总体来看受访者年龄主要集中在18~40岁，占比为50.3%；在农村地区由于部分剩余劳动力外出务工，50岁以上调研对象占比较高，占了41.54%；而城镇地区40岁以下受访者占多数（56.22%）。

在学历方面，总体来看受访者初中学历（29.07%）和本科学历（26.42%）所占比重相对较高；其原因在于农村地区受访对象初中学历占比较高（35.44%），而城镇地区受访对象本科学历占比较高（33.94%）。

在性别方面，总体来看受访者女性占比（60.43%）略高于男性占比（39.57%），其中男性调研对象328人，女性调研对象501人；在农村和城镇地区这一比重无太大差异。

在政治面貌方面，总体来看，群众占比在60%以上。在从事职业方面，总体来看，务农占比较高（34.74%）；究其原因在于农村地区务农人员比重较高（45.60%）。

在城乡居民收入水平方面，总体来看，73.1%的城乡居民人均收入在0.8万元以上，农村居民人均收入在0.8万元以上的占比66.14%，城镇居民人均收入在1.8万元以上的占比51.55%。

从城乡居民自身收入层次定位来看，大部分人认为当前处于温饱阶段（67.91%），自认为处于小康阶段的占比20.02%；从农村地区，69.07%的农村受访对象认为自己处于温饱阶段，仅17.16%的受访对象认为处于小康阶段；在城镇地区，自认为小康阶段占比高于农村地区，且有1.04%认为处于富裕阶段。究其原因在于在实地调研过程中，城乡居民一方面出于自身财产隐私的顾虑，另一方面期望得到政府的关注和帮助，往往低报自身收入水平，使得收入水平和收入层次相对偏低。

表7-1　调研样本基本情况

问题	选项	三峡库区		农村		城镇	
		频数	比例/%	频数	比例/%	频数	比例/%
居住地性质	城镇	386	46.56	—	—	—	—
	农村	443	53.44	—	—	—	—
年龄	30岁以下	261	31.48	140	31.6	121	31.35
	30~40岁	156	18.82	60	13.54	96	24.87
	41~50岁	94	11.34	59	13.32	35	9.07
	51~60岁	157	18.94	87	19.64	70	18.13
	60岁以上	161	19.42	97	21.9	64	16.58
学历	小学	142	17.13	87	19.64	55	14.25
	初中	241	29.07	157	35.44	84	21.76
	高中或中专	132	15.92	80	18.06	52	13.47
	本科	219	26.42	88	19.86	131	33.94
	硕士及以上	95	11.46	31	7	64	16.58
性别	男	328	39.57	176	39.73	152	39.38
	女	501	60.43	267	60.27	234	60.62

表7-1（续）

问题	选项	三峡库区		农村		城镇	
		频数	比例/%	频数	比例/%	频数	比例/%
政治面貌	中共党员	148	17.85	65	14.67	83	21.5
	民主党派	6	0.72	4	0.9	2	0.52
	群众	552	66.59	308	69.53	244	63.21
	共青团员	99	11.94	59	13.32	40	10.36
	其他	24	2.9	7	1.58	17	4.4
您目前的职业	其他	197	23.76	110	24.83	87	22.54
	务农	288	34.74	202	45.60	86	22.28
	企业职工	130	15.68	70	15.80	60	15.54
	个体经营户或经商	91	10.98	37	8.35	54	13.99
	公务员或事业单位人员	123	14.84	24	5.42	99	25.65
您估计您家的人均年收入是多少	0~0.3万元	67	8.08	50	11.29	17	4.4
	0.4万~0.8万元	156	18.82	100	22.57	56	14.51
	0.9万~1.8万元	290	34.98	176	39.73	114	29.53
	1.9万~3万元	144	17.37	83	18.74	61	15.8
	3万元以上	172	20.75	34	7.67	138	35.75
您认为您家收入状况在当地处于什么状况?	贫困阶段	96	11.58	61	13.77	35	9.07
	温饱阶段	563	67.91	306	69.07	257	66.58
	小康阶段	166	20.02	76	17.16	90	23.32
	富裕阶段	4	0.48	0	0	4	1.04

7.1.2 基础教育

对调研样本的基础教育满意度情况统计结果如表7-2所示。关于基础教育满意度，本书将“满意”“非常满意”视为满意（下同）。总体来看，三峡库区基础教育满意度为58.62%；其中农村地区满意度（61.4%）高于城镇地区（55.44%）。

在最近小学距离方面，即基础教育的可及性，总体来看，三峡库区离最近小学的距离绝大多数在3千米范围以内（79.73%）（包括“0~1千米”“1.1~2千米”“2.1~3千米”三个选项）；但城乡间这一距离有所差异，在农村地区距离最近小学在3千米范围内的占比为69.3%，在城镇地区距离最近小学在3千米范围内的占比达91.71%，这表明城镇地区基础教育可及性明显优于农村地区。

在当前基础教育存在的主要问题方面，总体来看，三峡库区城乡居民普遍认为基础教育师资力量薄弱是主要问题，占比达 55.49%，其次为交通（41.13%）与距离（36.55%）问题。这表明当前三峡库区基础教育教师队伍建设和可及性方面成为影响基础教育满意度的主要方面，这也将成为推进库区基础教育供给侧结构性改革的努力重点和方向。

在基础教育改善对于库区居民的重要程度以及库区居民对于基础教育的主体认知方面，总体来看，绝大多数城乡居民认同基础教育服务的改善能够提高家庭生活条件和生活水平，将“大部分符合”“完全符合”统归为符合，则三峡库区城乡居民对基础教育的主体认知程度为 75.75%。由此可见，三峡库区城乡居民对于基础教育的主体认知度明显高于基础教育的满意度，因此当前三峡库区基础教育服务应加强师资队伍等软件条件的建设以及优化教育资源配置完善基础教育的可及性，以补齐基础教育短板，提高城乡居民基础教育满意度和获得感。

表 7-2　三峡库区基础教育满意度状况

问题	选项	三峡库区		农村		城镇	
		频数	比例/%	频数	比例/%	频数	比例/%
您对本地当前中小学教育满意吗?	非常不满意	24	2.9	17	3.84	7	1.81
	不满意	72	8.69	44	9.93	28	7.25
	一般	247	29.79	110	24.83	137	35.49
	满意	417	50.3	231	52.14	186	48.19
	非常满意	69	8.32	41	9.26	28	7.25
您家离最近小学的距离大概是多少?	0~1 千米	257	31	93	20.99	164	42.49
	1.1~2 千米	256	30.88	125	28.22	131	33.94
	2.1~3 千米	148	17.85	89	20.09	59	15.28
	3.1~4 千米	104	12.55	85	19.19	19	4.92
	4 千米以上	64	7.72	51	11.51	13	3.37
当前您所在地方小学教育方面存在的最大问题是什么?（多选）	学校离家远	303	36.55	227	51.24	76	19.69
	交通不方便	341	41.13	220	49.66	121	31.35
	教学质量差	160	19.3	85	19.19	75	19.43
	师资力量薄弱	460	55.49	256	57.79	204	52.85
	政府不重视	119	14.35	63	14.22	56	14.51
	其他	100	12.06	25	5.64	75	19.43

表7-2(续)

问题	选项	三峡库区		农村		城镇	
		频数	比例/%	频数	比例/%	频数	比例/%
您觉得接受良好的公共教育能够提高家庭生活水平吗?	完全不符合	10	1.21	6	1.35	4	1.04
	大部分不符合	40	4.83	24	5.42	16	4.15
	一般	151	18.21	86	19.41	65	16.84
	大部分符合	433	52.23	228	51.47	205	53.11
	完全符合	195	23.52	99	22.35	96	24.87

7.1.3 医疗卫生

对调研样本的当地医疗卫生的满意度情况统计结果如表7-3所示。关于医疗卫生满意度，绝大多数受访对象对当地医疗卫生的满意度水平较低，医疗卫生满意度仅为41.26%（包括“满意”“非常满意”两项），其中，农村居民医疗卫生满意度为45.14%，城镇居民医疗卫生满意度为36.78%。

在离最近公立医院距离方面，即医疗卫生的可及性，总体来看，三峡库区离最近公立医院距离绝大多数在3千米范围以内（67.07%）（包括“0~1千米”“1.1~2千米”“2.1~3千米”三个选项）；但城乡间这一距离有所差异，在农村地区距离最近公立医院距离在3千米范围内的占比为55.98%，在城镇地区离最近公立医院距离在3千米范围内的占比达79.79%，表明城镇地区医疗卫生的可及性明显优于农村地区。

关于当前医疗卫生服务存在的主要问题，总体来看，三峡库区城乡居民普遍认为医疗人才缺乏是当前医疗卫生服务存在的主要问题，占比达66.34%，其次为距离（45.11%）问题，此外交通不便利（35.71%）和医疗条件差（35.34%）；同时城乡间医疗卫生存在的问题也有所差别，农村居民存在问题较城镇地区更为突出，除均认为医疗人才缺乏是主要问题外，农村居民认为距离医院距离（55.3%）与医院的交通便利性（44.92%）问题突出，其次为医疗条件差（36.12%）；而城镇居民认为医疗条件（34.46%）和距离医院距离（55.3%）问题更突出，其次为交通问题（33.42%）。这表明当前库区的医疗卫生服务方面的医疗人才队伍建设和可及性方面有待加强。

关于医疗卫生服务改善对于库区居民的重要程度以及库区居民对于医疗卫生服务的主体认知，总体来看，城乡居民认同医疗卫生服务的改善能够提高家庭生活条件和生活水平占比为72.13%（包括“大部分符合”“完全符合”两个选项），农村居民（73.59%）这一主体认知程度高于城镇居民（70.47%）。

表 7-3　三峡库区医疗卫生满意度状况

问题	选项	三峡库区		农村		城镇	
		频数	比例/%	频数	比例/%	频数	比例/%
您对本地当前公共医疗卫生服务满意吗？	非常不满意	31	3.74	16	3.61	15	3.89
	不太满意	130	15.68	69	15.58	61	15.8
	一般	326	39.32	158	35.67	168	43.52
	满意	282	34.02	168	37.92	114	29.53
	非常满意	60	7.24	32	7.22	28	7.25
您家离最近公立医院的距离是多少？	0~1 千米	92	11.1	40	9.03	52	13.47
	1.1~2 千米	191	23.04	86	19.41	105	27.2
	2.1~3 千米	273	32.93	122	27.54	151	39.12
	3.1~4 千米	116	13.99	77	17.38	39	10.1
	4 千米以上	157	18.94	118	26.64	39	10.1
当前您所在地方公共医疗卫生方面存在的最大问题是什么？（多选）	医院距离远	374	45.11	245	55.3	129	33.42
	交通不方便	296	35.71	199	44.92	97	25.13
	医疗条件差	293	35.34	160	36.12	133	34.46
	医疗人才缺乏	550	66.34	300	67.72	250	64.77
	政府不重视	92	11.1	49	11.06	43	11.14
	其他	72	8.69	25	5.64	47	12.18
您觉得良好医疗卫生条件的改善能够提高家庭生活水平吗？	完全不符合	22	2.65	11	2.48	11	2.85
	大部分不符合	53	6.39	26	5.87	27	6.99
	一般	156	18.82	80	18.06	76	19.69
	大部分符合	466	56.21	261	58.92	205	53.11
	完全符合	132	15.92	65	14.67	67	17.36

7.1.4　基础设施

对调研样本的当地基础设施的满意度情况统计结果如表 7-4 所示。关于基础设施满意度，基础设施满意度为 53.32%（包括“满意”“非常满意”两项）；其中农村居民基础设施满意度（55.3%）高于城镇居民基础设施满意度（51.03%）。

在燃气供应方面，三峡库区仍有 17.49%的居民没有燃气供应，其中农村地区燃气供应为 72.46%，相比城镇地区燃气供应为 94.04%；在光纤网络覆盖方面，库区光纤网络覆盖率为 82.03%，其中农村地区覆盖率为 73.36%，农村地区覆盖率为91.97%；在公共交通方面，总体来看，绝大多数受访对象认为当地公共交通便利（85.65%）（包括“一般”“较为便利”“非常便利”三个选项），城镇地区公共交通便利程度（90.93%）明显高于农村地区（81.04%）。

关于当前基础设施存在的主要问题，总体来看，三峡库区普遍认为信息化设施滞后是当前基础设施存在的主要问题（55.37%），其次为交通运输堵塞问题（51.75%），此外水电气等生活设施不足（22.56%）和政绩工程（20.51%）等问题也较为严重；同时城乡间基础设施存在的问题也有所差别，农村居民存在问题较城镇地区更为突出，农村居民认为信息化设施滞后是其面临的主要问题（65.24%），而城镇居民认为交通运输堵塞问题是其面临的主要问题（56.74%）。

关于基础设施改善对于库区居民的重要程度以及库区居民对于基础设施的主体认知，总体来看，城乡居民认同基础设施的改善能够提高家庭生活条件和生活水平占比为77.68%（包括“大部分符合”“完全符合”两个选项），城镇居民（78.5%）这一主体认知程度高于农村居民（76.97%）。

表7-4　三峡库区基础设施满意度状况

问题	选项	三峡库区		农村		城镇	
		频数	比例/%	频数	比例/%	频数	比例/%
您对本地当前基础设施满意吗？	非常不满意	23	2.77	15	3.39	8	2.07
	不太满意	113	13.63	64	14.45	49	12.69
	一般	251	30.28	119	26.86	132	34.2
	满意	392	47.29	222	50.11	170	44.04
	非常满意	50	6.03	23	5.19	27	6.99
您所生活区域是否有燃气供应？	有	684	82.51	321	72.46	363	94.04
	没有	145	17.49	122	27.54	23	5.96
您所生活区域是否有光纤网络覆盖？	有	680	82.03	325	73.36	355	91.97
	没有	149	17.98	118	26.63	31	8.03
您所生活区域的公共交通是否便利？	非常不便利	28	3.38	20	4.51	8	2.07
	不便利	91	10.98	64	14.45	27	6.99
	一般	279	33.66	154	34.76	125	32.38
	较为便利	334	40.29	164	37.02	170	44.04
	非常便利	97	11.7	41	9.26	56	14.51

表7-4（续）

问题	选项	三峡库区		农村		城镇	
		频数	比例/%	频数	比例/%	频数	比例/%
当前您所在地方基础设施方面存在的最大问题是什么？（多选）	交通运输堵塞	429	51.75	210	47.4	219	56.74
	水电气等生活设施不足	187	22.56	121	27.31	66	17.1
	信息化设施滞后	459	55.37	289	65.24	170	44.04
	政绩工程严重	170	20.51	85	19.19	85	22.02
	政府不重视	113	13.63	67	15.12	46	11.92
	其他	59	7.12	19	4.29	40	10.36
您觉得基础设施条件的改善能够提高家庭生活水平吗？	完全不符合	14	1.69	8	1.81	6	1.55
	不太符合	24	2.9	16	3.61	8	2.07
	一般	147	17.73	78	17.61	69	17.88
	大部分符合	399	48.13	208	46.95	191	49.48
	完全符合	245	29.55	133	30.02	112	29.02

7.1.5 社会保障

对调研样本的当地社会保障满意度情况统计结果如表7-5所示。关于社会保障满意度，总体来看，三峡库区城乡居民对当地社会保障的满意水平仅为47.4%（包括“满意”“非常满意”两项）；其中农村居民社会保障满意度（48.53%）高于城镇居民（46.11%）。

关于当前社会保障存在的主要问题，总体来看，三峡库区普遍认为社会保障覆盖比例低是当前基础设施存在的主要问题（63.93%），其次为保障水平低问题（39.57%），此外报销比例低（31.72%）和门槛费用高（30.76%）等问题也较为严重，且农村居民存在问题较城镇地区更为突出，71.11%的农村受访对象认为当前社会保障覆盖比例低，同时有41.31%的认为社会保障水平低。关于社会保障改善对于库区居民的重要程度以及库区居民对于社会保障的主体认知，总体来看，城乡居民认同社会保障的改善能够提高家庭生活条件和生活水平，占比为65.5%（包括“大部分符合”“完全符合”两个选项），农村居民（66.37%）这一主体认知程度略高于城镇居民（64.5%）。

在就业保障方面，37.87%的受访对象表示当地政府没有提供的就业信息；同时38.85%的受访对象认为当地政府没有提供的劳动就业技能培训；城乡间这一情况差别不大。关于当前就业服务存在的主要问题，总体来看，城乡居民普遍认为就业信息不足（73.58%）和就业信息渠道不畅（68.28%）是就业服务面临的主要问题，其次为就业服务内容单一（39.81%）和就业技能培训形式化（22.32%）。关于就业服务的改善对于库区居民的重要程度以及库区居民对于就业服务的主体认知，总体来看，城乡居民认同就业服务的改善能够提高家庭生活条件和生活水平，占比为71.53%（包括“大部分符合”“完全符合”两个选项）。

表7-5　三峡库区社会保障满意度状况

问题	选项	三峡库区		农村		城镇	
		频数	比例/%	频数	比例/%	频数	比例/%
您对本地当前总体社会保障服务满意吗?	非常不满意	13	1.57	8	1.81	5	1.3
	不太满意	83	10.01	44	9.93	39	10.1
	一般	340	41.01	176	39.73	164	42.49
	满意	358	43.18	201	45.37	157	40.67
	非常满意	35	4.22	14	3.16	21	5.44
当前您所在地方社会保障方面存在的最大问题是什么?(多选)	报销比例低	263	31.72	121	27.31	142	36.79
	门槛费用高	255	30.76	129	29.12	126	32.64
	覆盖比例低	530	63.93	315	71.11	215	55.7
	保障水平低	328	39.57	183	41.31	145	37.56
	政府不重视	92	11.1	50	11.29	42	10.88
	其他	44	5.31	17	3.84	27	6.99
您觉得社会保障条件的改善能够提高家庭生活水平吗?	完全不符合	11	1.33	5	1.13	6	1.55
	不太符合	28	3.38	15	3.39	13	3.37
	一般	247	29.79	129	29.12	118	30.57
	大部分符合	361	43.55	205	46.28	156	40.41
	完全符合	182	21.95	89	20.09	93	24.09
您所生活区域是否有政府提供的就业信息?	有	515	62.12	270	60.95	245	63.47
	没有	314	37.87	173	39.05	141	36.53
您所生活区域是否有政府提供的劳动就业技能培训?	有	507	61.16	270	60.95	237	61.4
	没有	322	38.85	173	38.97	149	38.60

表7-5(续)

问题	选项	三峡库区		农村		城镇	
		频数	比例/%	频数	比例/%	频数	比例/%
当前您所在地方政府提供就业服务方面存在的最大问题是什么?(多选)	就业技能培训形式化	185	22.32	85	19.19	100	25.91
	就业信息渠道不畅	566	68.28	330	74.49	236	61.14
	就业信息不足	610	73.58	340	76.75	270	69.95
	就业服务内容单一	330	39.81	163	36.79	167	43.26
	政府不重视	136	16.41	79	17.83	57	14.77
	其他	39	4.7	17	3.84	22	5.7
您觉得政府提供相应就业服务能够提高家庭生活水平吗?	完全不符合	18	2.17	13	2.93	5	1.3
	不太符合	34	4.1	17	3.84	17	4.4
	一般	184	22.2	97	21.9	87	22.54
	大部分符合	321	38.72	174	39.28	147	38.08
	完全符合	272	32.81	142	32.05	130	33.68

7.1.6 环境保护

对调研样本的当地环境保护的满意度情况统计结果如表7-6所示。关于环境保护满意度，总体来看，三峡库区城乡居民对当地环境保护满意仅为49.1%（包括“满意”“非常满意”两项），其中农村居民环境保护满意度为52.37%，城镇居民环境保护满意度为45.34%。

在对生态环境最不满意的方面，城乡居民普遍对水环境（47.89%）最不满意，其次为人居环境（19.78%）、空气环境（16.53%）和政府生态工作(9.41%)，三峡库区作为长江经济带的重要组成部分和我国重要的淡水资源库，水环境保护刻不容缓。在对生态环境改善的信心方面，绝大多数受访对象对当地环境改善具有信心（86.37%）（包括“一般”“有一定信心”“充满信心”三个选项），城镇居民对环境改善的信心（87.04%）高于农村居民(85.78%)。

关于当前环境保护存在的主要问题，总体来看，三峡库区城乡居民普遍认为污染治理水平低（70.21%）和环保设施落后（65.98%）是就业服务面临的主要问题，其次为政府环境监管不到位（27.86%）、环保法律法规滞后(20.99%）和发展观、政绩观扭曲（19.9%）。

在生态环境改善对于三峡库区居民的重要程度以及三峡库区居民对于生态环境的主体认知方面，总体来看，城乡居民认同生态环境的改善能够提高家庭生活条件和生活水平占比为75.63%（包括“大部分符合”“完全符合”两个选项），城镇居民（74.95%）这一主体认知程度高于农村居民（76.42%）。

表7-6　三峡库区环境保护满意度状况

问题	选项	三峡库区		农村		城镇	
		频数	比例/%	频数	比例/%	频数	比例/%
您对本地当前生态环境质量满意吗？	非常不满意	28	3.38	12	2.71	16	4.15
	不太满意	103	12.42	60	13.54	43	11.14
	一般	291	35.1	139	31.38	152	39.38
	满意	349	42.1	206	46.5	143	37.05
	非常满意	58	7	26	5.87	32	8.29
您对本区（县）的生态环境最不满意的方面是？	空气质量	137	16.53	56	12.64	81	20.98
	水环境	397	47.89	247	55.76	150	38.86
	人居环境	164	19.78	78	17.61	86	22.28
	政府生态工作	78	9.41	45	10.16	33	8.55
	其他	53	6.39	17	3.84	36	9.33
您对本区（县）的生态环境改善的信心如何？	感到绝望	29	3.5	17	3.84	12	3.11
	有些悲观	84	10.13	46	10.38	38	9.84
	一般	219	26.42	105	23.7	114	29.53
	有一定信心	438	52.83	247	55.76	191	49.48
	充满信心	59	7.12	28	6.32	31	8.03
当前您所在地方政府在生态环境保护方面存在的最大问题是什么？（多选）	政府环境监管不到位	231	27.86	112	25.28	119	30.83
	环保设施落后	547	65.98	324	73.14	223	57.77
	污染治理水平低	582	70.21	343	77.43	239	61.92
	发展观、政绩观扭曲	165	19.9	75	16.93	90	23.32
	环保法律法规滞后	174	20.99	78	17.61	96	24.87
	其他	37	4.46	12	2.71	25	6.48
您觉得生态环境的改善能够提高家庭生活水平吗？	完全不符合	12	1.45	8	1.81	4	1.04
	不太符合	30	3.62	20	4.51	10	2.59
	一般	160	19.3	83	18.74	77	19.95
	大部分符合	437	52.71	235	53.05	202	52.33
	完全符合	190	22.92	97	21.9	93	24.09

7.1.7 三峡库区基本公共服务满意度

总体来看，三峡库区基本公共服务满意度整体偏低，平均为49.94%（包括“满意”“非常满意”两个选项），其中农村地区基本公共服务满意度（52.55%）略高于城镇地区基本公共服务满意度（46.94%）。近年来虽然三峡库区基本公共服务供给取得了明显的进步和成效，但三峡库区居民对基本公共服务的满意度仍然不高，人民群众基本公共服务获得感较低，表明基本公共服务供求失配，供给与需求出现错位。因此，推进三峡库区基本公共服务供给侧结构性改革，应完善基本公共服务供给体系，提升库区居民基本公共服务满意度和获得感。

分类别来看，基础教育（58.62%）和基础设施（53.32%）满意度最高，其次为环境保护（49.10%）和社会保障（47.40%），医疗卫生（42.29%）满意度最低。其中，医疗卫生与社会保障的基本公共服务满意度相对较低，这也与第5章计算结果三峡库区基本公共服务供给的短板——“医疗卫生和社会保障”相吻合。这表明客观分析与主观分析相一致，三峡库区基本公共服务供给短板正是人民群众最不满意的方面，这将是未来提供基本公共服务优先顺序的重要参考依据。在供给端补齐三峡库区基本公共服务供给短板必然能提高三峡库区人民群众满意度和获得感。

分城乡来看，农村地区各项基本公共服务指标满意度均高于城镇地区，且农村地区居民对基本公共服务的主体认知高于城镇地区，基本公共服务满意度与主体认知趋势一致，这表明居民主体认知对基本公共服务满意度具有较大影响，不同社会群体对基本公共服务的需求有所差异，要推进基本公共服务供给侧结构性改革，提高基本公共服务满意度和获得感，就需要实现基本公共服务的精准供给，提高供给对需求变化的适应性和灵活性。农村地区基本公共服务满意度高于城镇地区的原因在于农村居民收入水平低于城镇居民收入水平，因此其基本公共服务需求层次低于城镇居民，农村居民基本公共服务满意度高于城镇居民。具体来看，农村居民基本公共服务满意度由高至低分别为基础教育（61.40%）、基础设施（55.30%）、环境保护（52.37%）、社会保障（48.53%）和医疗卫生（45.14%）；城镇居民基本公共服务满意度由高至低分别为基础教育（55.44%）、基础设施（51.03%）、社会保障（46.11%）、环境保护（45.34%）和医疗卫生（36.78%），如表7-7所示。

表 7-7　三峡库区各类基本公共服务满意度　　单位:%

指标	三峡库区	农村	城镇
基础教育	58.62	61.40	55.44
医疗卫生	41.26	45.14	36.78
基础设施	53.32	55.30	51.03
社会保障	47.40	48.53	46.11
环境保护	49.10	52.37	45.34
平均值	49.94	52.55	46.94

提高三峡库区基本公共服务满意度和获得感，既需要从供给端发力，补齐基本公共服务供给短板；又需要从需求端入手，通过提高居民对于基本公共服务的主体认知，提升其参与意愿。基于此，下文将从需求端主观视角分析基本公共服务满意度的影响因素。

7.2　三峡库区基本公共服务满意度影响因素分析

改革开放以来，三峡库区经济发展水平和人民收入水平显著提升，但三峡库区区域间、城乡间收入差距依然较大。伴随着区域间、城乡间收入差距而来的是区域间、城乡间基本公共服务发展不平衡不充分，民生性基本公共服务短板突出。因此补齐三峡库区基本公共服务民生短板，提高三峡库区人民获得感是化解新时代三峡库区人民美好生活需要与不平衡不充分发展矛盾的根本出路。满足三峡库区人民群众对基本公共服务需求是党和政府责无旁贷的责任，面对不断增长的多层次、多样化的公共需求，供给效率与质量成为新时代评价公共服务型政府的最主要的指标，尽管有一系列的理论分析工具通过第三方评价可以客观分析描述政府供给状况及进展，但人民群众的满意度才是评价基本服务供给效率与质量的唯一标准。

基本公共服务满意度影响因素既包括评价对象（基本公共服务）供给水平和质量，也包括评价主体（公众）自身综合素质和资源禀赋。其中，基本公共服务供给水平和质量受到经济发展水平、政府财政能力（冯菲和钟杨，2016）、政治参与程度（郑建君，2017）等方面的影响；公众自身综合素质和资源禀赋主要包括受教育程度（王伟同 等，2016）、社会地位（姬生翔和姜流，2017）、居民收入水平（彭瑾 等，2016）等方面。基本公共服务满意度是一种主观上的心理感受，那么满意度评价主体（公众）的自身综合素质和资源禀赋对满意度水平具有直接重要的影响，因此本小节基于三峡库区的微观样本数据，从居民资源禀赋和对基本公共服务的主体认知两方面实证剖析基本公共服务满意度的需求影响机制，以求寻找到补齐基本公共服务民生短板的有效路径。

基本公共服务满意度影响因素的分析方法主要有二元离散选择模型（朱玉春 等，2010）、logistic 回归分析（张超和吴春梅，2015）、probit 模型（冯亚平，2015）、结构方程模型（徐增阳 等，2017）等方法。由于二元离散选择模型、logistic 回归分析、probit 模型等方法在测算满意度时需要对问卷数据进行拟合出来，容易造成原始数据部分失真，而结构方程模型恰好解决了这一问题，因此本书选择结构方程模型进行基本公共服务满意度的影响因素分析。

7.2.1 理论假设

在进行影响因素分析前，先对资源禀赋、主体认知对基本公共服务满意度的影响机制进行理论逻辑梳理。

关于资源禀赋对基本公共服务满意度的影响机制，我们通过理论与文献梳理发现居民资源禀赋可以通过以下三种路径影响其对基本公共服务的满意度。首先，资源禀赋通过影响基本公共服务消费量，进而影响基本公共服务满意度。在供求均衡理论看来，在其他条件不变的情况下，收入增加必然会带来需求量的增加，而自上而下的基本公共服务供给短期内又是固定不变的，因此会造成基本公共服务供不应求，降低居民基本公共服务满意度。朱玉春等（2010）通过实地调查发现，农户收入水平的提升对农田水利设施的需求具有显著影响；张立荣等（2011）实证发现不同收入群体对公共服务需求具有偏好差异，从而导致满意度差异。其次，资源禀赋通过影响基本公共服务需求结构，进而影响基本公共服务满意度。需求层次理论认为每个人都有需求，当较低层的需求获得满足后，就会向高处发展，同时当某层次需求得到满足后会产生新的需求，在多种需求均未获满足时，首先满足最迫切需求。随着人民群众生活水平的提高，人民对基本公共服务提出了更高的要求，如果现行的基本公共服务供给结构还没来得及调整，则会降低居民基本公共服务满意度。秦颖（2006）认为随着居民收入水平的提高其基本公共服务需求结构会由低端公共产品向高端公共产品转移；陈波（2013）实证发现随着家庭收入层级的提升，其消费结构由温饱型、小康型、富裕型及最富裕型有序演进。最后，资源禀赋通过影响政府基本公共服务决策，进而影响基本公共服务满意度。社会经济地位模型认为收入、受教育水平、职业等社会经济地位因素对居民参与社会公共事务具有影响作用，较高的收入、受教育程度和公务员、事业单位这类公职职业更容易参与到社会公共事务的决策过程中来，社会经济地位的不平衡意味着基本公共服务供给结果的不平衡，低收入、低学历群体从公共产品中获益比较高收入、高学历相对较少，从而降低基本公共服务满意度，如城乡基本公共服务非均等。赵雪雁和毛笑文（2015）通过对甘肃的调研发现社会资本对农户生活满意度有显著的正向关系；傅利平和贾才毛加（2017）认为个人社会资本是影响居民主观幸福感的重要因素。

基于此，提出理论假设 7.1：在控制其他外生变量的情形下，资源禀赋对当期基本公共服务满意度具有抑制作用。因此要提高基本公共服务满意度，应以需求为导向，动态调整基本公共服务供给结构，补齐基本公共服务短板。

关于主体认知对基本公共服务满意度的影响机制，其作用路径在于主体认知通过影响居民基本公共服务需求偏好，进而影响基本公共服务满意度。公共产品理论认为由于“搭便车”问题的存在，个体公共物品需求的真实显示是不可能存在的，但本书采用的主体认知是指个体对于基本公共服务重要程度的主观感知和认同，即基本公共服务为个体居民所带来的效用水平，通过主体认知的重要程度显示出居民消费基本公共服务的需求偏好，居民对某项基本公共服务的主体认知越高，则其带来的效应水平越高，因此基本公共服务满意度就越高。罗丽英和姚卫（2012）认为居民对公共物品的真实需求显示能够化解基本公共服务供需错位进而提升政府基本公共服务供给效率；方菲和胡勋峰（2018）基于调研数据发现农民主体认知的提高能够显著提升农民满意度。

基于此，提出理论假设 7.2：在控制其他外生变量的情形下，主体认知对当期基本公共服务满意度具有促进作用。因此应完善居民基本公共服务需求表达机制，增强主体认同以提升基本公共服务获得感和满意度。

关于资源禀赋对主体认知的影响机制，从经济基础决定上层建筑的关系来看，其作用路径在于资源禀赋通过影响居民生产生活条件，进而影响居民对于基本公共服务的主体认知。需求的收入弹性理论认为随着居民收入水平的提高，其消费结构会发生调整，需求收入弹性较小的产品消费需求增长较慢，需求收入弹性较大的产品消费需求增长较快，因此随着居民资源禀赋的改善特别是收入的增长，其对低端基本公共服务需求减少，增加对高端基本公共服务的需求；同时需求层次理论认为在基本的生理需求得到满足时人们会要求自身发展的需求，因此在基本公共服务供给结构中居民对教育、医疗、环保等代表美好生活需要的基本公共服务需求将日益增长，同时增强居民对基本公共服务的主体认知。肖立（2012）发现随着农民收入水平的提升对其消费结构向上演进具有重要影响；孙巍和杨程博（2015）通过实证发现城镇居民收入水平的提升促进其消费结构由生存型消费向享受发展型消费转变。

基于此，本书提出理论假设 7.3：在控制其他外生变量的情形下，资源禀赋对基本公共服务主体认知具有正向影响。

7.2.2 模型构建与数据说明

1. 模型构建

基本公共服务满意度是指居民在消费基本公共服务过程中对服务绩效的一种感知，梁昌勇等（2015）认为公共服务满意度是公众对公共服务质量、效果的综合主观评价。居民资源禀赋主要包括其收入状况、受教育水平状况、职业状况等，其中收入状况代表其财产资源，受教育水平代表其个人素质，职业状况代表其社会资本。张翠娥等（2015）认为个体资源禀赋包括经济资本、文化资本和社会资本三个方面。美国顾客满意度指数模型认为满意度取决于消费者实际感受同预期质量的比较，其中顾客满意度即为居民基本公共服务满意度，受顾客预期影响的感知质量和感知价值即为居民基本公共服务的主体感知。基于以上分析，构建基本公共服务满意度的理论模型，并在此基础上设定结构方程模型，其结构方程模型的路径图如图 7-1 所示。模型包括 3 个潜在变量，其中基本公共服务满意度（sati）包括 5 个观测变量：基础教育满意度（sati1）、医疗卫生满意度（sati2）、基础设施满意度（sati3）、社会保障满意度（sati4）和环境保护满意度（sati5）；主体认知（cog）也包含 5 个观测变量：基础教育认知（cog1）、医疗卫生认知（cog2）、基础设施认知（cog3）、社会保障认知（cog4）和环境保护认知（cog5）；资源禀赋（reso）包括 3 个观测变量：收入水平（inc）、受教育水平（edu）、职业状况（pro）。

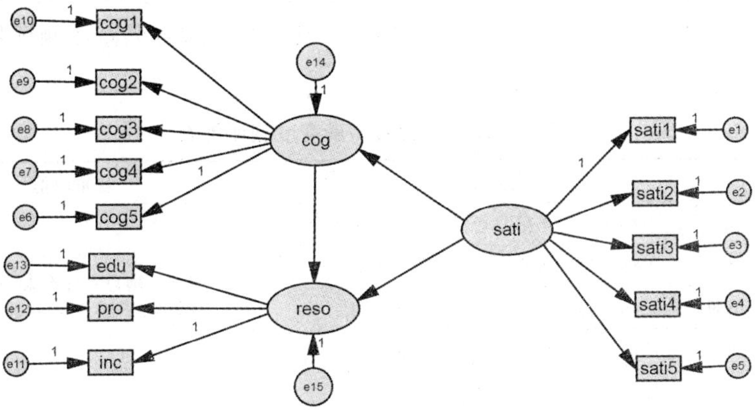

图 7-1　基本公共服务满意度结构方程路径图

结构方程模型作为一种验证性而非探索性的统计方法包括测量模型和结构模型两个方面。其中测量模型是通过对观测变量对潜变量进行定义，结构模型能够分析潜变量之间的关系。资源禀赋、主体认知与基本公共服务满意度的测量模型和结构模型如下：

测量模型的回归方程：

$$X = \Lambda_X sati + \varepsilon_1 \tag{7.1}$$

$$Y = \Lambda_Y cog + \varepsilon_2 \tag{7.2}$$

$$Z = \Lambda_Z reso + \varepsilon_3 \tag{7.3}$$

结构模型的回归方程：

$$reso = \lambda_1 sati + \zeta_1 \tag{7.4}$$

$$cog = \lambda_2 sati + \zeta_2 \tag{7.5}$$

$$cog = \lambda_3 reso + \zeta_3 \tag{7.6}$$

测量模型中，X、Y、Z 分别表示潜变量 sati、cog 和 reso 的观察变量，Λ_X、Λ_Y、Λ_Z 为其估计参数，ε_1、ε_2、ε_3 为测量误差；结构模型中，λ_1、λ_2、λ_3 分别表示资源禀赋对基本公共服务满意度、主体认知对基本公共服务满意度、资源禀赋对主体认知的回归系数，ζ_1、ζ_2、ζ_3 为误差。本书主要探讨资源禀赋、主体认知对基本公共服务满意度的影响。

2. 观测变量设计

观测变量是潜变量的具体问题描述，观测变量设计是结构方程模型的前提和基础。基本公共服务的主体认知和满意度是居民对基本公共服务的主观感知和评价，其测量方法采用五级分量法评价居民对每一问题的认知程度和满意程度；对于资源禀赋，收入水平依据国家贫困标准进行分段划分，受教育水平基于学历程度划分，职业基于生产部门划分。基本公共服务满意度测评量表如表 7-8 所示。

表 7-8 基本公共服务满意度测评量表

潜变量	观测变量	变量取值
满意度（sati）	您对本地中小学教育水平是否满意？（sati1）	非常不满意 = 1；不太满意 = 2；一般 = 3；满意 = 4；非常满意 = 5
	您对本地医疗卫生服务水平是否满意？（sati2）	
	您对本地基础设施条件是否满意？（sati3）	
	您对本地社会保障水平是否满意？（sati4）	
	您对本地环境保护是否满意？（sati5）	
主体认知（cog）	您觉得接受良好的教育服务能够提高家庭生活水平？（cog1）	完全不符合 = 1；大部分不符合 = 2；一般 = 3；大部分符合 = 4；完全符合 = 5
	您觉得良好的医疗卫生条件能够提高家庭生活水平？（cog2）	
	您觉得基础设施条件的改善能够提高家庭生活水平？（cog3）	
	您觉得社会保障条件的改善能够提高家庭生活水平？（cog4）	
	您觉得生态环境的改善能够提高家庭生活水平？（cog5）	
资源禀赋（reso）	您的学历程度是？（edu）	小学 = 1；初中 = 2；高中或中专 = 3；大学 = 4；研究生及以上 = 5
	您家人均年收入是多少？（inc）	0 ~ 0.3 万元 = 1；0.3 万 ~ 0.8 万元 = 2；0.8 万 ~ 1.8 万元 = 3；1.8 万 ~ 3 万元 = 4；3 万元以上 = 5
	您目前的职业是？（pro）	无业 = 1；务农 = 2；企业职工 = 3；个体经营户或经商 = 4；公务员或事业单位人员 = 5

3. 数据描述

调研对象对基础教育满意最高，其次是基础设施、社会保障和环境保护，医疗卫生满意度最低；关于对基本公共服务的主体认知，城乡居民对基础设施的认知度较高、其次为社会保障、环境保护和基础教育，对于医疗卫生的主体认知度最低；关于资源禀赋，城乡居民平均受教育水平处于初中至高中阶段水平，平均人均收入水平处于 1.8 万 ~ 3 万元，职业分布以务农和企业职工为主。变量统计描述见表 7-9。

表 7-9 变量统计描述

潜变量	观测变量	个数	均值	标准差	方差
满意度	sati1（基础教育满意度）	829	3.57	0.895	0.802
	sati2（医疗卫生满意度）	829	3.29	0.985	0.970
	sati3（基础设施满意度）	829	3.40	0.895	0.801
	sati4（社会保障满意度）	829	3.38	0.785	0.616
	sati5（环境保护满意度）	829	3.37	0.908	0.825
主体认知	cog1（基础教育主体认知）	829	3.92	0.845	0.713
	cog2（医疗卫生主体认知）	829	3.76	0.887	0.787
	cog3（基础设施主体认知）	829	4.01	0.861	0.741
	cog4（社会保障主体认知）	829	3.96	0.953	0.909
	cog5（环境保护主体认知）	829	3.92	0.832	0.692
资源禀赋	edu（受教育水平）	829	2.86	1.296	1.681
	pro（职业）	829	2.77	1.611	2.597
	inc（收入水平）	829	3.24	1.208	1.460

7.2.3 实证分析

1. 数据质量分析

在进行数据结构方程模型估算之前，为保证模型构建和问卷数据的可靠性和有效性，对问卷数据进行信度和效度检验。

（1）信度检验

信度检验是对问卷数据的可靠性进行检验，通常使用 Cronbach's α 系数衡量问卷量表的内部一致性来进行信度检验，其取值介于 0~1，Cronbach's α 系数越大信度越高，通常 Cronbach's α≥0.7 表示信度较高，0.6≤Cronbach's α≤0.7 表示信度可以接受建议。本书使用 SPSS19.0 软件进行信度检验，总体 Cronbach's α 系数为 0.708，表明问卷数据具有较高的可信度。从潜变量信度检验来看，基本公共服务满意度和主体认知的 Cronbach's α 系数均在 0.8 以上，具有较高的信度，资源禀赋的 Cronbach's α 系数相对较低，为 0.632，属于可接受范围。整体来看，问卷数据和潜变量设计可靠、可信，如表 7-10 所示。

表 7-10 问卷数据信度检验结果

项目	Cronbach's α 系数
满意度（sati）	0.856
主体认知（cog）	0.856
资源禀赋（reso）	0.632
总体	0.708

（2）效度检验

效度检验是对问卷数据的有效性进行检验，即观测变量对潜变量的解释程度。效度越高表明观测变量对潜变量的解释能力越强，反之亦然。效度检验通常包括内容逻辑效度、准则效度和建构效度三种。其中，内容逻辑效度主要是测量观测变量的问卷设计是否合理，主要基于理论模型构建和主观判断；准则效度指问卷数据与其他准则变量的值相比是否有意义，主要基于专家的定性分析；建构效度指问卷数据所体现出的某种结构与观测变量间的对应关系。本书选用建构效度对基本公共服务满意度问卷量表进行效度检验，建构效度检验采用因子分析法来实现。取样足够度的 KMO 值为 0.858，Bartlett 的球形度检验近似卡方值为 3 938.502（df =78，Sig. =0.000），表明问卷数据可以做因子分析。特征值大于 1 的主成分有 3 个，总方差累计解释度为 60.232%，大于 60% 表明理论模型所设定的 3 个潜变量较为合理。在此基础上，运用因子负荷值对问卷数据的效度进行检验，从主成分旋转矩阵来看，3 个主成分所对应的观测变量与前文理论模型假定完全一致，且各观测变量对潜变量均大于 0.6（如表 7-11 所示），表明观测变量对潜变量具有较好的解释，故问卷数据具有较高的效度。

表 7-11 主成分旋转矩阵

变量	成份		
	1	2	3
sati3	0.831	0.227	-0.097
sati2	0.798	0.173	-0.167
sati4	0.796	0.183	-0.102
sati5	0.716	0.157	-0.167
sati1	0.682	0.114	-0.110
cog5	0.106	0.813	-0.020

表7-11(续)

变量	成份		
	1	2	3
cog3	0.095	0.796	-0.008
cog2	0.150	0.704	0.011
cog4	0.175	0.689	-0.157
cog1	0.225	0.637	0.063
edu	-0.383	0.021	0.757
inc	0.048	0.012	0.741
pro	-0.298	-0.092	0.676

2. 模型评价与估计

(1) 模型评价

本书采用 AMOS 24.0 软件对理论模型（如图 7-1 所示）和理论假定进行结构方程模型拟合和检验。通过对模型整体适配度估计检验，通过客观评价方法来判断结构模型的优劣程度。模型整体适配度包括绝对适配度、增值适配度和简约适配度三个方面，各适配度拟合指数与理想标准如表 7-12 所示。从表 7-12 可知模型各类适配度拟合指数均在理想标准范围内，说明本书所提出的理论假设模型与问卷调查数据较为契合，模型设计合理可用，问卷数据能够对模型做出较好的解释。

表 7-12　模型整体适配度

类别	统计检验	指标值	理想标准	结果
绝对适配度	X^2	243.365	越小越好	理想
	GFI	0.956	>0.90	理想
	AGFI	0.935	>0.90	理想
	RMSEA	0.059	<0.06	理想
	RMR	0.051	<0.08	理想
增值适配度	NFI	0.939	>0.90	理想
	TLI	0.941	>0.90	理想
	CFI	0.953	>0.90	理想
	IFI	0.954	>0.90	理想
	RFI	0.923	>0.90	理想

表7-12(续)

类别	统计检验	指标值	理想标准	结果
简约适配度	PNFI	0.746	>0.50	理想
	PGFI	0.651	>0.50	理想
	X^2/df	3.925	<5	理想

（2）模型估计

在模型整体拟合适配度通过检验后，对基本公共服务满意度、主体认知和资源禀赋等潜变量的路径系数进行了估计，估计结果如图 7-2 所示。在 1%的显著性水平下，除收入水平对资源禀赋的解释，其余潜变量的载荷因子均处在 0.5~0.9，且无负的误差项，表明本书理论模型假定符合适配度要求。

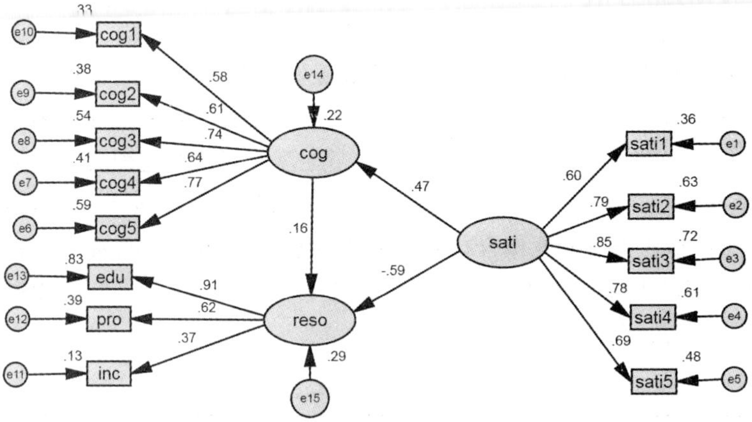

图 7-2　基本公共服务满意度结构方程的标准化解

由上文可知结构方程模型包括结果模型和测量模型两方面，其模型估计结果如表 7-13 所示。从结构模型来看，路径系数均支持了理论模型假定，三个潜变量间的影响路径系数均满足 1%的显著性水平。其中主体认知对基本公共服务满意度具有显著正向影响，标准化影响路径系数为 0.47，验证了假设 7.1。资源禀赋对基本公共服务满意度既有直接影响又有间接影响，其直接影响为负，直接标准化影响路径系数为-0.59，其通过影响城乡居民主体认知间接影响基本公共服务满意度的间接影响为正，间接标准化影响路径系数为 0.075 2（0.16×0.47），其直接影响部分验证了假设 7.2，关于其间接影响究其原因在于资源禀赋的改善虽然创新了新的基本公共服务需求，新的需求没有得到有效满足进而降低其整体基本公共服务满意度，但也会影响其基本公共服务消费理论和消费结构转变，进而通过主体认知的加强提升其基本公共服务满意度，故需要假设 7.3 对其进一步验证。资源禀赋对居民主体认知具有显著正向影响，其标准化影响路径系数为 0.16，验证了假设 7.3。

从测量模型来看，各潜变量的观测变量估计值在 1%的显著性水平下均显著，其个体观察变量信度值（squared multiple correlations）为 0.216~0.831，总体看测量模型较为理想。分潜变量来看，基本公共服务满意度的观测变量对其解释性最强，其观测变量标准化估计值均在 0.6 以上，评价估计值为 0.743；其次为主体认知，其观测变量标准化估计值集中在 0.6~0.7，平均估计值为 0.668；资源禀赋观测变量评价标准化估计值最低为 0.633，究其原因在于其标准差较大，受教育水平对资源禀赋的标准化估计值达 0.91，而收入水平对资源禀赋的标准化估计值仅为 0.37，这可能与实际调研中收入水平涉及个人财产隐私，人们对真实收入水平持保守态度，因此其对资源禀赋的解释强度相对较小。

表 7-13　结构方程模型变量回归结果

	路径	非标准化路径系数	标准误差	标准化路径系数	是否显著
结构模型	reso←sati	-0.425***	0.056	-0.519	显著
	cog←sati	0.659***	0.066	0.555	显著
	reso←cog	0.250***	0.073	0.173	显著
测量模型	sati1←sati	1.000	—	0.603	—
	sati2←sati	1.446***	0.082	0.792	显著
	sati3←sati	1.411***	0.078	0.851	显著
	sati4←sati	1.133***	0.067	0.779	显著
	sati5←sati	1.162***	0.074	0.690	显著
	cog5←cog	1.000	—	0.771	—
测量模型	cog4←cog	0.951***	0.056	0.640	显著
	cog3←cog	0.989***	0.050	0.737	显著
	cog2←cog	0.849***	0.055	0.613	显著
	cog1←cog	0.761***	0.051	0.578	显著
	inc←reso	1.000	—	0.366	—
	pro←reso	2.263***	0.250	0.622	显著
	edu←reso	2.670***	0.284	0.912	显著

注：*** 表示在 1%的显著性水平上通过正态检验。

提升基本公共服务满意度，是基本公共服务满足人民群众需求的本质要求，是建设服务型政府的重要体现。本小节基于需求视角从理论上构建了资源禀赋和主体认知对基本公共服务满意度的影响机制以及资源禀赋对于主体认知的影响机制，并通过三峡库区的实地调研数据对影响路径进行了验证。从基本公共服务要素来看，三峡库区城乡居民对基础教育和基础设施满意度相对较高，对社会保障、环境保护和医疗卫生的满意度相对较低；同时对基础设施和社会保障的主体认知程度较高，其次对基础教育，环境保护和医疗卫生的主体认知程度相对较低。从结构方程模型来看、主体认知对基本公共服务满意度具有直接正向影响；资源禀赋对基本公共服务满意度既存在直接负向影响，又存在间接正向影响；资源禀赋对主体认知具有直接正向影响。

7.3 本章小结

本章基于调研问卷数据，对三峡库区基本公共服务满意度进行分析，并运用结构方程模型分析其满意度影响因素。主要研究内容和结论如下。

总体来看，三峡库区基本公共服务满意度整体偏低，平均为 49.94%（包括“满意”“非常满意”两个选项)，其中农村地区基本公共服务满意度（52.55%）略高于城镇地区（46.94%）。

分类别来看，基础教育（58.62%）和基础设施（53.32%）满意度最高，其次为环境保护（49.10%）和社会保障（47.40%），医疗卫生（42.29%）满意度最低。

分城乡来看，农村地区各项基本公共服务指标满意度均高于城镇地区。具体来看，农村地区基本公共服务满意度由高至低分别为基础教育（61.40%）、基础设施（55.30%）、环境保护（52.37%）、社会保障（48.53%）和医疗卫生（45.14%）；城镇地区基本公共服务满意度由高至低分别为基础教育（55.44%）、基础设施（51.03%）、社会保障（46.11%）、环境保护（45.34%）和医疗卫生（36.78%）。

关于三峡库区基本公共服务满意度的影响因素，城乡居民对基本公共服务的主体认知对基本公共服务满意度具有直接正向影响；城乡居民资源禀赋对基本公共服务满意度既存在直接负向影响，又存在间接正向影响；资源禀赋对主体认知具有直接正向影响。

8 三峡库区基本公共服务供给侧结构性改革的对策建议

基本公共服务供给侧结构性改革是推进三峡库区经济高质量发展的重要保障，也是满足库区人民美好生活需要的应有之义。诚然，基本公共服务供给侧结构性改革是一项长期的系统工程，涉及经济社会的方方面面。现阶段要推进三峡库区基本公共服务供给侧结构性改革，基本任务在于实现三峡库区更高水平、更高质量的基本公共服务均等化，其中基本公共服务的精准供给和精准施策是重中之重。

由前文理论与实证分析可知，三峡库区在基本公共服务供给过程中仍然存在总量不足、结构失衡、效率不高、质量欠佳等不平衡不充分问题。在此背景下，要实现更高水平、更高质量的基本公共服务均等化，应基于问题导向，处理好以下四大关系。一是在供给总量方面，处理好经济发展与民生保障的关系，推动政府职能改革，完善财政制度，让三峡库区人民共享经济发展成果；二是在供给结构方面，处理好政府与市场的关系，推动供给方式改革，完善多元主体合作供给模式，提高基本公共服务供给效率；三是在供给效率方面，处理好公平与效率的关系，推动评价机制改革，提升基本公共服务供给效率和人民群众获得感；四是在供给质量方面，处理好供给与需求的关系，推动供给结构改革，注重需求管理，提高基本公共服务供给结构对需求变化的适应性和灵活性。

8.1 改革政府配置方式，实现公共资源均衡配置

习近平新时代中国特色社会主义思想强调要在发展中保障和改善民生，解

决好人民群众最关心、最直接、最现实的利益问题，让改革发展成果更多、更公平惠及全体人民。虽然近年来三峡库区基本公共服务供给水平呈上升趋势，但当前三峡库区基本公共服务与经济发展仍然存在脱钩现象，基本公共服务水平明显滞后于经济发展水平，因此要推进三峡库区基本公共服务供给侧结构性改革就需要处理好经济发展与民生保障的关系，从总量上解决三峡库区基本公共服务供给不足的现实问题，充分发挥经济发展对基本公共服务的支撑作用和基本公共服务对经济发展的兜底作用。

处理好经济发展与民生保障关系的着力点在于建设公共服务型政府。强化政府在基本公共服务供给中的主导作用和服务职能，加快公共服务型政府建设。从理论分析与实践经验来看，虽然新公共管理运动以来，关于市场参与基本公共服务供给的主张日益强烈，但鉴于基本公共服务的非竞争性、非排他性、外部性等特性，基本公共服务的提供者必然是政府，市场更多地扮演生产者的角色，市场通常与政府合作的方式参与基本公共服务供给。从理论上来看，建设服务型政府符合公共服务理论演变方向，特别是20世纪80年代以来的新公共管理理论强调政府的职能是“服务”，而不是“掌舵”；从实践经验来看，建设服务型政府是中国特色社会主义的内在要求，是为人民服务宗旨的现实体现，党的十九大报告指出要“建设人民满意的服务型政府”。建设服务型政府在基本公共服务领域着重体现在公共财政以及财政转移支付等财政投入和财政制度方面。

8.1.1 完善财政制度，加大公共财政投入力度

首先，强化预算约束。按照国家“优先安排预算用于基本公共服务，并确保增长幅度与财力的增长相匹配、同基本公共服务需求相适应”的要求，调整优化三峡库区各区县财政支出结构，在预算中优先安排基本公共服务支出，提高基本公共服务支出在各级财政支出中的比例，保证本级财政承担的基本公共服务投入足额到位，全面实施按照地区常住人口数量安排基本公共服务支出。

其次，提高县级财政保障基本公共服务能力。从三峡库区基本公共服务供给空间结构来看，三峡库区基本公共服务水平整体呈现出库尾高库腹低的空间格局，重庆主城周边区县基本公共服务水平整体高于远郊区县。由此可见，三峡库区基本公共服务水平受制于经济发展水平所带来的县域财政能力，因此在县级财政保障方面，在按照中央财政制定的县级基本公共服务财力保障范围和保障标准基础上，同时考虑三峡库区各区县经济发展水平与财政能力状况，差异化、精准化配置三峡库区各区县间财力，特别是增强库腹区县的财政配置能力。

最后，明确公共财政支出的优先领域。要实现基本公共服务均等化目标，补齐民生短板，那么公共财政支出的优先领域就应该是基本公共服务供给短板。从三峡库区基本公共服务供给内容结构来看，整体上社会保障和医疗卫生是其基本公共服务供给短板；从空间结构来看，基本公共服务较高的区域主要集中在重庆主城周边库尾地区，而渝东北库腹地区基本公共服务水平相对较低。但由于各区县资源禀赋与基本公共服务供给侧重点的差异，其基本公共服务供给短板也有所差异，因此在基本公共服务供给过程中，各地区、各区县应基于本地区实际情况有针对性的提供基本公共服务，突出公共财政支出的优先领域，实现精准供给。例如，在库尾地区应加强基层教育类的基本公共服务供给，在库服务地区应加强基础设施和医疗卫生方面的供给。

8.1.2 完善转移支付制度

首先，优化转移支付结构。一方面，增加一般性财政转移支付，从三峡库区基本公共服务供给空间结构来看，基本公共服务供给水平较低的地区大多是重点生态功能区和老少边穷地区的区县，因此在转移支付中，特别是县级基本财力保障机制奖补资金等一般性财政转移支付的规模和比例应对这些区县有所倾斜，通过增加公共财政投入来提高基本公共服务供给总量和质量。另一方面，规范各项专项转移支付，通过合理设置基本公共服务专项转移支付项目，充分发挥专项转移支付的补助功能，同时严格落实中央转移支付配套资金，建立合理的中央转移支付配套资金分担办法，保障三峡库区在基本公共服务供给过程中的公共财政投入。

其次，把握对口支援的横向转移支付。继续发挥全国对口支援三峡库区的地区合作支援优势，将地区合作和集中连片特殊困难地区扶贫政策相结合。特别是三峡后扶专项资金和对口支援专项资金，通过创新对口支援机制，以提高基本公共服务能力，保障和改善库区居民生产生活水平。

再次，完善长江经济带中下游地区对三峡库区的生态补偿机制。三峡库区是我国重要的淡水资源库，既是我国首批生态文明先行示范区，又是长江经济带建设过程中上游与中、下游的重要结合点，其环境保护和生态安全对长江经济带绿色发展至关重要。由于三峡库区产业结构相对滞后，在强调环境保护和绿色发展时必然会损失部分经济发展收益，但三峡库区基本公共服供给历史欠账较多，绿色发展制约了其民生基本公共服务供给的经济财政基础，因此，应建立和完善长江经济带中、下游地区对三峡库区的横向生态补偿机制，通过平衡地区间财政能力，促进三峡库区绿色可持续发展。

8.2 创新供给方式，完善多元主体合作供给

推进基本公共服务供给侧结构性改革既要发挥政府的主导作用又要发挥市场在资源配置中的决定性作用。由于基本公共服务具有较强的正外部性，市场不愿或较少参与基本公共服务供给，市场失灵使得政府成为基本公共服务供给的主导；但政府主导的单一供给模式也会使得基本公共服务供给效率不高，公共资源配置无法最优配置，最终造成政府与市场“双失灵”现象。自新公共管理理论以来，特别是民营化理论认为基本公共服务主体可以划分为消费者、生产者、安排者或提供者三个方面，在此基础上治理与善治理论强调基本公共服务由政府提供或安排，但生产过程可以交由市场，形成政府与社会合作供给基本公共服务的模式。

要处理好政府与市场的关系，推进基本公共服务供给侧结构性改革既要发挥政府的主导作用又要发挥市场在资源配置中的决定性作用，构建以政府为主导，市场和社会积极参与的多元主体合作供给模式。

经济发展水平是地方财政收入的基础，而财政收入又是基本公共服务供给的前提。在经济发展水平方面，三峡库区经济发展水平相对滞后，2016 年三峡库区整体人均地区生产总值为 51 851 元，相比较全国平均水平（53 935 元）和重庆市平均水平（57 904 元）分别低了 2 084 元、6 053 元；在财政收入方面，受制于经济发展水平，三峡库区财政收入相对较低，2016 年三峡库区人均财政收入仅为 3 481.75 元，约为全国平均水平（11 542.91 元）的 1/3，重庆市平均水平（7 308.38 元）的 1/2；在财政支出方面，受财政收入的影响，三峡库区公共财政投入明显不足，2016 年三峡库区人均财政支出水平分别为全国平均水平和重庆市平均水平的 61.65%、63.77%，绝对差距近 5 000 元/人。由此可见，三峡库区公共财政领域存在经济发展水平滞后→财政收入不高→财政支出不足的逻辑关系，要实现三峡库区移民生活水平和质量达到湖北省、重庆市同期平均水平的目标，在不能“节流”（降低库区人民生活水平和质量）的情况下，通过引入企业、个人和非营利性组织等社会力量参与基本公共服务供给的方式“开源”，有助于增加基本公共服务供给总量，同时在基本公共服务生产过程向市场等社会组织开放，有助于避免政府失效的情况，提高基本公共服务供给效率。

优化基本公共服务供给方式的着力点在于引入市场机制，逐步扩大基本公

共服务向社会资本开放的领域，有序推进政府购买基本公共服务，鼓励和引导社会资本参与建设和运营管理，把基本公共服务建设、运营、维护的部分职能或环节转交由专业化的市场主体、非营利性组织承担，逐步形成以政府为主导、多元主体参与、协同共治的多元混合供给模式，精准回应基本公共服务需求，不断增加供给数量，优化设施资源配置，提高基本公共服务建设和运营的质量和效率。

8.2.1 扩大政府购买基本公共服务和 PPP 模式范围

受制于三峡库区经济发展水平和财政收入水平，三峡库区财政自给能力不足，以 2016 年为例，三峡库区人均公共财政收入仅占人均公共财政支出的 41.59%，远低于全国平均水平（85.01%）与重庆市平均水平（55.67%），财政自给能力不足也是三峡库区基本公共服务水平不高的一个重要原因。因此，在基本公共服务供给过程，特别是基本公共服务的生产过程，政府购买服务和 PPP 模式能够增加基本公共服务资源总量和提高基本公共服务供给效率。因此，三峡库区应进一步完善政府购买基本公共服务的有关政策法规，规范购买程序、优化购买结构；编制政府购买基本公共服务设施建设、运营的项目清单目录，进一步扩大政府购买范围，增加对基础设施类、教育类、医疗类、环保类等基本公共服务的购买和 PPP 模式，如 2016 年奉节县城乡供水一体化 PPP 项目、2018 年开州区地下综合管廊建设一期工程等。

8.2.2 深化基本公共服务领域投融资体制改革，鼓励和引导社会资本参与基本公共服务的建设和运营管理

E. S. Savas 的民营化理论通过对基本公共服务提供与生产的区分，认为基本公共服务的生产者可以是政府部门也可以是私人部门，因此在基本公共服务生产过程中，特别是基本公共服务的建设与运营管理方面，可以放宽准入门槛，优化投资环境，鼓励社会资本投资基本公共服务。按照《国务院关于鼓励和引导民间投资健康发展的若干意见》（国发〔2010〕13 号）关于“加快培育形成政府投入为主、民间投资为辅的公共服务体系”的规定，加快清理、完善有关政策，降低社会资本进入基本公共服务领域的门槛。通过政府购买、项目资助、招标采购、政府参股、服务外包等形式，鼓励、支持社会资本参与到医疗卫生机构、公共教育机构、社会福利事业、公共文体设施、保障性住房等基本公共服务领域的建设与运营中，实现供给方式多元化和精准化。

设立基本公共服务投资引导资金。三峡库区各区县结合本区域实际情况有

针对性地设立基本公共服务设施建设投资引导资金。各区县由财政出资一部分，再整合现有各种公用服务设施建设政策性扶持资金，参照高新技术产业投资引导资金模式，设立“基本公共服务设施建设投资引导资金”，采取财政补助、贷款贴息、融资担保、绩效奖励等多种方式，支持、鼓励社会投资者投资教育、体育、医疗、文化、垃圾处理、污水处理、公共交通、养老服务机构基本公共服务设施。

8.2.3 推进社会公共设施面向公众开放共享

提高三峡库区基本公共服务供给水平既要做大增量，又要盘活存量。积极推进三峡库区非政府组织的基本公共服务设施面向社会开放共享，将这些属于“单位”的设施转变为面向“社区”的设施，纳入基本公共服务体系，发挥基本公共服务的职能，既能有效整合公共服务设施资源，盘活基本公共服务存量资源，发挥社会公共服务设施的效益，又能够节约基本公共服务体系建设成本，满足三峡库区人民实实在在的公共服务需要。

8.3 推进需求管理改革，优化基本公共服务供给结构

处理好供给与需求的关系，推进基本公共服务供给侧结构性改革既强调供给管理又要注重需求管理。基本公共服务供给的最终目的是满足人民基本生存和发展需要，新公共服务理论强调公共服务应以人民为中心，政府的职能是为人民服务。基本公共服务能不能满足人民群众对美好生活的需要，是评价基本公共服务供给的根本标尺。但从满意度角度来看，三峡库区基本公共服务满意度整体偏低，平均为49.94%，特别是对社会保障、医疗卫生两方面满意度相对较低，这也与三峡库区基本公共服务供给短板相吻合，即在基本公共服务的供给短板也是满意度相对较低的方面。基于此，在基本公共服务供给过程中应将供给管理与需求管理相结合，以需求为导向动态调整和优化基本公共服务供给结构，补齐供给短板，提升满意度和获得感。

推进基本公共服务供给侧结构性改革的最终目的是满足人民需求，而基本公共服务需求侧是多元复杂的，且具有一定隐匿性和特殊性，致使基本公共服务供需双方信息不对称，因此构建基本公共服务需求表达机制是推进基本公共服务供给侧结构性改革的关键。由于不同地区、不同社会群体资源禀赋的差异，其基本公共服务需求也有所不同，因此在基本公共服务供给过程中应以需

求为导向，通过建立基本公共服务供给清单，动态调整和优化基本公共服务供给结构。

8.3.1 完善基本公共服务需求表达机制

完善基本公共服务需求表达机制，实质上就是让三峡库区人民群众拥有基本公共服务的话语权，赋予人民群众用“手”和“脚”表达基本公共服务需求偏好的权利。完善和巩固基本公共服务需求的人民群众参与机制，拓宽人民群众需求表达渠道，既包括制度化渠道又包括非制度化渠道。

（1）保障制度化渠道畅通，扩大公民参与决策权

发挥好人民代表大会和政治协商会议等制度化渠道在显示与传递基本公共服务需求偏好的作用。打通基本公共服务需求表达渠道，通过真实表达人民群众对承担的基本公共服务成本和享受的基本公共服务效益的意见，实现三峡库区自下而上的基本公共服务供给决策机制，让基本公共服务受益对象直接参与到基本公共服务供给决策过程中。在供给决策方式方面，应基于不同基本公共服务属性，有差异地选择决策方式。对于纯公共产品，由于私人不愿提供，适宜选择以自上而下为主的供给决策方式；对于外部性较强的准公共产品，政府应发挥主导作用，适宜采取以自下而上为主的供给决策方式；对于外部性较弱的准公共产品和俱乐部产品，其提供应以市场或第三部门为主，适宜采取市场决策方式。

（2）培育非制度化渠道，增加居民需求偏好显示与传递途径

培育非政府组织。当政府不能有效地配置公共资源、市场体系中的企业出于利益最大化也不愿提供基本公共服务时，即政府失灵和市场失灵同时出现时，非政府组织作为一种新的社会资源配置主体，可以弥补政府和企业在资源配置中的不足。非政府组织在教育、社会福利、医疗、卫生、环保文化等方面起着不可或缺的作用。非政府组织在居民对基本公共服务需求偏好的显示和传递过程中主要发挥两方面的作用：一方面，由于公众的分散性和个体差异性，同一区域居民处于不同资源禀赋水平对基本公共服务的需求偏好是呈多样化的，在少数服从多数的民主决策规则下，政府所提供的基本公共服务往往能满足绝大多数人的需求偏好，但另一部分少数群体的基本公共服务需求被忽视了，这时非政府组织充分发挥自己的灵活性，通过对当地居民的联系和了解，对政府和市场基本公共服务供给体系外的需求进行补充。另一方面，由于信息不对称的存在，居民对政府基本公共服务供给的监督往往由于信息搜索成本、意见反馈成本等监督成本较高而收效甚微，此时非政府组织能够在充分收集和

反映民意诉求的基础上，对政府基本公共服务供给进行监督。当前，三峡库区非政府组织的发展还处于较低水平，其发展也还存在一系列的困难，如非政府组织登记注册的限制条件、公众捐赠的税收减免力度太小、政府支持不足、自身的自治能力缺乏等问题。同时三峡库区存在诸多复杂的社会问题和矛盾，既有基本公共服务的一般性需要，又有移民安稳致富的特殊性需求。因此应建构非政府组织内部管理机制，增加政府扶持，并完善相应法律法规，营造非政府组织发展环境，培育出适合三峡库区区情的特色非政府组织，特别是能代表和反映三峡移民这一特殊群体特殊需求的非政府组织。

降低媒体等渠道的呼吁成本。媒体也是公众表达其基本公共服务需求的重要渠道。关于媒体渠道，应建立媒体采访政府部门的相应程序性制度，加强三峡库区各级政府部门对于媒体舆论的回应性。其中，程序性制度主要是保证媒体把公众对于基本公共服务的需求偏好传达到三峡库区相关政府部门；而政府对媒体舆论的及时、主动回应，又有利于通过媒体渠道将相应信息传达给公众，从而有效显示与传达公众对于基本公共服务的需求偏好。程序性制度的建立和完善，能够有效增强政府关于基本公共服务供给的解释责任与透明度，提高基本公共服务供给效率，增强政府的公信力。

8.3.2 创新需求识别技术

基本公共服务需求的精准识别是实现基本公共服务精准供给的前提条件。基于大数据和“互联网+”的数据治理模式丰富了公众基本公共服务需求表达与识别的形式和渠道，如电子政务、互联网+政务服务、政府微博、微信公众号等方面的开发与建设，提升公众的参与意愿，有助于基本公共服务需求的表达与反馈。

具体可从数据的采集、数据的应用和数据的监测三方面着手。在数据的采集方面，政府部门可以根据基于基本公共服务的精准识别的需求，对外在技术层面向市场购买和外包，寻求数据采集的多元化合作，如网站制作、App开发等方面；对内政府不同部门间、不同行政层级间应实现数据共享，避免资源重复建设和闭门造车的局限性。在数据的应用方面，应充分挖掘和分析公众基本公共服务需求数据，通过大数据技术精准识别不同地区、不同群体的公共服务需求，以推进基本公共服务的精准供给，提高供给对需求的回应性和公众的获得感，如通过对农民工群体的流动特征和空间分布的大数据分析，在基础教育、社会保障等方面实现对农民工群体的精准帮扶。在数据的监测方面，通过对政府基本公共服务供给项目和需求表达的数据收集，一是建立基本公共服务供给效率评价机制，基于供给对需求的回应性和匹配性，反映基本公共服务供给是否能够有效满足公众需求，发现基本公共服务供给的短板以及需要优化和调整的方向；二是在供给端，建立地方政府的财政收入分配机制与风险识别机制，通过对政府财政收支状况的动态监管，提高对政府财政风险的识别程度，以保障基本公共服务财政投入的可持续性。

8.3.3 完善基本公共服务清单

以需求为导向，在供给端应通过完善基本公共服务供给清单来满足人民群众基本公共服务需求。在基本公共服务供给内容方面应具体问题具体分析，从人民群众最迫切最关心最现实的需求出发，有选择有优先顺序的供给基本公共服务，按照优先供给保障人民生存权，再供给保障人民发展权；优先满足低层次的公共需求，再考虑高层次的公共服务的供给顺序，实现社会效益最大化和基本公共服务帕累托最优。

（1）基本原则

坚持以人为本与保障基本相结合。坚持以人为本就是要从广大人民群众的最根本利益出发，保障基本就是要根据三峡库区经济社会发展的实际情况，尽力而为、量力而行、突出重点，要优先保障与最广大人民群众利益直接相关的基础教育、劳动就业服务、基本社会保障、基本社会服务、基本医疗卫生、基本住房保障、公共文化体育、残疾人权益保障等服务。

坚持整体布局与重点推进相结合。在整体规划上，要结合三峡库区区域性中心城市、区县城、中心镇的城镇体系进行布局，同时要加大基本公共服务向农村地区、连片贫困地区、民族地区和社会弱势群体倾斜，以基层为重点，强化基本公共服务供给能力建设，坚持城乡统筹，促进城乡公共资源共建共享。

坚持政府主导与社会参与相结合。明确政府责任，坚持政府在基本公共服务供给体系中的主导作用，进一步完善公共财政体制，使各级政府的基本公共服务事权和财权相适应，加强规划、投入、监测和政策支持。在政府主导的前提下，鼓励社会力量参与基本公共服务的供给，形成多元参与、开放竞争的发展格局。

坚持硬件保障和软件支撑相结合。加强基本公共服务体系建设，一方面要注重基本公共服务基础设施的完善和推进，另一方面也要注重人才队伍完善、科学技术引进、管理水平提升等软环境的发展和完善。

（2）基本内容

根据《“十三五”推进基本公共服务均等化规划》《重庆市国民经济和社会发展第十三个五年规划纲要》《重庆市社会事业发展“十三五”重点专项规划》等相关政策规划，突出体现“学有所教、劳有所得、病有所医、老有所养、住有所居”的要求，遵循“需求为导向、能力为基础、项目为载体”的思路，本书认为建立一个既符合国家和重庆市基本公共服务体系建设要求，又符合三峡库区经济社会发展的实际情况的科学合理、切实可行的基本公共服务清单应包括公益性基础设施、基础教育、劳动就业服务、社会保障服务、基本社会服务、基本医疗卫生、基本住房保障、公共文化服务、残疾人基本公共服务等内容。

8.4 加强监督评价，完善绩效评价与监督机制

要处理好公平与效率的关系，推进基本公共服务供给侧结构性改革既要强调公平又要注重效率。实现更高水平、更高质量的基本公共服务均等化作为基本公共服务供给侧结构性改革的阶段性目标，均等化本身就蕴含了公平的内涵，包括结果均等、能力均等、机会均等、需求均等多种评判标准，阿特金森和斯蒂格利茨认为政府应从分配与平等的角度供给公共服务以提供满足公共需要。但基本公共服务均等化并非绝对的平均化，而是在承认地区、城乡以及个人能力差异的前提下，保障全体人民能够享受到大体相当的基本公共服务。在公共资源一定的情况下，提高基本公共服务供给效率有助于实现更广范围、更深层次的公平，提高基本公共服务效率需以公平为基础。基于此，在基本公共服务供给评价和监督过程中应有别于私人产品供给，坚持公平优先、兼顾效率的原则。

2007—2016 年三峡库区基本公共服务各区县间均等化水平的基尼系数呈先下降趋势，由 2007 年的 0.41 至 2016 年下降至 0.26，三峡库区基本公共服务均等化程度不断提高；但从效率来看，受规模效率和外部环境的制约，大部分区县基本公共服务投入产出效率不容乐观。因此在未来基本公共服务供给绩效评价和监督过程中应在公平的基础上着重提高基本公共服务供给效率。具体来看应建立完善的基本公共服务动态评价体系，加强对基本公共服务供给的评价、监督和激励约束机制，努力提高基本公共服务供给效率和供给质量，以实现基本公共服务供给目标。

8.4.1 建立健全基本公共服务供给动态评价体系

在监测主体方面。以政府部门为主，同时引入高校、科研院所等第三方机构参与监测评估。在监测范围方面，依据三峡库区区域差异和城乡差别，设置具有典型性、代表性的固定监测点，辅以随机抽取的监测点，定期采集监测数据。在监测内容方面，应围绕三峡库区基本公共服务供给目标，以保障和改善民生为出发点，科学编制基本公共服务监测方案和监测评估指标体系。在监测

方式方面，采取定期统计报表制度和定期社会调查制度相结合的方式。在监测时间方面，建议以季度为周期，适时掌握三峡库区各区县基本公共服务设施配置及运转状态。

8.4.2 完善基本公共服务供给绩效评价机制

以基本公共服务供给动态监测体系为基础，丰富和完善以提高三峡库区基本公共服务获得感为导向的政府绩效评价机制。并将绩效评价结果纳入政绩考核体系，强化对三峡库区政府机关、公共服务机构和相关领导干部约束引导。第一，在绩效评估范围方面。实施多层次、多类型评估。第二，在评估实施主体方面。全面引入第三方评估，采取“内部评估”与“外部评估”相结合的方式推进。第三，在评估内容方面。依据三峡库区各区县差异化发展政策，以基本公共服务供给动态监测体系为基础，按照职责分工和各项日标任务，科学合理编制绩效评估指标体系。第四，在评估结果运用方面。一方面，要将评估结果纳入各级党政领导班子和领导干部考核体系，适时必要奖惩，促进形成落实基本公共服务责任目标的长效机制；另一方面，要适时向社会公布，接受社会监督。第五，宜将绩效评估结果作为财政预算分配的重要依据，提高公共资金的使用效率。

8.4.3 加强评价结果反馈与监督机制

首先，加强行政监督。强化三峡库区各级人民代表大会、政治协商会议对政府公共服务履职情况的监督。充分发挥人代会、政协会对政府的监督职能，加强对基本公共服务实施效果检查、预算方案审查、重大问题质询等途径，有效督促政府在提供基本公共服务方面履行职责。其次，加强政府内部监督。发挥行政监察、内部考核、内部审计等方面的作用，将基本公共服务纳入政府效能考核和人员履职成效考核，确保重大决策和公共服务职能落实。再次，高度重视群众监督。就基本公共服务设施配置及运行情况，定期开展群众基本公共服务满意度评估，将评估结果纳入政府绩效考核体系，并提高群众基本公共服务满意度在评价指标体系中的比重。另外，积极引入社会监督，拓宽民意表达渠道。鼓励新闻媒体、第三方机构积极参与基本公共服务供给状况监督；鼓励高校、科研机构等就三峡库区基本公共服务供给开展应用对策研究，积极建言献策。最后，建立健全问责机制。按照基本公共服务的发展目标、任务分工，建立健全基本公共服务问责制度，构建基本公共服务目标责任体系。在定期进行的绩效评估基础上，对基本公共服务履职绩效不合格的行政机关和官员，应严格按照相关制度，追求其失职责任。

9 结论及展望

9.1 研究结论

本书围绕三峡库区基本公共服务供给侧结构性改革展开研究，主要研究内容包括六个方面：第一，基于逻辑分析法，构建了基本公共服务供给侧结构性改革的逻辑框架与理论机制；第二，通过描述性统计和比较分析法，从总体趋势、空间视域和横向比较角度分析了三峡库区基本公共服务供给的发展规律、内部差异、发展层次和追赶目标；第三，在总量分析上，构建三峡库区基本公共服务水平评价指标体系，运用熵权 TOPSIS 法对库区基本公共服务供给水平进行评价；第四，在结构分析上，在客观评价三峡库区基本公共服务供给水平的基础上，对其供给内容结构和供给空间结构进行了分析；第五，在效率分析上，从投入产出视角运用三阶段 DEA 和超效率 DEA 方法对三峡库区基本公共服务供给效率展开分析；第六，在满意度分析上，基于实地问卷调研对三峡库区基本公共服务满意度进行分析，并运用结构方程模型分析了其满意度的影响因素。

本书主要研究结论可概括如下。

9.1.1 总量分析

（1）从经济社会发展情况来看，2007—2016 年三峡库区在人均地区生产总值、城乡居民收入水平、城镇化率、人均全社会固定资产投资等方面增速快于重庆市和全国平均水平，但其绝对量仍然低于重庆市和全国平均水平，特别是重点库区。

（2）从基本公共服务水平来看，在基本公共服务投入方面，三峡库区基础设施、基础教育、医疗卫生等方面的公共财政投入低于重庆市和全国平均水平，在社会保障等方面的投入高于重庆市和全国平均水平，这表明三峡库区基本公共服务更多关注发挥兜底作用的财政转移支付等社会保障方面，在教育、医疗、基础设施等民生性基本公共服务方面投入相对不足；在基本公共服务总量和规模上三峡库区基本达到或超过同期重庆市和全国平均水平，但在基本公共服务供给质量方面仍是重庆市和全国基本公共服务供给的短板，如三峡库区的等级公路占比、医护人员数量、小学生师比等均低于重庆市和全国平均水平。

（3）从纵向比较来看，2007—2016 年三峡库区经济发展水平和基本公共服务水平均呈不断上升趋势，且增速均快于重庆市和全国平均水平。本书对三峡库区内部各区县基本公共服务供给状况进行了空间结构分析，发现三峡库区各区县在基础设施、基础教育、医疗卫生和社会保障方面不平衡问题仍然突出，公共文化均等化程度相对较高。为此，本书的实证分析部分着重围绕基础设施、基础教育、医疗卫生和社会保障等方面展开分析，以期有针对性地推进基本公共服务供给侧结构性改革，补齐各区县基本公共服务短板，以解决三峡库区基本公共服务不平衡和不充分问题。

（4）从基本公共服务与经济发展关系来看，三峡库区基本公共服务对经济发展的兜底作用效果显著，但经济发展对基本公共服务的支撑作用却有待加强。从格兰杰因果分析来看，基本公共服务是经济发展的格兰杰原因，但经济发展并不是基本公共服务的格兰杰原因。从 VAR 模型来看，基本公共服务与经济发展具有相互促进关系，但这种促进关系并不具有长期性。

（5）从三峡库区基本公共服务供给水平评价来看，三峡库区基本公共服务供给水平呈不断上升趋势，同时三峡库区各区县间基本公共服务差异呈不断缩小趋势，基本公共服务均等化水平不断提升。

9.1.2 结构分析

（1）在供给主体结构方面

政府与私人企业存在稳定的演化稳定策略，即政府选择“监督”策略为演化稳定策略，同时私人企业选择“努力”的策略。政府、个人和非营利性组织也存在稳定的演化稳定策略，即政府选择“投入”策略为演化稳定策略，个人与非营利性组织选择“参与”“合作”的策略。构建基本公共服务的多元主体合作供给机制，政府首先应加大基本公共服务投入，其投入途径包括自身供给和与私人企业合作，其中在向私人企业购买或外包基本公共服务时，应加强对私人企业的监管；其次应减少个人参与基本公共服务供给的经济负担，鼓励个人基于自身需求参与基本公共服务供给，因为只有个人参与供给的收益大于成本时，个人才愿意参与供给，而个人参与基本公共服务供给对公共需求表达和提高基本公共服务供给质量尤显重要；最后非营利性组织只有在个人或社会公众获得感提升时，才能实现其组织自身价值，才会积极合作供给基本公共服务。

（2）在供给内容结构方面

总体来看，随着时间的变动，三峡库区基本公共服务供给短板有所不同，医疗卫生与社会保障仍然是当前三峡库区基本公共服务供给短板，特别是医疗卫生。但由于不同区县资源禀赋与基本公共服务供给侧重点的差异，其基本公共服务供给短板也有所差异，库尾地区的基础教育是其短板，库腹地区的基础设施和医疗卫生是其短板。

分地区来看，2007—2016 年基础教育是万州和巴南基本公共服务供给的短板；涪陵基本公共服务供给的短板是基础设施、社会保障和基础教育；渝北基本公共服务供给的短板是医疗卫生和基础教育；长寿基本公共服务供给的短板是社会保障和医疗卫生；江津基本公共服务供给的短板是基础设施、医疗卫生和公共文化；丰都基本公共服务供给的短板是基础设施和医疗卫生；武隆基本公共服务供给的短板是基础设施和医疗卫生；忠县基本公共服务供给的短板是社会保障和医疗卫生；开州基本公共服务供给的短板是基础设施、社会保障和医疗卫生；云阳基本公共服务供给的短板是社会保障和医疗卫生；奉节基本公共服务供给的短板是基础设施、社会保障和医疗卫生；巫山基本公共服务供给的短板是社会保障和医疗卫生；巫溪基本公共服务供给的短板是公共文化、社会保障和医疗卫生；石柱基本公共服务供给的短板是公共文化和医疗卫生。

（3）在供给空间结构方面

从区域来看，三峡库区基本公共服务水平整体呈现出“库尾高、库腹低”的空间格局，重庆主城周边区县基本公共服务水平整体高于远郊区县。

从均等化程度来看，2007—2016 年三峡库区基本公共服务地区间均等化水平的基尼系数呈下降趋势，三峡库区基本公共服务均等化程度较高。

从空间相关来看，2007—2016 年三峡库区基本公共服务的 Moran'I 指数在 1%的显著性水平下显著为正，且均在 0.3 以上，这表明三峡库区各区县基本公共服务具有较强的空间正相关性。其中，2007—2016 年基础设施和公共文化在 10%的显著性水平下存在较高的空间相关性，社会保障由不存在显著的空间相关性转变为具有显著的空间正相关，基础教育和医疗卫生并不存在显著的空间自相关。

从空间集聚来看，重庆主城周边库尾区域基本公共服务空间高高集聚效果显著，远郊区县呈现低低集聚效果显著。冷热点分析验证了这一结论，冷热点分布呈重庆市主城周边向外逐渐变冷趋势，基本公共服务较高的区域主要集中在重庆主城周边库尾地区，而渝东北库腹地区基本公共服务水平相对较低，发展缓慢。

从时空演变来看，三峡库区2007—2016年基本公共服务空间格局热点、次热点区域不断扩大，整体基本公共服务冷热水平“由冷变热”，表明三峡库区基本公共服务水平呈不断上升趋势，这与前文基本公共服务水平分析结果一致。

9.1.3 效率分析

首先，三峡库区基本公共服务投入产出效率受外部环境影响较大。在剔除经济发展水平、财政自给能力、人口密度和城镇化水平等外部环境影响后三峡库区基本公共服务综合技术效率有所下降。

其次，造成三峡库区基本公共服务供给综合技术效率偏低的主要因素为规模效率。通过对基本公共服务投入产出综合技术效率进行比较可知，大部分区县调整后的基本公共服务规模效率低于纯技术效率，纯技术效率为1的区县有8个，规模效率为1的区县有5个。

再次，三峡库区大部分区县基本公共服务投入产出效率不容乐观。研究发现，在三峡库区15个区县中有三分之二的区县纯技术效率和规模效率均有待提高，仅有5个区县基本公共服务投入产出效率较为理想。云阳属于“高纯技术效率、低规模效率”型，提高基本公共服务的规模效率来是提高其基本公共服务供给效率的方向；忠县属于“双低”型，提高基本公共服务纯技术效率和规模效率是提高其基本公共服务供给效率的出路；武隆、石柱、巫山、涪陵和奉节5个区县属于“低纯技术效率、高规模效率”型，提高基本公共服务纯技术效率是提高其基本公共服务供给效率的方向。

最后，基本公共服务投入产出有效的区县也存在较大差别。由超效率DEA分析可知，即使同处基本公共服务投入产出前沿面的区县也存在较大差别，调整后处于有效生产前沿面的5个基本公共服务有效的区县中，基本公共服务投入产出效率排名分别为开州、渝北、巴南、丰都和万州。

9.1.4 满意度分析

基于调研问卷数据，对三峡库区基本公共服务供给满意度进行评价分析，并运用结构方程模型分析其满意度影响因素。

总体来看，三峡库区基本公共服务满意度整体偏低，平均为49.94%（包括“满意”“非常满意”两个选项），其中农村地区基本公共服务满意度（52.55%）略高于城镇地区（46.94%）。

分类别来看，基础教育（58.62%）和基础设施（53.32%）满意度最高，其次为环境保护（49.10%）和社会保障（47.40%），医疗卫生（42.29%）满意度最低。

分城乡来看，农村地区各项基本公共服务指标满意度均高于城镇地区，农村地区基本公共服务满意度由高至低分别为基础教育（61.40%）、基础设施（55.30%）、环境保护（52.37%）、社会保障（48.53%）和医疗卫生（45.14%）；城镇地区基本公共服务满意度由高至低分别为基础教育（55.44%）、基础设施（51.03%）、社会保障（46.11%）、环境保护（45.34%）和医疗卫生（36.78%）。

关于三峡库区基本公共服务满意度的影响因素，城乡居民对基本公共服务的主体认知对基本公共服务满意度具有直接正向影响；城乡居民资源禀赋对基本公共服务满意度既存在直接负向影响，又存在间接正向影响；资源禀赋对主体认知具有直接正向影响。

9.2 研究展望

本书通过理论分析、现状分析、实证分析和对策分析，以期从理论层面对三峡库区基本公共服务供给不平衡不充分问题进行解释，根据所得结论为三峡库区基本公共服务供给的实践提供有益的参考借鉴。本书只是一个对基本公共服务领域供给侧结构性改革研究的初步探讨，囿于有限的水平和精力，本书还有待进一步的深入研究。

第一，在理论分析上，未来研究中可结合新时代我国基本公共服务供给过程中的中国特色和现实需要，构建基本公共服务供给的中国范式，特别是丰富和完善新时代中国特色的基本公共服务理论与政策体系，以体现中国特色社会主义制度在基本公共服务供给过程中的制度优势，在公共服务领域构建中国话语体系。

第二，在研究内容上，未来研究可根据新时代中国经济社会发展需要丰富和完善基本公共服务研究内容，在全面建成小康社会后，如何从人民美好生活愿景出发，提高人民群众基本公共服务的满意度和获得感；如何更有针对性地提供更高水平、更高质量的基本公共服务。

第三，在研究样本上，在研究范围和样本选取上着重分析了三峡库区的基本公共服务供给现状、问题及对策，但随着时间的推进，三峡库区的特殊性将会逐渐淡化，因此在未来的研究中，关于三峡库区的研究应侧重于如何融入长江经济带，如何推进三峡库区和长江经济带绿色发展，如何对接国家战略、融入全国大发展等方面。

参考文献

[1] 萨瓦斯. 民营化与公私部门的伙伴关系 [M]. 周志忍等译. 北京：中国人民大学出版社，2002.

[2] 斯蒂格利茨. 社会主义向何处去：经济体制转型的理论与证据 [M]. 周立群，译. 长春：吉林人民出版社，1998.

[3] 森. 理性与自由 [M]. 李风华，译. 北京：中国人民大学出版社，2006.

[4] 黄恒学. 公共经济学 [M]. 2 版. 北京：北京大学出版社，2002.

[5] 配第. 赋税论 [M]. 邱霞，原磊，译. 北京：华夏出版社，2006.

[6] 穆勒. 政治经济学原理 [M]. 金镝，金熠，译. 北京：华夏出版社，2009.

[7] 余兴厚，姜鑫. 成渝经济区区域公共治理研究 [M]. 北京：科学出版社，2016.

[8] 狄冀. 公法的变迁：法律与国家 [M]. 郑戈，冷静，译. 沈阳：辽海出版社，1999：446.

[9] 安体富，任强. 公共服务均等化：理论、问题与对策 [J]. 财贸经济，2007 (8)：48-53.

[10] 安体富，任强. 中国公共服务均等化水平指标体系的构建：基于地区差别视角的量化分析 [J]. 财贸经济，2008 (6)：79-82.

[11] 薄贵利. 建设服务型政府的战略与路径 [J]. 国家行政学院学报，2014 (5)：94-99.

[12] 蔡昉. 理解中国经济发展的过去、现在和将来：基于一个贯通的增长理论框架 [J]. 经济研究，2013，48 (11)：4-16，55.

[13] 蔡秀玲，乔木好. 福建省基本公共服务与经济发展耦合协调度分析 [J]. 福建论坛（人文社会科学版），2017 (7)：146-158.

［14］曾红颖. 我国基本公共服务均等化标准体系及转移支付效果评价［J］. 经济研究，2012（6）：20-32.

［15］曾鹏，张凡. 中国十大城市群公共服务供给效率的比较［J］. 统计与决策，2017（3）：94-98.

［16］曾松亭. 贫困地区农村公共产品的需求特征研究［J］. 中国农业资源与区划，2006，27（3）：47-49.

［17］常纪文. 长江经济带如何协调生态环境保护与经济发展的关系［J］. 长江流域资源与环境，2018，27（6）：1409-1412.

［18］常修泽. 中国现阶段基本公共服务均等化研究［J］. 中共天津市委党校学报，2007，（2）：66-71.

［19］陈波. 不同收入层级城镇居民消费结构及需求变化趋势：基于AIDS模型的研究［J］. 社会科学研究，2013（4）：14-20.

［20］陈博文，陆玉麒，柯文前，等. 江苏交通可达性与区域经济发展水平关系测度：基于空间计量视角［J］. 地理研究，2015，34（12）：2283-2294.

［21］陈刚，赖小琼. 我国省际基础公共服务供给绩效分析：基于以产出为导向的三阶段DEA模型［J］. 经济科学，2015（3）：55-66.

［22］陈海威. 中国基本公共服务体系研究［J］. 科学社会主义，2007（3）：98-100.

［23］陈霆. 上海城乡基本公共服务均等化的实践与思考［J］. 上海农村经济，2017（10）：7-9.

［24］成新轩，侯兰晶. 城乡社会保障投入差异及对策分析［J］. 中国软科学，2011（2）：51-55.

［25］程娜. 我国农村公共文化与经济协同发展研究［J］. 财经问题研究，2011（6）：83-90.

［26］迟福林. 我国统筹城乡发展的基本公共服务均等化因素［J］. 东南学术，2009（6）：4-9.

［27］迟瑶，王艳慧，房娜. 连片特困区贫困县农村基本公共服务与县域经济时空格局演变关系研究［J］. 地理研究，2016（7）：1243-1258.

［28］邓悦，詹添丞. 地方财政支出与区域经济发展关系的实证分析：以地市级城市面板数据为例［J］. 江西财经大学学报，2013（3）：18-24.

［29］邓宗兵，吴朝影，封永刚，等. 中国区域公共服务供给效率评价与差异性分析［J］. 经济地理，2014，34（5）：28-33.

［30］丁波，李雪萍. 集中连片贫困地区的公共产品供给机制：以武陵山区为例［J］. 重庆社会科学，2014（10）：55-61.

［31］丁元竹. 促进我国基本公共服务均等化的对策［J］. 宏观经济管理，2008（3）：24-26.

［32］丁元竹. 扩大内需的结构和体制约束因素：社会基本公共服务供给不足［J］. 公共管理评论，2006（2）：109-127.

［33］董晓芳，刘逸凡. 交通基础设施建设能带动县域经济发展么?：基于2004—2013年国家级高速公路建设和县级经济面板数据的分析［J］. 南开经济研究，2018（4）：3-20.

［34］豆建民，刘欣. 中国区域基本公共服务水平的收敛性及其影响因素分析［J］. 财经研究，2011，37（10）：37-47.

［35］樊勇明. 从国际公共产品到区域性公共产品：区域合作理论的新增长点［J］. 世界经济与政治，2010（1）：143-152.

［36］范和生，唐惠敏. 农村贫困治理与精准扶贫的政策改进［J］. 中国特色社会主义研究，2017（1）：45-52，75.

［37］范和生，唐惠敏. 新常态下农村公共服务的模式选择与制度设计［J］. 吉首大学学报（社会科学版），2016，37（1）：1-9.

［38］方菲，胡勋峰. 主体认知、理性自觉与农民对新农保满意度关系研究：基于湖北省3个村庄调查数据的Logistic回归分析［J］. 西北人口，2018，39（3）：100-108.

［39］方茜. 基于ISM的基本公共服务与区域经济发展关系研究［J］. 经济体制改革，2014（1）：49-52.

［40］冯菲，钟杨. 中国城市公共服务公众满意度的影响因素探析：基于10个城市公众满意度的调查［J］. 上海行政学院学报，2016，17（2）：58-75.

［41］冯骁，牛叔文，李景满. 我国市域基本公共服务均等化的空间演变与影响因素［J］. 兰州大学学报（社会科学版），2014，（2）：86-93.

［42］冯亚平. 城市规模、公共服务满意度与居民主观幸福感：以武汉城市圈为例［J］. 中国人口·资源与环境，2015，25（1）：358-362.

［43］付凌晖. 我国产业结构高级化与经济增长关系的实证研究［J］. 统计研究，2010（8）：79-81.

［44］付宗平. 统筹城乡背景下成都市农村公共服务的供给：基于公共服务均等化的视角［J］. 农村经济，2014（6）：113-116.

［45］傅利平，贾才毛加. 公共服务满意度、社会资本与居民主观幸福感关系研究：基于中国综合社会调查（CGSS）2013 的实证分析［J］. 天津大学学报（社会科学版），2017，19（4）：321-326.

［46］龚金保. 需求层次理论与公共服务均等化的实现顺序［J］. 财政研究，2007（10）：33-35.

［47］官永彬，刘陈倩，廖小琴，等. 地方政府民生性公共服务满意度评价研究［J］. 重庆师范大学学报（哲学社会科学版），2017（1）：91-99.

［48］官永彬. 民主与民生：民主参与影响公共服务满意度的实证研究［J］. 中国经济问题，2015（2）：26-37.

［49］管兵. 竞争性与反向嵌入性：政府购买服务与社会组织发展［J］. 公共管理学报，2015，12（3）：83-92，158.

［50］管廷莲，吴淑君. 浙江城乡基本公共服务均等化问题探讨［J］. 浙江社会科学，2010（2）：121-124，129.

［51］郭丹. 准公共产品定价机制的理论思考［J］. 经济体制改革，2014（6）：154-158.

［52］郭佩霞，邓晓丽. 中国贫困治理历程、特征与路径创新：基于制度变迁视角［J］. 贵州社会科学，2014（3）：108-113.

［53］郭士国，徐英奇. 基本公共服务均等化与经济增长关系的实证分析［J］. 管理学刊，2011，24（4）：66-69，108.

［54］何剑，肖凯文. 西部农村地区民生财政政策的反贫困效应研究［J］. 调研世界，2017（2）：48-53.

［55］和立道. 医疗卫生基本公共服务的城乡差距及均等化路径［J］. 财经科学，2011（12）：114-120.

［56］侯英，陈希敏. 声誉、借贷可得性、经济及个体特征与农户借贷行为：基于结构方程模型（SEM）的实证研究［J］. 农业技术经济，2014（9）：61-71.

［57］黄诚. 从改善民生看基本公共服务体制改革［J］. 求索，2014（8）：23-27.

［58］姬生翔，姜流. 社会地位、政府角色认知与公共服务满意度：基于 CGSS2013 的结构方程分析［J］. 软科学，2017，31（1）：1-5.

［59］纪江明，胡伟. 中国城市公共服务满意度的熵权 TOPSIS 指数评价：基于 2012 连氏“中国城市公共服务质量调查”的实证分析［J］. 上海交通大学学报（哲学社会科学版），2013，21（3）：41-51.

［60］姜晓萍，黄静. 构建城乡基础教育均衡发展的制度体系：以成都试验区为例［J］. 中国行政管理，2013（6）：27-31.

［61］姜鑫，罗佳. 我国城乡基本公共服务均等化程度评价与对策［J］. 经济与管理，2012（5）：39-43.

［62］蒋小杰，赵春盛. 县级政府公共服务供给的公众满意度测评：基于云南省开远市较大样本的实证数据研究［J］. 行政论坛，2013，20（1）：46-51.

［63］冷哲，黄佳民，仲昭朋. 我国农村公共产品供给效率区域差异研究［J］. 农业技术经济，2016（5）：80-91.

［64］李军鹏. 公共管理学［M］. 北京：首都经济贸易大学出版社，2005：304.

［65］李晓园. 县级政府公共服务能力与其影响因素关系研究：基于江西、湖北两省的调查分析［J］. 公共管理学报，2010（4）：57-66.

［66］李雄华. 权利视角下的环境公平与环境基本公共服务均等化［J］. 中南林业科技大学学报：社会科学版，2016，10（6）：5-9.

［67］李雪萍，龙明阿真. 村庄公共产品供给：增强可行能力达致减贫：以四川省甘孜藏族自治州雅江县西俄洛乡杰珠村为例［J］. 社会主义研究，2011（1）：97-103.

［68］李燕凌，曾福生. 农村公共品供给农民满意度及其影响因素分析［J］. 数量经济技术经济研究，2008，25（8）：3-18.

［69］李燕凌，彭园媛. 城乡基本公共服务均等化的财政政策研究［J］. 财经理论与实践，2016，37（3）：56-61.

［70］李燕凌，王健，彭媛媛. 双层多方博弈视角下农村公共产品多元合作机制研究：基于5省93个样本村调查的实证分析［J］. 农业经济问题，2017（6）：45-55.

［71］李燕凌，周妍. 农村公共产品供给侧结构性改革的路径与政策架构［J］. 江苏农业科学，2017，45（19）：1-6.

［72］李燕凌. 农村公共产品供给侧结构性改革：模式选择与绩效提升：基于5省93个样本村调查的实证分析［J］. 管理世界，2016（11）：81-95.

［73］廉超. PPP模式助推精准扶贫、精准脱贫［J］. 贵州社会科学，2017（1）：152-157.

［74］梁昌勇，代犟，朱龙. 基于SEM的公共服务公众满意度测评模型研究［J］. 华东经济管理，2015，29（2）：123-129.

[75] 廖媛红. 农户对农村公共品的自愿供给行为及其影响因素研究：以北京地区农民为例 [J]. 经济社会体制比较，2016 (4)：143-155.

[76] 林阿妙. 农村公共产品供给侧结构性改革的战略重点 [J]. 经济问题，2017 (12)：82-85，117.

[77] 刘斌. 我国地方政府公共产品供给现状案例研究：基于重庆40个区县的实证分析 [J]. 软科学，2011，25 (11)：102-106.

[78] 刘成奎，龚萍. 财政分权、地方政府城市偏向与城乡基本公共服务均等化 [J]. 广东财经大学学报，2014，29 (4)：63-73.

[79] 刘成奎，任飞容，王宙翔. 公共产品供给真的能减少中国农村瞬时贫困吗？[J]. 中国人口·资源与环境，2018，28 (1)：102-112.

[80] 刘成奎，王朝才. 城乡基本公共服务均等化指标体系研究 [J]. 财政研究，2011，(8)：25-29.

[81] 刘成奎. 自豪感、政府偏好与城乡基本公共服务供给的影响研究 [J]. 管理世界，2012 (9)：174-175.

[82] 刘春涛，韩增林，宫远山，等. 环渤海地区经济发展与基本公共服务协调度评价 [J]. 资源开发与市场，2015，31 (9)：1052-1056.

[83] 刘江. 实现基本公共服务均等化的供应问题研究 [J]. 理论月刊，2012 (3)：137-141.

[84] 刘军，杨浩昌，张三峰. 中国基本公共服务供给的决定因素研究 [J]. 南京社会科学，2015 (5)：33-39.

[85] 刘尚希. 基本公共服务均等化：现实要求和政策路径 [J]. 浙江经济，2007，(13)：24-27.

[86] 刘尚希. 论民生财政 [J]. 财政研究，2008 (8)：2-10.

[87] 刘尚希. 逐步实现基本公共服务均等化的路径选择 [J]. 中国财政，2007 (3)：1.

[88] 刘书明. 民族地区农民公共服务需求类型与结构差异 [J]. 甘肃社会科学，2016 (6)：172-177.

[89] 刘彤. 农村公共产品供给问题及解决思路：基于供给主体的分析 [J]. 理论探索，2015 (3)：75-79.

[90] 刘薇. PPP 模式理论阐释及其现实例证 [J]. 改革，2015 (1)：78-89.

[91] 刘玮琳，夏英. 我国农村基本公共服务供给效率研究：基于三阶段 DEA 模型和三阶段 Malmquist 模型 [J]. 现代经济探讨，2018 (3)：123-132.

［92］刘细良，刘迪扬．我国区域基本公共服务均等化实证研究［J］．统计与决策，2011，（5）：96-98．

［93］刘志昌．基本公共服务均等化的变迁及其逻辑：一个解释框架［J］．社会主义研究，2014（3）：119-124．

［94］罗丽英，卢欢．公共产品投入对城镇化进程的影响［J］．城市问题，2014（8）：14-20．

［95］罗丽英，姚卫．公共物品的需求显示机制理论研究［J］．经济学动态，2012（11）：45-48．

［96］骆永民．中国城乡基础设施差距的经济效应分析：基于空间面板计量模型［J］．中国农村经济，2010（3）：60-72，86．

［97］吕炜，单双．政府规模与公共服务水平关系研究：基于中国省际面板数据的分析［J］．财经科学，2009（3）：106-115．

［98］马慧强，韩增林，江海旭．我国基本公共服务空间差异格局与质量特征分析［J］．经济地理，2011，（2）：2012-217．

［99］马庆钰．公共服务的几个基本理论问题［J］．中共中央党校学报，2005（1）：58-64．

［100］马秀玲，张宾．县级政府公共服务公民满意度研究：基于广东、河南、甘肃三县问卷调查的比较分析［J］．兰州大学学报（社会科学版），2016，44（1）：149-159．

［101］马学阳，涂圣伟．完善农村公共产品供给机制的思考［J］．宏观经济管理，2015（4）：57-59．

［102］缪小林，伏润民，王婷．地方财政分权对县域经济增长的影响及其传导机制研究：来自云南106个县域面板数据的证据［J］．财经研究，2014，40（9）：4-15，37．

［103］莫亚琳，张志超．城市化进程、公共财政支出与社会收入分配：基于城乡二元结构模型与面板数据计量的分析［J］．数量经济技术经济研究，2011（3）：79-89．

［104］南锐，王新民，李会欣．区域基本公共服务均等化水平的评价［J］．财经科学，2010，（12）：58-64．

［105］彭瑾，李娜，郑爽，刘波．农民工流入地基本公共服务满意度的影响因素分析：基于深圳P新区的调查［J］．西安交通大学学报（社会科学版），2016，36（6）：68-74．

［106］乔俊峰. 社会权利、偏向制度安排与城乡基本公共服务均等化［J］. 河南师范大学学报（哲学社会科学版），2014，41（3）：65-67.

［107］秦颖. 收入水平与公共品需求结构关系探讨［J］. 经济与管理，2006（12）：5-9.

［108］屈小博. 培训对农民工人力资本收益贡献的净效应：基于平均处理效应的估计［J］. 中国农村经济，2013（8）：55-64.

［109］曲延春. 差序格局、碎片化与农村公共产品供给的整体性治理［J］. 中国行政管理，2015（5）：70-73.

［110］曲延春. 农村公共产品市场化供给中的公共性流失及其治理：基于农村水利市场化的分析［J］. 中国行政管理，2014（5）.

［111］任保平. 新时代中国特色社会主义政治经济学的理论阐释［J］. 中国高校社会科学，2018（4）.

［112］任强. 公共服务“减贫”：理论、问题及对策［J］. 财政研究，2009（10）：14-16.

［113］史卫东，赵林. 山东省基本公共服务质量测度及空间格局特征［J］. 经济地理，2015，35（6）：32-37.

［114］孙戬. 基于基本公共服务均等化的财政政策分析［J］. 经济问题，2012（6）：107-110.

［115］孙巍，杨程博. 收入分布变迁与消费结构转变：基于门限模型的非线性计量分析［J］. 数理统计与管理，2015，34（2）：307-315.

［116］孙旭宁. 基本公共服务均等化法治体系建构与民生底线保障［J］. 中国行政管理，2014（8）：101-104.

［117］汤苍松. 我国中心城市基本公共服务能力评价和影响因素分析［J］. 经济体制改革，2013（6）：41-45.

［118］汤学兵. 论中国区际基本公共服务均等化的路径选择和保障机制［J］. 财贸经济，2009（7）：68-73.

［119］唐娟莉，朱玉春，刘春梅. 农村公共服务满意度及其影响因素分析：基于陕西省 32 个乡镇 67 个自然村的调研数据［J］. 当代经济科学，2010，32（1）：110-116，128.

［120］唐娟莉. 河南省区域基本公共服务均等化水平测度［J］. 统计与决策，2016（7）：58-61.

［121］唐娟莉. 中国农村公共品供给水平评价［J］. 技术经济，2016，35（1）：92-96.

［122］ 唐天伟，孙丽华，张剑娜. 我国省级政府基本公共服务均等化测度分析：2003—2012［J］. 经济管理，2013，（11）：170-177.

［123］ 滕堂伟，林利剑. 基本公共服务水平与区域经济发展水平的相关性分析：基于江苏省13个市的实证研究［J］. 当代经济管理，2012，34（3）：61-66.

［124］ 王国勇，赵丽萍. 民族贫困地区农村社区治理问题探析［J］. 贵州社会科学，2017（2）：92-96.

［125］ 王家永. 实现基本公共服务均等化：财政责任与对策［J］. 财政研究，2008（8）：64-66.

［126］ 王伟同，汤雨萌，魏胜广. 基于民生满意度视角的基本公共服务绩效评价：来自中国家庭动态跟踪调查数据的分析［J］. 地方财政研究，2016（3）：51-56.

［127］ 王晓玲. 我国省区基本公共服务水平及其区域差异分析［J］. 中南财经政法大学学报，2013，（3）：23-29，158-159.

［128］ 王新民，南锐. 基本公共服务均等化水平评价体系构建及应用：基于我国31个省域的实证研究［J］. 软科学，2011，25（7）：21-26.

［129］ 王志扬，宁琦. 基础教育财政投入的经济增长效应［J］. 地方财政研究，2016（3）：65-71，84.

［130］ 魏后凯. 党的十八大以来社会各界关于城镇化的主要观点［J］. 经济研究参考，2013（14）：15-17.

［131］ 吴根平. 我国城乡一体化发展中基本公共服务均等化的困境与出路［J］. 农业现代化研究，2014（1）：33-37.

［132］ 吴家庆，徐容雅. 地方政府能力刍议［J］. 湖南师范大学社会科学学报，2004（2）：37-42.

［133］ 吴乐珍. 基于因子分析法的各省基本公共服务绩效评价［J］. 统计与决策，2012，（11）：60-62.

［134］ 吴长剑，傅红冬. 我国基本公共服务城乡一体化取向下的体制再造［J］. 行政论坛，2016，23（2）：91-94.

［135］ 武力超，林子辰，关悦. 我国地区公共服务均等化的测度及影响因素研究［J］. 数量经济技术经济研究，2014，（8）：72-86.

［136］ 夏玉珍，杨永伟. 淡漠与需求：农村公共服务表达问题研究［J］. 中南民族大学学报：人文社会科学版，2014（6）：88-92.

[137] 肖立. 我国农村居民消费结构与收入关系研究 [J]. 农业技术经济，2012 (11)：91-99.

[138] 谢星全. 我国省际基本公共服务满意度研究：特征、价值与启示 [J]. 现代经济探讨，2017 (2)：66-71.

[139] 熊小林，李拓. 基本公共服务、财政分权与县域经济发展 [J]. 统计研究，2018，35 (2)：66-74.

[140] 熊兴，余兴厚，陈伟. 供给侧改革与我国产业结构优化研究：基于1993—2014年省级面板数据的实证分析 [J]. 科技管理研究，2016，36 (24)：62-68.

[141] 熊兴，余兴厚，陈伟. 三峡库区基本公共服务水平的空间差异 [J]. 技术经济，2016，35 (8)：99-105.

[142] 熊兴，余兴厚，敬佳琪. 城乡基本公共服务均等化问题研究综述 [J]. 重庆理工大学学报 (社会科学)，2018，32 (4)：43-50.

[143] 熊兴，余兴厚，苏科. 农村公共产品供给减少贫困了吗 [J]. 贵州财经大学学报，2018 (4)：99-110.

[144] 熊兴，余兴厚，王宇昕. 我国区域基本公共服务均等化水平测度与影响因素 [J]. 西南民族大学学报 (人文社科版)，2018，39 (3)：108-116.

[145] 熊兴. 三峡库区基本公共服务均等化水平的测度及影响因素分析 [J]. 重庆文理学院学报 (社会科学版)，2016，35 (4)：147-156.

[146] 徐琴. 基本公共服务供给评估指标体系的构建 [J]. 统计与决策，2012，(5)：40-41.

[147] 徐增阳，崔学昭，姬生翔. 基于结构方程的农民工公共服务满意度测评：以武汉市农民工调查为例 [J]. 经济社会体制比较，2017 (5)：62-74.

[148] 徐增阳，翟延涛. 农民工公共服务的现状与意愿：基于广东省Z市调查的分析 [J]. 社会科学研究，2012 (6)：61-65.

[149] 续竞秦，杨永恒. 地方政府基本公共服务供给效率及其影响因素实证分析：基于修正的DEA两步法 [J]. 财贸研究，2011 (6)：89-96.

[150] 颜廷武，雷海章. 返贫困：反贫困的痛楚与尴尬 [J]. 新疆农垦经济，2005 (2)：65-68.

[151] 杨光. 省际间基本公共服务供给均等化绩效评价 [J]. 财经问题研究，2015，(1)：111-116.

[152] 杨国才. 欠发达地区基础教育与经济的协调发展：以安庆为例 [J]. 教育评论，2009 (3)：125-127.

［153］姚东旻，李军林．条件满足下的效率差异：PPP 模式与传统模式比较［J］．改革，2015（2）：34-42．

［154］尹庆双，肖磊．中国特色社会主义政治经济学的理论品质及其在新时代的最新发展［J］．马克思主义与现实，2017（6）：14-21．

［155］余梦秋，陈悦之．统筹城乡背景下基本公共服务均等化实现机制研究：以四川省为例［J］．农村经济，2017（3）：20-25．

［156］俞桂海．贫困山区农村公共产品供给［J］．行政论坛，2009，16（5）：83-86．

［157］袁媛．我国农村基本公共服务供给制度变迁中的政府行为研究［J］．农业经济问题，2014，35（11）：51-57．

［158］翟羽佳．河南省 2011 年基本公共服务均等化水平测度与分析［J］．地域研究与开发，2013，32（5）：57-61．

［159］张超，吴春梅．合作社公共服务满意度实证研究：基于 290 户中小社员的调查证据［J］．经济学家，2015（3）：15-22．

［160］张翠娥，李跃梅，李欢．资本禀赋与农民社会治理参与行为：基于 5 省 1599 户农户数据的实证分析［J］．中国农村观察，2016（1）：27-37，50．

［161］张会萍，闫泽峰，刘涛．城市公共服务满意度调查研究：以宁夏回族自治区银川市为例［J］．财政研究，2011（9）：54-57．

［162］张开云，张兴杰，李倩．地方政府公共服务供给能力：影响因素与实现路径［J］．中国行政管理，2010（1）：92-95．

［163］张立荣，李军超，樊慧玲．基于收入差别的农村公共服务需求偏好与满意度研究［J］．中国行政管理，2011（10）：118-122．

［164］赵锦辉．新时代中国特色社会主义政治经济学理论框架构建研究［J］．福建论坛（人文社会科学版），2018（4）．

［165］赵林，张宇硕，张明，等．东北地区基本公共服务失配度时空格局演化与形成机理［J］．经济地理，2015，35（3）：36-44．

［166］赵欣，徐世英．基于 TOPSIS 的少数民族地区基本公共服务水平的综合评价分析［J］．中央民族大学学报（自然科学版），2012，21（2）：86-90．

［167］赵雪雁，毛笑文．社会资本对农户生活满意度的影响：基于甘肃省的调查数据［J］．干旱区地理，2015，38（5）：1040-1048．

［168］赵怡虹，李峰．中国基本公共服务地区差距影响因素分析：基于财政能力差异的视角［J］．山西财经大学学报，2009（8）：15-22．

［169］郑建君. 政治参与、政治沟通对公共服务满意度影响机制的性别差异：基于6159份中国公民调查数据的实证分析［J］. 清华大学学报（哲学社会科学版），2017，32（5）：164-171，199.

［170］支俊立，姚宇驰，曹晶. 精准扶贫背景下中国农村多维贫困分析［J］. 现代财经，2017（1）：14-26.

［171］钟晓敏，杨六妹. 公私医疗卫生支出与经济增长关系的实证分析［J］. 财经论丛，2016（3）：20-27.

［172］钟裕民. 农村公共产品供给侧结构性改革框架与实现机制［J］. 当代经济管理，2017，39（11）：48-53.

［173］周常春，刘剑锋，石振杰. 贫困县农村治理"内卷化"与参与式扶贫关系研究：来自云南扶贫调查的实证［J］. 公共管理学报，2016（1）：81-91.

［174］周明海. 民生的关注与追寻：当前基本公共服务均等化问题研究的主要观点综述［J］. 兰州学刊，2008（4）：87-91.

［175］周绍斌，高林. 农村公共品供给演变的制度分析：基于历史制度主义的解释［J］. 浙江师范大学学报（社会科学版），2016，41（1）：84-90.

［176］朱鸿伟. 公共产品含义新探［J］. 中国行政管理，2011（8）：38-41.

［177］朱玉春，唐娟莉，郑英宁. 欠发达地区农村公共服务满意度及其影响因素分析：基于西北五省1478户农户的调查［J］. 中国人口科学，2010（2）：82-91，112.

［178］朱玉春，唐娟莉. 农村公共品投资满意度影响因素分析：基于西北五省农户的调查［J］. 公共管理学报，2010，7（3）：31-38，123-124.

［179］庄子银，邹薇. 公共支出能否促进经济增长：中国的经验分析［J］. 管理世界，2003（7）：4-12，154.

［180］Beetham D. Max Weber and the theory of modern politics［M］. John Wiley & Sons，2013.

［181］Cornes R，Sandler T. The theory of externalities，public goods，and club goods［M］. Cambridge University Press，1996.

［182］Denhardt R B，Catlaw T J. Theories of public organization［M］. Cengage learning，2014.

［183］Duguit L. Law in the modern state［M］. BW Huebsch，1919.

［184］ME Beesley，SC Littlechild. Privatization：principles，problems and priorties，Lloyds bank review［M］. Lloyds bank Review，1983.

[185] Hobbes T. Leviathan [M]. A&C Black, 2006.

[186] Musgrave R A. Readings in the economics of taxation [M]. Chicago: University of Chicago Press, 1959: 5147-5151.

[187] Pigou A C. The economics of welfare [M]. Palgrave Macmillan, 2013.

[188] Pryor J. Governance Without Government [M]. Cambridge University Press, 2013.

[189] Rawls J. A theory of justice [M]. Harvard university press, 2009.

[190] Smith A, McCulloch J R. An Inquiry into the Nature and Causes of the Wealth of Nations [M]. A. and C. Black and W. Tait, 1838.

[191] Abizadeh S, Gray J. Wagner's law: a pooled time-series, cross-section comparison [J]. National Tax Journal, 1985: 209-218.

[192] Arnott R J, Gersovitz M. Social welfare underpinnings of urban bias and unemployment [J]. The Economic Journal, 1986, 96 (382): 413-424.

[193] Bailey S K. Ethics and the public service [J]. Public Administration Review, 1964, 24 (4): 234-243.

[194] Binder M, Hsiao C, PESARAN H. Estimation and Inference in Short Panel Vector Autoregressions with Unit Roots and Cointegration [J]. Econometric Theory, 2005, 21 (4): 795-837.

[195] Buchanan J M. Federalism and fiscal equity [J]. The American Economic Review, 1950, 40 (4): 583-599.

[196] Buchanan, James M. An Economic Theory of Clubs [J]. Economica, 1965, 32 (125): 1-14.

[197] Clark S, Kanbur R. Stable partnerships, matching, and local public goods [J]. European Economic Review, 2004, 48 (4): 905-925.

[198] D. L. Olson. Comparison of weights in TOPSIS models [J]. Mathematical and Computer Modelling, 2004, 40 (7-8), 721-727.

[199] Delfgaauw J, Dur R. Incentives and Workers' Motivation in the Public Sector [J]. Economic Journal, 2008, 118 (525): 171-191.

[200] Denhardt R B, Denhardt J V. The new public service: Serving rather than steering [J]. Public administration review, 2000, 60 (6): 549-559.

[201] Dennis Epple, Richard E. Romano. Ends against themiddle: Determining public service provisionwhen there are private alterna-tives [J]. Journal of public economics. 1996 (62) 297-325.

[202] Dur R, Staal K. Local public good provision, municipal consolidation, and national transfers [J]. Regional Science & Urban Economics, 2008, 38 (2): 160-173.

[203] Duranton G. Distance, land, and proximity: economic analysis and the evolution of cities [J]. 1999, 31 (12): 2169-2188.

[204] Elinor O. Governing the commons: The evolution of institutions for collective action [J]. 1990.

[205] Ernst J. Whose Utility?: The Social Impact of Public Utility Privatization and Regulation in Britain [J]. Open University Press, 1994.

[206] Grand J L. The Strategy of Equality: Redistribution and the Social Services [J]. Allen & Unwin, 1983.

[207] Gregory, R. J. Social capital theory and administrative reform: Maintaining ethicalprobity in public service [J]. Public Administra - tion Review. 1999 (59) 63-75.

[208] Holland B A. Factors and strategies that influence faculty involvement in public service [J]. Journal of Higher Education Outreach and Engagement, 2016, 20 (1): 63-72.

[209] Howard E S. Garden cities of to-morrow [J]. Organization & Environment, 1946, 16 (1): 98-107.

[210] Holtz-Eakin D, Newey W, Rosen H. Estimating Vector Autoregressions with Panel Data [J]. Econometrica, 1988, 56 (6): 1371-1395.

[211] James M. Buchanan. Politics, Policy, and the Pigovian Margins [J]. Economica, 1962, 29 (113): 17-28.

[212] Knight B. Volatile States: Institutions, Policy, and the Performance of American State Economies [J]. Brookings Papers on Economic Activity, 2004, 42 (2): 555-556.

[213] Lapsley I. Accounting and the new public management: instruments of substantive efficiency or a rationalising modernity? [J]. Financial Accountability & Management, 1999, 15 (3-4): 201-207.

[214] Lewis W A. Economic Development with Unlimited Supplies of Labour [J]. Manchester School, 1954, 22 (2): 139-191.

[215] Lindahl, Erik. Just Taxation—A Positive Solution. Classics in the Theory of Public Finance. Palgrave Macmillan UK, 1958.

[216] Lipton M. Strategy for agriculture: urban bias and rural planning [J]. The crisis of Indian planning, 1968: 83-147.

[217] Love I, Zicchino L. Financial Development and Dynamic Investment Behavior: Evidence from Panel VAR [J]. The Quarterly Review of Economics and Finance, 2006, 46 (2): 190-210.

[218] Moore M. Economic structure and the politics of sectoral bias: East Asian and other cases [J]. The Journal of Development Studies, 1993, 29 (4): 79-128.

[219] Nelson, M. A. Decentralization of the subnationalpublic sector: an empiricalanalysis of the determinants of localgovernmentstruc-ture inmetropolitan areas in theU. S. [J]. Southern Economic Journa. l 1990 (2) 443-457.

[220] Olken B A. Direct democracy and local public goods: Evidence from a field experiment in Indonesia [J]. American political science review, 2010, 104 (2): 243-267.

[221] Olson M. The logic of collective action : public goods and the theory ofgroups [J]. Social Forces, 1971, 52 (1): 159-192.

[222] Osborne D. Reinventing government [J]. Public productivity & management Review, 1993: 349-356.

[223] Patrick Francois ' Public servicemotivation'as an argument for government provision [J]. Journal of Public Economics. 2000 (78) 275-299.

[224] Pesaran H, Smith R. Estimating Long-Run Relationships from Dynamic Heterogeneous Panels [J]. Journal of Econometrics, 1995, 68 (1): 79-113.

[225] Rowntree B S, Hunter R. Poverty: A Study of Town Life [J]. Charity Organisation Review, 1902, 11 (65): 260-266.

[226] Ruttan V W, Reynolds L G. Economic Growth of the Third World [J]. 1986, 68 (1): 196.

[227] Samuelson P A. The Pure Theory of Public Expenditure [J]. Review of Economics & Statistics, 1954, 36 (4): 387-389.

[228] Sasaki K. Local public goods and their capital-gain effects [J]. Regional Science & Urban Economics, 2000, 30 (1): 45-57.

[229] Sen A. Personal Utilities and Public Judgements: Or What's Wrong With Welfare Economics [J]. Economic Journal, 1979, 89 (355): 537-558.

[230] Smith A. An inquiry into the wealth of nations [J]. Strahan and Cadell, London, 1776.

[231] Teklu T, Asefa S. Who Participates in Labor-Intensive Public Works in Sub-Saharan Africa? Evidence from Rural Botswana and Kenya [J]. World Development, 1999, 27 (2): 431-438.

[232] Tiebout C M. A pure theory of local expenditures [J]. Journal of political economy, 1956, 64 (5): 416-424.

[233] Tobin J. On limiting the domain of inequality [J]. The Journal of Law & Economics, 1970, 13 (2): 263-277.

[234] Townsend P. Poverty in The United Kingdom [J]. Nursing Research, 1979, 3 (3): 91-92.

[235] Tsai L L. Solidary groups, informal accountability, and local public goods provision in rural China [J]. American Political Science Review, 2007, 101 (2): 355-372.

[236] Wang G H. The Research about Supply of Rural Public Goods and Farmers' income Questions [J]. Journal of Central University of Finance & Economics, 2004 (1).

[237] West E G. Adam Smith's Public Economics: A Re-evaluation [J]. Canadian Journal of Economics, 1977, 10 (1): 1-18.

附录：三峡库区基本公共服务满意度调查问卷